新媒体

文案编写与运营实战

木木老贼◎编著

清華大學出版社
北 京

内容简介

优质文案是新媒体运营的内核，而运营又给优质文案插上了翅膀，两者相得益彰。

笔者有在世界五百强企业和 8 年营销运营经验，曾在头条、腾讯、网易、搜狐、简书等平台，发表过多篇新媒体文案与运营的文章，全网阅读覆盖超 5000 万，本书正是笔者这些年的一些写作与运营的经验总结。

本书具体内容包括新媒体文案的编写要点、市场调研、选题策划、标题拟定、文案内容、写作技巧，以及图片素材、工具应用、新品上市、广告文案的写作方法和运营技巧等，帮助大家快速写出 10W+的新媒体文案，玩转新媒体的运营！

本书适合从事文案策划与运营的新媒体人员、自媒体人士阅读、参考。

图书在版编目(CIP)数据

新媒体文案编写与运营实战/木木老贼编著. —北京：清华大学出版社，2020.5
ISBN 978-7-302-55429-5

Ⅰ. ①新…　Ⅱ. ①木…　Ⅲ. ①传播媒介—文书—写作　Ⅳ. ①G206.2

中国版本图书馆 CIP 数据核字(2020)第 082013 号

责任编辑：张　瑜　杨作梅
装帧设计：杨玉兰
责任校对：李玉茹
责任印制：宋　林
出版发行：清华大学出版社
网　　址：http://www.tup.com.cn, http://www.wqbook.com
地　　址：北京清华大学学研大厦 A 座　　**邮　　编**：100084
社 总 机：010-62770175　　**邮　　购**：010-62786544
投稿与读者服务：010-62776969, c-service@tup.tsinghua.edu.cn
质量反馈：010-62772015, zhiliang@tup.tsinghua.edu.cn
印 装 者：小森印刷霸州有限公司
经　　销：全国新华书店
开　　本：170mm×240mm　　**印　张**：16　　**字　数**：380 千字
版　　次：2020 年 6 月第 1 版　　**印　次**：2020 年 6 月第 1 次印刷
定　　价：49.80 元

产品编号：085018-01

文案在前，新媒体在后

“当你凝望深渊时，深渊也在凝望你。”这句话放在新媒体行业，也同样贴切。这些年新媒体行业快速发展，速度之快，变化之大，令人应接不暇。有时候你已经不知道自己还在行业内，或者是已经身在行业之外了。

很多人都在说，新媒体已经过了高速增长期，没有了流量和内容的红利。也有人在说凛冬将至，新媒体将死，现在做新媒体，晚了！说起来也挺有意思，这都六七年过去了，言论还是那些言论，只不过结果是物竞天择、适者生存。新媒体总是被唱衰，但总有一批人风光无限地进来。之后，也还会是如此。有的人在凝望深渊，而有的人却看到了机遇。每个行业都是这样，总有人中途退场，也总有人激流勇进。哪一年不艰难，哪一年不充满未知？就像微信公众平台从 2012 年 8 月上线开始，一直有人唱衰，每年都有，变着花样地说今年是最惨的寒冬，不要做了、没戏了。你会发现，到了明年，还有说得更惨的，而且还是那些人在说。但是，微信公众平台发展至今，无论从规模上还是人群质量上，依旧是国内最成功的新媒体平台，每年不断有新人进，也没见多少旧人出。公众号的诞生，成就了无数人，改变了无数人的人生，也造就了海量的工作机会。你不得不承认，在新媒体时代，那些会借力新媒体的人，都得到了时代的馈赠。

据笔者所知，现在市场对于新媒体人的需求，长期供大于求，而且新媒体人的薪资也是水涨船高。但是对于优质的新媒体人，市场还存在着很大缺口，人才难寻，且随着市场对新媒体的认知和进一步升级，这个缺口肯定会继续扩大。

所以，作为个人，与其整天预测未来，指点江山，倒不如去琢磨如何巩固自己的核心竞争力，成为更优质的新媒体人，如何在当下脱颖而出！新媒体的变是新形式、新玩法、新功能的变；新媒体的不变，则是对优质内容的渴求。虽然新媒体行业发展迅猛，目前头部市场已基本趋于稳定，但内容消费的热度以及人均时长依然在增加，用户对新媒体内容的需求还远未饱和。未来可期，且未来不可测！不管新媒体怎么衍变，文案内容始终是核心中的核心。对于个人，内容创作依然是核心竞争力。这个时代，人人都能通过写作来表达自己的思想和观点，甚至形成爆款，影响无数人，这的确是一件非常幸运的事。这个时代，每个人都是新媒体的参与者，而不应只是旁观者！

做新媒体这么多年，笔者见到过太多的新媒体人，经常犯一些基础错误、踩坑、做新媒体没头绪、没方向等，非常焦虑。多少人黑丝熬成白发，多少年轻的脑瓜愁到撞墙，多少青葱少年掉发不止，从刚开始的激情四射、活力十足，到现在的迷茫、焦虑、不知所措。新媒体人不缺一个个鲜活的刷屏级案例，不缺内容创作的土壤，缺的可能是循序渐进的系统的新媒体知识。那些大谈新媒体将死、鼓吹新媒体势弱的人，就是利用人们的焦虑来煽风点火，吸引眼球。为何焦虑？因为没有核心竞争力！懂得新媒体的本质，善于创作新媒体优质内容的人，任他怎么变，总是能抢占先机，用优质的文案内容占得一席之地。他强任他强，我自清风拂山岗。新媒体，只是一个翘板。这个翘板能发挥多大的价值，正是取决于内容。

这本书源自笔者多年来亲身操盘、参与或深度研究的经验，不是假大空的理论，更多的是实战性强的系统知识。从新媒体知识，到广告文案、运营、营销都有涉及，可以肯定的是，它比市面上绝大多数的新媒体课程都要优质，因为它来自时间的积累，且经过了实践的检验。另外，新媒体行业门槛比较低，很多人一开始就是从新媒体编辑做起，但无论怎么努力，还是很难突破瓶颈，因为缺少品牌上的营销、运营思维。正好，产品运营、品牌营销、新媒体笔者都在做。所以，这本书的角度和思维，不单单是新媒体，也会融合进品牌营销、运营上的思维。说不定在这里你会发现你的突破口在哪里，也会发现你的老板是怎么想的。

最后，笔者的宗旨一直是：相比于阅读资讯、获取知识，笔者更希望让你切实地获得能力的提升和思维的启发。最幸福的事莫过于："能轰炸你的每个兴趣点，加速你个人核心能力进阶！"切记：不管新媒体行业是寒冬，还是新的春天，不管这个行业如何骤变，与其凝望深渊停滞不前，不如大步向前，只争朝夕！种一棵树，最好的时间是十年前，其次是现在！

本书在出版的过程中，得到了编辑谭焱、胡杨等人的帮助，在此深表感谢！

木木老贼

目　　录

第1章

新手入门：掌握新媒体文案的编写要点

学前提示

在新媒体时代，文案编写的重要性是不言而喻的。没有好的文案，就吸引不到读者，而没有流量，也就无法实现流量变现的目标。

本章主要针对新媒体文案编写的要点进行分析，帮助新手入门，掌握编写文案的方法和技巧。

要点展示

- ▶ 写文案不明确这五点，会浪费很多时间
- ▶ 写文案的四个要点，不明白会白写
- ▶ 文案写作的四个建议，提高N倍效率

1.1 写文案不明确这五点，会浪费很多时间

前不久笔者参加了一次广告文案交流活动，现场去的人不少，既有文案新人，也有从业多年的老手。现场交流的气氛非常好，大家都踊跃提问和探讨，但总感觉大家聊的内容格调太高了，都是一些专业新型词汇，比如社交升级、闪电式扩张、懒人经济、她经济、认知穹顶、品牌势能等，有点像学术探究。

笔者并不是觉得大家讨论这些不对，文案人本身就需要看趋势、懂市场、会营销，而且需要不断去扩展自己的横向知识储备。在资讯膨胀、信息不断激增的焦虑时代，人人都在争先恐后地获取新的知识，担心落后于人。

我们肯定需要新知识的补给，但是仔细想想，知识本身变得越来越不值钱，每个人都可以获得一辈子都用不完的知识。因为现在大家想要获取的信息基本都可以在互联网、书籍、大咖那儿得到，之所以总是焦虑，不只是知识量的问题，关键是缺乏有逻辑的思考。

很多文案人虽然接受过系统的学习，也有很多实践，他们的文字能力无可挑剔，但总是会因为这样那样的原因缺少了一些写文案时基本的思考。比如写文案时有几个基本要点——目标人群、卖点、渠道、易于分享的文案内容、不易于分享的文案内容，这不算什么新知识了，但如果不好好思考明确这几个基本点，文案效果就会大大降低，甚至方向都会弄错！所以笔者也想结合一些经验，简单地和大家分享一些观点，希望能引导大家做一些新的思考。

1.1.1 文案写给谁？

文案这事，坦白地说其实就是用对的方式和对的人讲对的话。很显然，再好的内容，对象错了就是对牛弹琴。再者，如果针对的人群多了，也很难给出大家都觉得对的表达。

文案需要锁定精准目标人群，哪怕是说出只有他们听得懂的话也没关系。如果你有很多话要对不同的人说，那就针对不同的人群用不同的话来表达。关键是我们要足够了解目标人群。越是了解目标人群，就越知道该写什么，知道什么样的文案能吸引他们、什么样的内容是他们愿意看的。

揽胜杨海华说：“中国现在的广告必须做成窄告，才有价值。对应的这个人群他全明白，其他人都不明白，这种信息不对称就叫广告。如果在中国全做成大家有共识的广告，几乎没用。”笔者深感认同。

如果你不懂文案写给谁，不是足够了解他们，你写的文案针对的是所有人，没有一个具体的对象，那就会丧失文案精准传达的穿透力。对于文案目标群体，大家都知

道有目标人群画像之说，比如用户年龄、性别、学历、职业、收入、婚否，还有消费状况、生活爱好、品类偏好、是否有房、是否有车等，根据不同的需求，用户画像也不相同。

如图 1-1 所示，为易观万像针对少儿英语市场制作的用户画像分析；如图 1-2 所示为汽车普众人群的整体画像。

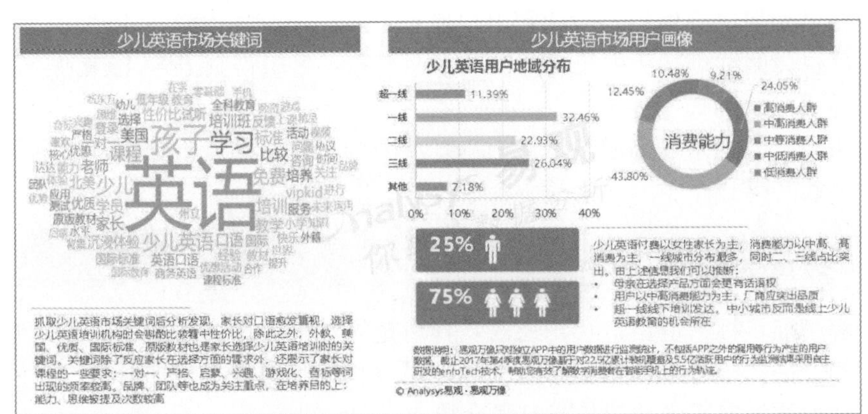

图 1-1　少儿英语市场群体画像分析

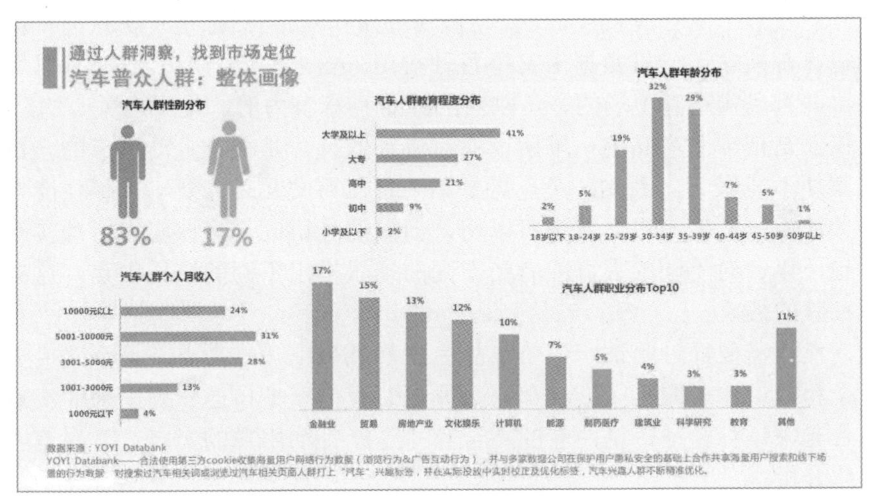

图 1-2　汽车普众人群的整体画像

这一点不需要赘述，笔者在这里给大家的只有一个建议：尽量用一段文字具体描绘出目标人群的画像，这能促进你更加深入地了解精准人群。换言之，也就是**创造一个目标群体人物角色，用一段鲜活的文字具体描绘出一个精准虚拟用户。**

例如：张丽，24 岁，一个活泼开朗的女孩，在北京一家初创互联网公司做新媒体运营 1 年了，月薪 8000 元，目前还没有男朋友。平常加班比较多，但一直注重生活品质。虽然平时工作压力比较大，但在休息时间总喜欢逛街和运动，会在 keep 软件上坚持健身，不只是为了瘦，更是一种精神追求。

在工作之余张丽会刷刷朋友圈，研究研究抖音，喜欢看弹幕和一些有趣的东西，爱逛豆瓣刷微博，热衷于互动和自我表达。虽然目前热爱自己从事的新媒体行业，但是对于未来的发展充满迷茫，时常感到焦虑，一直想把公司新媒体平台运营得更好，却苦于不知道如何更好地做好阅读和用户增长，所以非常注重学习，经常会学习一些线上课程，也会阅读一些头部公众号以及专业书籍，希望得到更多 KOL(转业领袖)的建议和指导。

如上所述，人物角色描述得越详细越好，因为这样更贴近于真实，更容易被读者接受，并引起共鸣。

1.1.2 卖点是什么？

在了解精准目标人群后，我们还需要弄清楚这部分人最关心的是什么，他们为什么买我们的产品。很多人经常会重心失调，写很长很长的文案想把自己的产品成功地推销出去，但读者看起来却像是在自我介绍。

还有些文案人会说："因为我的产品有 1、2、3、4、5、6、…、10 大卖点啊！"产品有卖点，这毋庸置疑，能拿出来销售的产品当然都是有卖点的。但是我们要清楚，每家都能拿出一堆数据来支持各种卖点。卖点不是自嗨，它必须以用户的痛点为中心，并且确实是有市场的、是刚需的、是有竞争力的、是用户关心的。

如果仅仅是把一个产品的一堆所谓卖点进行罗列，是很难打动用户的。目标太过分散，文案便不能聚焦。因此，卖点需要集中！在写文案时需要牢牢抓住能打动用户的一两个关键点，其他卖点当然也可以用，但只能是协同。当核心卖点确实有好几个的时候，也可以针对不同的人群或者在不同的场景推出不同的核心卖点，这样同样能获得集中突破的效果。

其次，卖点需要经过验证。每个产品大家都能想出一堆卖点，一个碰头会都能争得脸红脖子粗，谁也说服不了谁。那怎么办呢？我们要把自己罗列出来的卖点，和用户需求结合起来进行验证，这两者的重合点才是能打动用户的卖点。下面笔者分为四点进行具体分析。

(1) 找行业分析报告和各种行业数据报告。我们可以找到针对目标人群的分析，以及相关需求点的调研，如果运气好的话，有些报告直接就会有非常清晰的卖点普查。

(2) 进行销售访谈。销售员是离消费者最近的一群人，他们每天都在观察消费者的行为。平时多问问他们在和用户接触的时候，用户最关心哪些问题，最反感的是什么，给他们看看你列出的卖点，确定哪些是用户真正关心的。

(3) 找竞品企业对比。可以看竞品的产品手册、网站，对比他们的广告卖点。甚至假装自己是用户，直接去对方公司当面谈谈。这样一方面可以了解用户关心的热点，另一方面可以寻找产品差异化卖点。

(4) 找目标用户沟通。可以直接和目标用户进行沟通，笔者的建议是当面沟通，这样可以减少很多重要信息点的流失。

总之，不要试图把一个产品的多个卖点同时推向用户，更不要把你认为的自嗨亮点强行推向市场。

1.1.3 文案在哪儿发布？

你的目标人群在哪儿最聚集？这是值得我们思考的问题。不同的目标人群，对应的推广渠道不同，文案的目的也不同。换言之，我们需要根据自己的目标人群和广告目的，找到适合的渠道。

找渠道并不算难，找到广告商，他们会提供很多建议，自己在网上查查也能找到很多。那么精准目标用户到底在哪个渠道、感兴趣的内容是什么，其实把“文案写给谁”这一步做扎实了，答案自然也就出来了。只要对目标人群的分析下足了功夫，渠道问题就会迎刃而解。在这里笔者强调一点：**文案在哪里发布，找渠道是一小步，验证渠道与文案才是关键。**

找渠道只是开始，我们需要不断验证不同渠道的效果，以及类似渠道不同文案的效果，可复制，也可持续地去写文案，一般都建议分三个步骤进行。

首先是小范围测试不同渠道和文案，低成本试错，也就是最小可行性测试，让ROI(投资回报率)最大化。文案不是写完内容就结束了，同样需要验证结果。

其次是把测试的最优结果整理为可执行的标准化流程，如果把第一步比作样板，第二步则是规范。

最后就是大规模的复制，让不同渠道和文案都发挥出最大效果，预算也会集中花在这里。

掌握这样的方法，不仅出错率低，而且效果也比较好。这种方法不只是做营销运营的人需要关注的，文案人也要重视。总而言之，写一次文案需要思考的点很多，但**人群、卖点、渠道**这三个点一定少不了。

虽然文案人需要不断地吸取新知识，但越是基本的点就越需要用心去思考。你会发现，那些更加高级的新知识可能下次就换了一个新说法，但这些基础的逻辑是不会改变的。

1.1.4 易于分享的干货内容有哪些？

有多少小编每天做梦都希望自己的文章阅读量飙升，并为此绞尽脑汁，日夜颠倒，多少黑丝都熬成了白发。每天孜孜不倦地做选题、写文章、想标题、死磕排版、废寝忘食地做推广，然而，文章打开率和分享率这两个指标却始终难以提高。

很多时候我们写的垂直干货内容就是没人转发，这不一定是内容不够好，而有可能是读者的一种自我保护。用户心理活动可能是这样的：“哎呀，这个干货不错，赶紧收藏了，可不能被×××他们发现了，这是我的知识库。”

很简单，同样一篇高质量干货内容，“分享”能够塑造个人形象和巩固在社交圈的地位；而“收藏”则会担心干货分享出去降低自己的竞争力，它是一种自我保护行为，形成内部竞争壁垒。所以，写得很好的干货内容也要分为两种，即易于分享的干货内容和不易于分享的干货内容。以下笔者将易于分享的干货进行分类。

1) 思维型干货

这类内容主要是各种大咖思维、方法论、战略策略(不含可马上上手的操作方法)。这样的内容分享出去整个人都变得厉害了。

2) 格调型干货

这类内容主要是垂直领域内深度知识的挖掘、未知事物的解读、颠覆常识的拆解、脑洞大开的知识等，看着就高大上，分享的人也变得高大上了。

3) 资讯型干货

这类内容主要是精彩、完整、时效的资讯新闻，分享出去就相当于第一手谈资。

4) 观点型干货

这类内容主要是各种独到的、犀利的、有价值的观点，分享出去不仅说出了自己想说的，还突出了自己的形象。

5) 盘点型干货

这类内容主要是与行业相关的各种盘点，目前是属于比较受欢迎的类型，比如现在各大平台每年做的年终盘点，分享率都很高。

总结：此类干货满满的都是各种社交货币，提供谈资、帮助别人、展示形象、帮助表达、显示地位等，无所不能，能够很好地塑造自我形象。

最关键的是，它虽然包含很多专业的干货知识，但对于提升自己的核心竞争力没有那么直接，抑或是没有那么容易，不是马上就能用。所以，不必过于“保护”起来，大可分享。

1.1.5 不易于分享的干货内容有哪些？

前面向大家介绍了易于分享的干货内容，那么接下来则是不易于分享的干货内容，具体也可分为四点，具体内容如下所述。

1) 技能型干货

这类内容主要是各种技能干货，快捷实用，能马上解决问题。越是厉害的技能读者越不愿分享。

2) 资源型干货

这类内容主要是垂直行业内各种干货资源，越是大家接触不到的越好，读者当然会选择私藏了。

3) 工具型干货

每个垂直领域都有各自领域的神器工具，试问，如果你发现一个马上能挣钱的实用工具，你会第一时间分享吗？

4) 独门绝招型干货

这类内容主要是各种小妙招，最新发现的新招、怪招、非常规套路等，这种技巧如果是大众娱乐型的还好，否则大部分读者都会选择收藏自己用。

总结：此类干货虽然也都是各种社交货币，但更多的是各种实用技能、快捷方式、独门绝招。对于这类专业干货而言，能够在短时间内提升自己，可以马上用起来，并且效果显著，因此读者会进行“保护”，而不会分享。

所以，如果大家要写垂直领域干货，又想获得更多转发率，笔者建议可以偏向于写更加“社交”的文章。

1.2 写文案的四个要点，不明白会白写

最近在朋友的公司接触了一些写文案的人，有刚写文案的新人，也有从业多年的老手。和他们面对面深入沟通之后，发现很多文案人虽然接受过系统的学习，都是科班生，也有很多实践经验，但是在思维上总是缺了点什么。

他们在公司写过很多文案，基本上企业画册、营销文案、通信稿、创意文案、产品文案等所有的常规文案类型都有涉及。而他们的文字能力不仅无可挑剔，甚至还很惊艳，其中一个硕士甚至在一篇 1000 多字的文案中用了 193 个成语。

笔者虽然当时也拍手叫好，却没有看出他的战略意图，也没有感受到他想向读者表达什么，更没有产生任何共鸣。因此，笔者想结合一些经验，和大家分享四个写文案的要点。

1.2.1 第一步：构建文案目标战略

战略往大了说叫布局，往小了说便是规划和把握。写文案也一定要有战略思维。它绝不仅仅是表现层的文字工作，更是对于战略和目标的体现。

我们在写文案前，一定要先完成整个文案目标战略的构建，这是很多文案人都缺失的。目标战略的构建是什么意思呢？换言之，就是指在开始写文案之前一定要知道对方的需求是什么，不是表面需求，而是要摸清这种需要的核心本质是什么，文案要达成什么目的。

其次要基于这个核心本质，以及对于读者的洞察，规划好这篇文案的切入点，并明确这篇文案要达成的目的。有了这个风向标之后，整个文案的所有元素就要围绕这个点去推进了。

很多人写文案都是想到哪儿写到哪儿，天马行空，没有规划，根本不知道自己追求什么目标，甚至在写完之后自己都不知道在讲什么，这就是缺乏文案的战略构建。

在笔者看来，这其实是写文案最重要也是必须做的一步。就像做营销方案，一定要想清楚顶层的战略规划，然后才去写具体的细分点。建议大家在思考这个战略规划时，尽量细化。比如细化下述各点。

(1) 你的文案的脉络是什么？你准备如何层层推进到你的目的？

(2) 你整篇内容的逻辑结构是什么？是否能环环相扣？

(3) 你准备去调动用户的什么情绪？如何调动？

(4) 你的每一阶段的目的是什么？是对战略推动有帮助，还是可有可无？甚至在每写一部分的时候，问问自己为什么要这么写，对于达到目的有帮助吗？

把自己当成一名建筑师，文案就是要建设的大楼，当我们把建楼的每一个步骤都想清楚了，构建了清晰的思路，剩下的就是让它漂亮地展现出来。

文案大神休格曼也有类似的建议，他写文案的一个窍门就是创建一份文案逻辑路线图，文案要依图而写，所有的问题应该按照图示的逻辑方式提出。休格曼会提前把文案分成很多小的板块，然后以一种有条理的方式贯通起来，并形成清晰的脉络，达到最终目的，以下就是他为一款电子产品制定的营销文案流程。

兴趣激情→独特性→为什么不同→怎样操作→惊艳的特性→使购买合理化→永久有效→售后免费→现在马上下单。

有了整个文案的清晰规划之后，就可清楚地知道需要寻找什么样的资料，该在什么时机提出关键问题，要准备好哪些内容给读者，哪些内容是不需要的。所有的问题会顺着事先规划好的路径迎刃而解。最后，读者就会对自己说：“好吧，我想要得到这个东西，就它了。”

因此，笔者不建议漫无目的地下笔，辛辛苦苦写完之后还得不到读者的肯定。先构建战略再开写才是聪明的写文案方式，当所有的力量都集中于一个点的时候，才不会乱也不会偏，也更方便做自我检查。

1.2.2 第二步：预判读者预期效果

构建清晰的文案战略之后，接下来就是着手写文案了。在写作过程中，笔者给大家的一个建议就是学会预判读者预期，这是一个非常好且实用的方法，能让文案效果更显著。

什么叫预判读者预期呢？简单来说，就是不断地转换用户视角，预估读者在看到每一个部分时的心理变化、行为以及可能导致的结果，然后有针对性地去做优化。换言之，**不断地问自己：读者看到这些内容会有什么反应，达到你的预期了吗？**

预判读者在看文案过程中可能存在的问题，然后回答它们，解决问题。按照这个逻辑，读者在看文案时，会发现每当他有疑问的时候，总能在下一句话中找到这个问题的答案，消除阅读障碍。这样，一切都尽在掌握之中，已经预判到并且解决了。那么，我们要如何进行预判呢？比如：

(1) 写这个标题要预判读者看到标题后能够想到什么，读者会点击吗？

(2) 每写一段内容就要预估读者看了会产生什么疑问。

(3) 当你预判到某一段内容读者有可能看不懂或不明白的时候，要去简化它。

(4) 当你写完一段感性内容试图打动读者时，要去预判是否真的能打动读者。

(5) 当你认为读者看完一段内容会有顾虑时，那就去打消顾虑。

(6) 当读者看完文字可能会产生不信任感时，那要去解决信任问题。

(7) 当读者看完文案对购买还有迟疑的时候，要想办法让他下定决心。

总而言之，在写文案的过程中，对读者预期的预判不能少，我们需要不断地站在读者的角度去审视自己的文案，然后填满一个一个可能出现的“坑”。

那我们怎么才能更好地去预判读者的预期呢？一是靠长期的经验，二是去考察用户，去了解需求、去深入沟通，从群众中来到群众中去。当你是文案人，也是用户的时候，预判就没那么难了。

1.2.3 第三步：把握文案的节奏感

节奏感，决定了你的读者在阅读时，是畅快淋漓还是磕磕绊绊。读者在看文章的时候肯定会有阅读的节奏感，而文案人在写文案的过程中就要把握这个节奏感，让读者更顺畅地阅读。那怎么去把握这个节奏感呢？

首先，把握节奏感，本身就是对前面战略规划的执行以及语感能力，战略规划没有执行好，整篇文章读起来肯定是磕磕绊绊的。而语感这个东西就要考验文案人的文字能力了，包括韵律、对仗、表达等，这是通过练习得来的，需要多看、勤写。

其次，文案节奏感的把控，也确实可以通过一些技巧来营造。比如：

减少认知陷阱，不要假设读者和自己有一样的背景知识，你懂的东西他未必知道，要学会传达。

避免理解障碍，毫无逻辑地堆砌华丽的辞藻，反而让文案显得臃肿，读者理解起来也费劲。

不要强塞信息，千万别强塞给读者大量的信息，东一条西一条没有核心点，读者能消化吗？

多用短句，用短句来控制文案的节奏，简洁明了，叙述紧凑。

多讲故事，故事是一种强节奏的文案形式，它有把读者卷入到场景中的强大力量，读者会聚精会神地听你讲完。

多用活泼的动词，动词是最容易带动读者的，不要动不动就使用形容词，这样节奏感会很弱。

方法还有很多，当然，最重要的是文案人自己要保持节奏，写文章的人如果没有节奏，再多的技巧也很难发挥作用。那么，文案人自己应该怎么掌控这个节奏呢？很简单，把自己写的文案读出来，放弃一个字一个字检查，放弃默读，而是大声地读出来。通过这样的办法，你会发现，哪里有阻碍、哪里有问题、哪里读起来不舒服，甚至哪里读不下去，这些问题都会找出来。不妨去试试，找找你的文案节奏感。

总而言之，真正的文案应该在策略中、应该在创意上、应该在生活里，而不单单体现在文字中。要做到让别人夸你的策略强，而不单单是文采好。

1.2.4 第四步：写明具体痛点＋解决方案

大家在写文案的时候，绝大多数情况下文案创作者和消费者关注的方向都不太一样。写文案的人都特别喜欢不断地塑造产品价值，一条接一条；而消费者在最初未必会关注产品。

我们都希望每一个消费者都能像我们一样，把自己的产品当成“宝贝”。而事实是他可能轻飘飘地来一句：关我啥事？

之前笔者说了一个最简单的营销文案逻辑，包含 3 个问题。

(1) 我为什么要买你的这个产品？

(2) 这么厉害？我凭什么相信你？

(3) 为什么现在就要买？能不能等几天买？

我们很容易发现，“为什么要买”这个问题一定是最容易出现在消费者脑子里的。人们永远都会优先关心与自己相关的事情，但其他内容可就未必了。这就是为什么大多数人看到一款产品，首先想到的是“我为什么要买”，而不是“你的产品怎么样”。

大部分人压根就懒得去改变，也不愿意尝试新事物。你想让他们关注你的产品，首先应该让他们意识到与他们自己相关的问题，这才更有机会！

如图 1-3 所示，为淘宝在农村的刷墙广告，这就是深谙消费者关心的问题。

文案应该怎么做？**想办法去给消费者制造一个现实状态和理想状态之间的缺口，把现实和理想的平衡状态打破(降低现实或提高理想)，消费者就会产生缺乏感。**要去努力填补这个缺乏感，就是消费者“为什么要买”的理由。

有人说这个简单，“想要让一个人马上有缺乏感，那就上去用力打他一巴掌。”这虽然只是个段子，但这背后却引出了一个打动消费者的关键点：痛点。

图 1-3　淘宝刷墙广告

我们在写文案的时候，可以抛出消费者未被满足且急需解决的痛点，让他产生强烈的缺失感，带入自身，让消费者感受到自己目前现状与理想状态的不合理之处，才能促使下一步改变。这就引出了一个经典且有效的文案公式：**具体痛点+解决方案。**

首先找准消费者急需解决的痛点，越精准、具体，越好。

其次用文案描绘出这个痛点，**最好是消费者在经历某个场景中一直存在的痛点。**

最后再基于这个痛点，提出具体靠谱的解决方案。

很多人可能会说这个写法是不是过于老套了？它虽然已经存在很长时间了，但这也证明了其功效，经久不衰。很多时候，我们经常会去琢磨消费者心理，琢磨新的文案逻辑和方法，尝试不同的文案策划，但是回过头来看看，还是这种简单基本的文案逻辑靠谱，其他都是在其基础上衍化而来的。比如：

“怕上火？喝王老吉！”

“白天吃白片不瞌睡，晚上吃黑片睡得香，白加黑治感冒！”

“得了灰指甲，一个传染俩，问我怎么办？马上用亮甲！”

这些文案虽然看上去平淡，但都成了经典的广告词。或许有人会认为这是靠钱砸出来的。但仔细想想，同样是砸钱，换成另外一句文案能砸出来这种效果吗？当我们每次遇到相同的问题，比如吃火锅又怕上火、得了灰指甲，可能都会在第一时间想到对应产品并作出选择。因为它说出了大家的精准痛点。

因此，我们在写文案时，如果没有头绪，完全可以试试这个方法：具体痛点+解决方案。再举几个例子。

大家都知道坚持吃早餐，并且吃得营养是理想状态。而现实是外面卖的早餐不仅没有营养，品种还很少；自己做要花太多时间，对于上班族而言，需要牺牲宝贵的睡眠时间，并且很多人不会做，这就是痛点。于是你的多功能自助早餐机的文案就是：

“早餐不知道吃什么？××自助早餐机让你多睡半小时，想怎么吃就怎么吃。”

再如，人一旦感冒就无精打采，整天鼻塞、打喷嚏、流鼻涕，整个人好比吃了十香软骨散一样。于是就有新康泰克的广告文案：“鼻塞、打喷嚏、流鼻涕，新康泰克，不给感冒留机会。”

还有苏宁易购在电器购物节做过一系列海报，文案也是利用这种“具体痛点+解决方案”的方法，刺激消费者购买。现在所有人都提倡品质生活，喝水也要讲究健康，所以想喝健康的水需要烧水、晾水反复几次，非常麻烦，但用上这个净水器，所有问题，马上解决！如图 1-4 所示，为苏宁易购净水器的广告海报。

图 1-4　苏宁易购净水器的广告海报

另外，这个文案方法也完全适用于写自媒体文章，特别是写标题，大家肯定见过下述类似的文案。

头发一掉一大把、发丝干枯、头皮发痒？用它就全改善了！

出门不会穿搭？15 件衣橱必备单品，搞定所有穿搭！

总之，每个人肯定都是向往美好、憎恶痛苦的，希望自己的现实状态能和理想中的一致，这是人之本性。我们一有机会和条件就会填补自己所有的缺乏感，消除令自己不悦的痛点。

所以针对消费者的“具体痛点+解决方案”文案，总能创造奇迹；这也是为什么我们在尝试过无数的策略和方法后，又会重新想到这个“老伙伴”的原因。

除此之外，这种文案写法还有一种情况：如果这个痛点大家很熟知，那么我们就不在文案中突出痛点，而是直接给出解决方案和显著效果。比如：0 基础 30 天突破英语中级水平！

这种写法会隐藏掉潜在的消费者痛点，虽然不说，但确实存在。而且在解决方案上会更突出产品核心诉求，如果说前一种写法是偏向刺激具体痛点，这种写法则是偏向解决方案的强大卖点。

现在智能手机耗电快，手机经常没电，而且充电还很慢。这是一个一直存在的消费者痛点。谁都想手机一直电量充足，于是针对这个痛点，OPPO 的文案就是：充电 5 分钟，通话 2 小时！

再如，2001 年时苹果推出第一代 iPod，之前大家主要还是通过 CD 机来听歌，想随身携带是不可能的，而且每张 CD 一般也只有十几首歌，量太小不够听。于是第一代 iPod 的文案就是：把 1000 首歌装进口袋。

还有很多人都烦恼家里没吃饭就有很大的油烟味，而做饭的人就更不用说了，厨房油烟大对身体有很大的伤害。于是方太抽油烟机的文案就是：方太智能油烟机，四面八方不跑烟。

好的文案，总是经得起时间的考验，因为它和人最基本的需求是契合的。现代营销学奠基人之一、哈佛商学院资深教授特德•莱维特说过这样一句话：**“没有商品这样的东西。顾客真正购买的不是商品，而是解决问题的办法。”**同样，好的文案不在于有多少技巧，而是善于在消费者身上寻求突破点，找到消费者未被满足的具体精准痛点，并给出能帮他们填补缺失感的“美好”解决方案。

1.3 文案写作的四个建议，提高 N 倍效率

微信的火爆，也带火了另一句话：“再小的个体也有自己的品牌！”这句话讲得特别好，人人都可以有品牌，人人都能写文章，不管别人认不认同，自己认同就好。

笔者也写文章，不算自媒体，也不争做自媒体，主要是表达一些自己的想法，分享一些观点。按照笔者之前的说法就是：给自己的一块自留地。

在笔者看来，写文章就是帮我传达我想传达的一些想法，帮我表达我想表达的一些观点，帮别人更好地理解我想传达的信息。如果表达得够痛快，看的人又恰好挺喜欢，那真是一件幸事。

在此，笔者就给大家分享四个在写文章过程中的想法，纯属个人的一些经验，希望对大家有些许帮助。

1.3.1 目标明确，方向清晰

首先，开始写一篇文章之前就要明确目标，即自己知道自己要写什么，想要表达什么以及想要传达给读者什么，这几点很重要。因为只有弄清楚这些，才能知道自己要告知给读者的核心是什么，要怎么来写，这个关键点需要占多大比重，那个案例又该如何来说等。写文章的忌讳是什么？是读者读完文章之后根本就不懂文章表达了什

么内容。所以下笔写文章之前一定要想好自己要传达给读者的内容和中心思想。

其次，这里笔者所说的目标明确不只是确定一个文章主题，而是要确定写这个主题的目的，比如你的主题是“如何写好一篇文章”，那目标是什么？是告诉别人如何写一篇广告文？还是如何写新媒体文章？或者你要教别人如何选题？还是介绍如何写标题？这些都要考虑清楚。

最后，一旦目标确认，我们就要围绕这个目标努力，用一篇文章来完成这个目标以及这件事。所有的论证、案例、经验、数据、配图、排版、目的都应该是能够更好地完成这个目标，让你想传达的信息越来越清晰。我们可以天南地北，也可以谈古论今，但前提是它们其实都在自己的掌控之内，是围绕这个目标进行的，重点在于我们能否把它收回来。

另外，笔者建议初学者在确定目标的时候，最好垂直细分，目标不宜过多，多了就容易乱，解决好一个目标就非常不错了，大而全的东西是需要长时间的积累和实践才能做到的。

1.3.2 善列提纲，强化逻辑

刚开始写文章的人很容易出现一个问题：写着写着就把自己绕进去了，东一锤西一棒，写出来的东西就像东拼西凑似的，凌乱无章。对此，笔者有一个建议，大家可以尝试培养出列提纲的习惯，这绝对是一个写文章速成的方法。

什么叫列提纲？这还得感谢小学语文老师教我们的概括段落大意，就是用简明的文字把一大段文字精准地表达出来。但是列提纲与这个又有一点区别，概括段落大意是针对现有的文章，而列提纲却是提前构思文章，搭建文章框架。

笔者经常建议新媒体编辑，把一篇准备写的文章围绕主题拆分成不同的部分，每个部分要写什么用一句话写出来，针对各个部分又可以继续拆分下一层级。这样一层一层下去，逻辑就比较清晰了，每一部分对应各自的内容，形成一个简单的文章框架。对于新手，不至于跑偏，也不至于收不回来。

再者，提前列好提纲，会加快写作的速度。因为一旦文章框架搭好，我们要做的就不再是一口气写一整篇文章，而是细化到写好每一个部分。

比如笔者自己在开始写文章前只做两件事：想主题，列提纲。把要写的每一部分用一小句一小句列出来，形成一篇文章框架，等有时间的时候就着手开始写。久而久之，列出来的基本就是全文要表达的精华，甚至可以直接做小标题。把这个习惯养成，时间一长，列提纲这个事基本不需要写出来，它会自己跑进你的脑袋里，非常锻炼逻辑思维能力。到最后，你会发现，基本上不用刻意去列提纲了，因为习惯已经养成，逻辑力也形成了。别不信，大脑真的会自动列提纲。

这一点非常适用于情绪一到，就要马上“发泄”的人，一下笔就根本停不下来，他不可能有时间停下笔来列完提纲再接着写，这时候，这种能力显得非常重要了。否则一下笔便没完没了，写出来的东西却毫无章法。最后，你确实是淋漓尽致、酣畅爽快了，但读者看到这样的文章可能会像丈二和尚，摸不着头脑。

笔者有一个习惯，就是把脑袋里想到的东西或一闪而过的灵感记下来，如果是想写的，马上就列出提纲，可能也就那么几十个字，或是几个小标题，但如果有时间的话很快就能变成几千字。实际上，锻炼写作逻辑也就是在锻炼你用大脑写作的能力，最终在车上、床上、厕所、咖啡厅静思，无论何时何地都可以模拟写作。

1.3.3 建立人格，形成特色

从来没有一个时代的人这么注重“我”的感受和“我”的需求，所以在这样的背景下，人们在作出选择时，更多地会从人性最初的动因出发。而其中一个一直都非常重要的关于“我”的动因就是情绪。

现在大家写文章，都强调要有自己的个性和独特的风格，该活泼就活泼，该表达情绪就表达情绪，这样更容易触碰到读者的内心，而时间一长这种表达方法也会变成一种风格。

但是，在笔者看来，情绪未必一定需要那么冲动，风格的体现也未必一定要用狂放的语言。价值观的长期输出也会形成自己的独有特色，笔者就很喜欢吴晓波的财经栏目，它没有过激的文字，也没有片面的引导，但是价值观很清晰。虽然这样的表达形式不如情感宣泄效果来得快，但一个是触动了短时间的情绪，另一个是影响了长期的价值观。

对于笔者个人而言，不怎么会语言过激，最多偶尔调侃一下。笔者更喜欢分享真实有价值的内容，可能特色不那么明显，但写给读者看的东西就要对自己说的话负责，或许这也是另一种风格。

另外，就是写文章的人格化，这也是风格里一部分。我们写文章，可以说是与读者交流的一种方式，也就是与读者对话。写文章就是找对的人说对的话，既然是说话，那每个人说话的语气语调、说话方式、表达的价值观等都是不一样的。这也体现了我们在写文章时需要慢慢建立的一个东西——文字人格化。

这一点是一直在强调，也是所有大咖正在做的，我们不是如同机器人一样在说话，而是要通过文字塑造一个活生生的人。

那这样就产生了一个问题，你的文字要塑造的是一个什么样的人呢？如果你塑造的是一个“暖男”，你应该像暖男一样说话；如果你塑造的是一个“专业低调的男人”，你应该像专业低调的男人一样说话；如果你塑造的是一个“集美貌与智慧于一身的奇女子”，你就应该像一个集美貌与智慧于一身的奇女子那样说话；如果你塑造的是一个“幽默搞笑热爱段子的老司机”，你就应该像幽默搞笑热爱段子的老司机那样说话。

每一个写文章的人，他的文章“说话”的方式都应该是不一样的，因为在背后写文章的人都不一样。或许你文章的“说话方式”人格化不那么明显，但肯定有你自带的一些东西，而你要做的就是放大它。

当厘清这些，就可以开始好好“说话”了。我们要做的还有把它坚持下去。写文章这件事，没有什么风格是一两天形成的，也没有什么人格是短时间建立的。这需要一个持续的输出过程，坚持自己的风格，不忘初心，懂得克制，才能走向成功。

1.3.4 正确传达，通俗易懂

前文提到过，写文章就是找对的人说对的话，就像和读者面对面沟通交流一样。文章应该是帮助读者更轻松、更方便地理解作者的想法，因此你所传达出去的信息应该是你的目标读者容易理解接收的信息。也就是说，文章内容不需要过多的华丽辞藻，不用秀文字功底，可能一个词，你脑袋里面有千奇百怪的不同表达方式，但是读者并不能理解。

笔者的最后一个建议也很简单，就是不要让文章生涩难懂，直截了当就好，文字以通俗为主，不需要想着使用最高级的形容词，也不要追求文学派的风格。

高雅的文字和精致的辞藻很有可能会喧宾夺主，把本应该放在文章内容上的注意力攫走，结果本末倒置。所以，没有什么特别原因，尽量用日常交谈中的语言来写文章，没必要那么诗情画意，也没必要高深莫测。我们不是卖关子，只是想通过文章来和读者做一次交流。

笔者认为这样挺好，既能拉近距离，写起文章来也更加轻松，而且读的人一看便知，一听即晓，直接打动人心，一举三得。

如何让你的文章容易理解呢？笔者在这里给大家举一些例子，每一个都是非常好的绝招。

(1) 使用短句，简洁明了，易于阅读，它会让叙述更紧凑，产生不错的张力。

(2) 多用口语，多用“你”，发挥自然语言的效果。不要过于书面化，应更加口语化一些。

(3) 多描述细节，一堆模糊不清、抽象的信息很难让用户建立认知。而细节的东西越多，就越有画面感。

(4) 多进行场景化打造，打造场景是具象的，是有画面的，能让人触景生情。

(5) 多关联熟悉事物，利用用户已经理解的事物来解释目前还未知的事物，能够让人在短时间内理解各种未知事物。

(6) 多讲事实，因为讲事实才更显真实，读者更能感同身受。比如多讲故事，讲自己的故事、讲身边的故事、讲听说的故事，故事确实有把读者带入场景的强大力量，读者一定会聚精会神地听你讲完。

(7) 多用动词和具体名词，动词是最容易让用户在脑海里浮现画面的，具体的名词也是。

这些方法大家都可以在平时写文章时多用，每次专门只用一个，勤能补拙。另外，在笔者看来，写文章还有另一层作用，就是帮一部分人表达自己的观点或想法，说出他们想说的话。这也是一个很大的需求点，还拥有非常大的市场，甚至一辈子都消耗不完。

表达想法是平常我们生活、工作、社交过程中每天都需要的，而且永不停歇，几乎所有的人都渴望通过表达自己的想法来影响他人。所以，我们的文章也可以去帮助他们表达想法、说出他们内心想说的话，这样更容易让人接受并与读者产生共鸣。

第 2 章

市场调研：确定新媒体文案的写作方向

学前提示

前面一章主要是对编写新媒体文案的写作方法和技巧进行解读，帮助新手入门。除了这些内容之外，在编写文案之前还有很重要的一步，那就是新媒体文案的写作方向。

本章主要针对市场调研的定位、方式以及用户所处的消费场景进行分析。

要点展示

- 做好文案的三个定位，确定你的目标群体
- 市场调研的八种方式，精准收集调查数据
- 明确你的用户处在什么样的消费场景

2.1　做好文案的三个定位，确定你的目标群体

在掌握好文案的写作方法和技巧之后，接下来就是进行市场调研了。在此，微信、App 和自媒体平台运营者需要做好文案三个方面的定位，即平台定位、用户定位和内容定位。下面笔者将进行具体分析。

2.1.1　平台定位，确定基调促进发展

在新媒体运营中，首先应该确定企业所要运营的平台是一个什么类型的平台，并以此来决定平台的基调。平台的基调主要包括学术型、搞笑型、创意型、媒体型和服务型这五种类型。

在做好平台定位时，应该根据自身条件的差异选择具有不同优势和特点的平台类型。具体分析如图 2-1 所示。

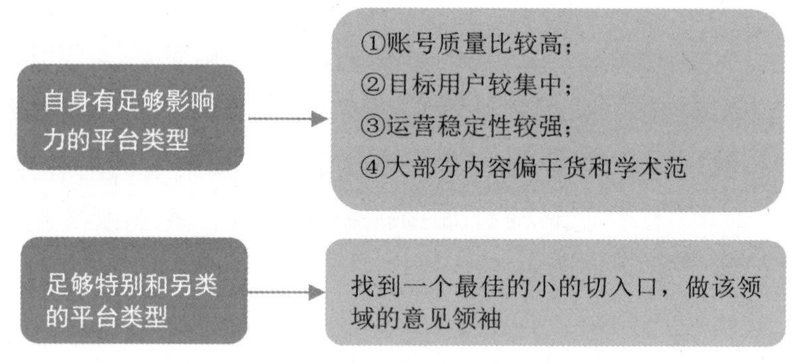

图 2-1　平台定位

在新媒体运营中，可通过网红、90 后创业奇才、行业意见领袖、BAT 背景和学术范这五种途径更好地实现平台定位。

另外，在定位平台、选择何种平台类型的同时，还应该对平台的自定义菜单进行相应的规划，以便能够清楚地告诉用户“平台有什么”。对自定义菜单进行规划，其实质就是对其功能进行规划，它可以从下述四个维度进行思考和安排。

(1)　目标用户群体。

(2)　用户使用场景。

(3)　用户群体需求。

(4)　运营平台特性。

值得注意的是，做好平台定位是非常重要的，要慎重对待，因为只有做好了平台的定位，并对其基调进行了确定，才能做好下一步要进行的用户运营和内容运营策

略，最终促成平台更好地发展。

2.1.2 用户定位，了解针对人群的特性

在企业的微信、App 等新媒体平台运营中，确定明确的目标用户是其中至关重要的一环。而在进行平台的用户定位之前，首先应该做的是了解平台具体针对的是哪些人群，它们具有什么特性等问题。关于用户的特性，一般可细分为两类，如图 2-2 所示。

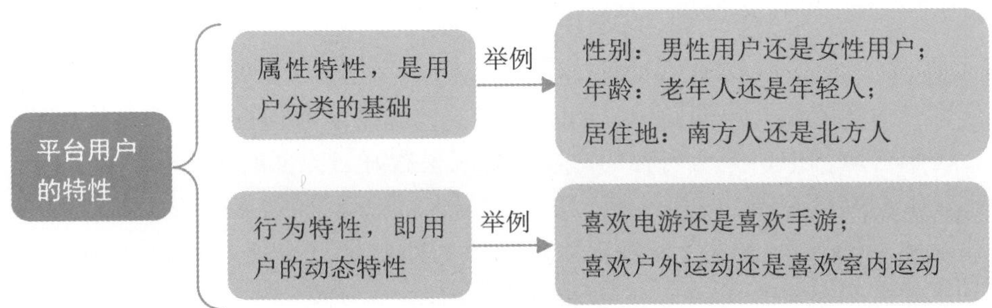

图 2-2 平台用户特性分类分析

在了解了用户特性的基础上，接下来要做的是怎样进行用户定位。在用户定位全过程中，一般包括三个步骤，具体内容如下。

1) 数据收集

可以通过市场调研的多种方法来收集和整理平台用户数据，再把这些数据与用户属性关联起来，如年龄段、收入和地域等，绘制成相关图谱，这样就能够大致了解用户的基本属性特征。如图 2-3 所示为某产品的用户年龄段分析。

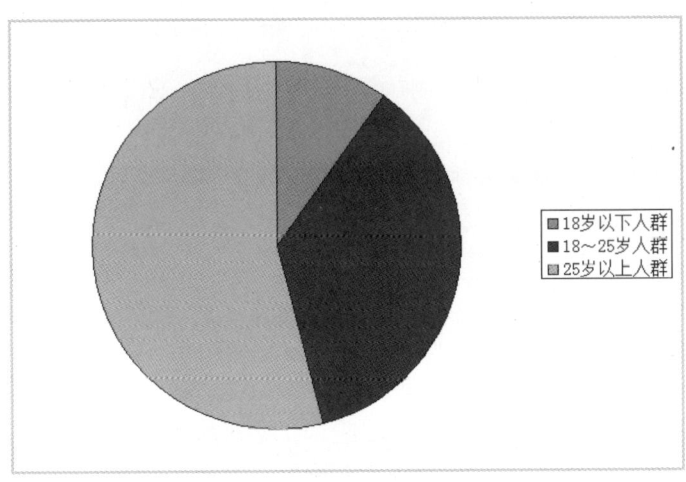

图 2-3 某产品的用户年龄段分析

2) 用户标签

获取了用户的基本数据和基本属性特征后，就可以对其属性和行为进行简单分类，并进一步对用户进行标注，确定用户的可能购买欲和可能活跃度等，以便在接下来的确定用户画像的过程中对号入座。

3) 用户画像

利用上述内容中的用户属性标注，从中抽取典型特征，完成用户的虚拟画像，构成平台用户的各类用户角色，以便进行用户细分。

2.1.3 内容定位，展现特色发挥平台优势

所谓“内容定位”，即微信、App 等新媒体平台能够提供给用户什么样的内容和功能。在平台运营中，关于内容的定位主要应该做好三方面的工作，具体如下。

1) 找准发展方向

找准内容的发展方向是平台内容供应链初始时期的工作，是做好内容定位的前提，具体分析如图 2-4 所示。

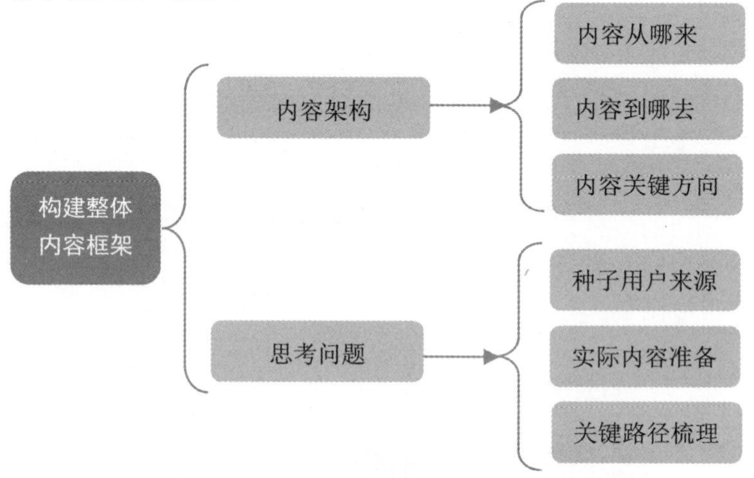

图 2-4 明确内容发展方向的具体分析

2) 通晓展示和整合方式

在内容定位中，还应该通晓运营阶段的内容展示方式。在打造优质内容的前提下，怎样更好地展示平台内容，逐步建立品牌效应，是实现平台影响力扩大的重要条件。关于平台内容的展示方式，一般可分为四种，如图 2-5 所示。

在内容展示过后，接下来更重要的是要通晓内容的整合方式。内容的整合方式具体有三种，即话题问答整合、刊物方式整合、用户内容整合。

3) 确定互动方式

除了应做好初始阶段和运营阶段的内容定位外，还应该确定宣传阶段的内容定

位，即怎样进行平台内容互动的问题。

企业与用户进行交流，更有利于新媒体平台内容的传播，用户的接受能力也更强，从而加深用户对平台的信任度和支持度。在确定内容的互动方式的过程中，需要把握几个关键点，如图 2-6 所示。

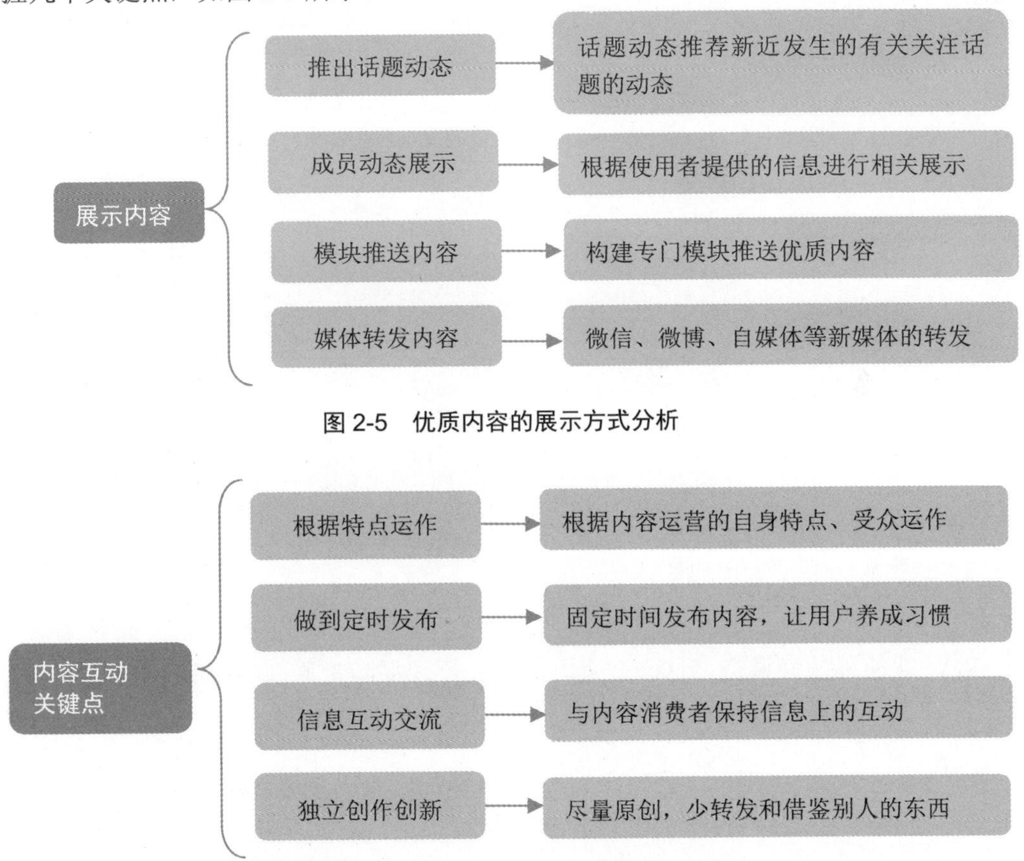

图 2-5 优质内容的展示方式分析

图 2-6 把握平台内容互动方式的关键点分析

2.2 市场调研的八种方式，精准收集调查数据

常言道："没有调查就没有发言权。"调研的重要性不言而喻。如果想让文案一字千金的同时妙笔生花，那么调研是必不可少的，这是保证文案编辑方向正确和内容精准的前提，只有经过了调研，才能预测微信、App 和自媒体等新媒体平台推送的文案是否能准确地传达到需要的用户群中，并最终达到预期的目的。下面笔者就对八种市场调研方式进行分析。

2.2.1 抽样调查，省时省力误差较小

抽样调查，就是在整个样本中抽取一部分样本进行调查，然后通过推算得出结果的调查方法。这一市场调研方法又可分为随机抽样调查和非随机抽样调查，具体内容如下。

(1) 随机抽样调查。这一调查方法也称为概率抽样调查，是在整个样本中以随机的方法抽取一部分样本而进行的调查，具体介绍如图 2-7 所示。

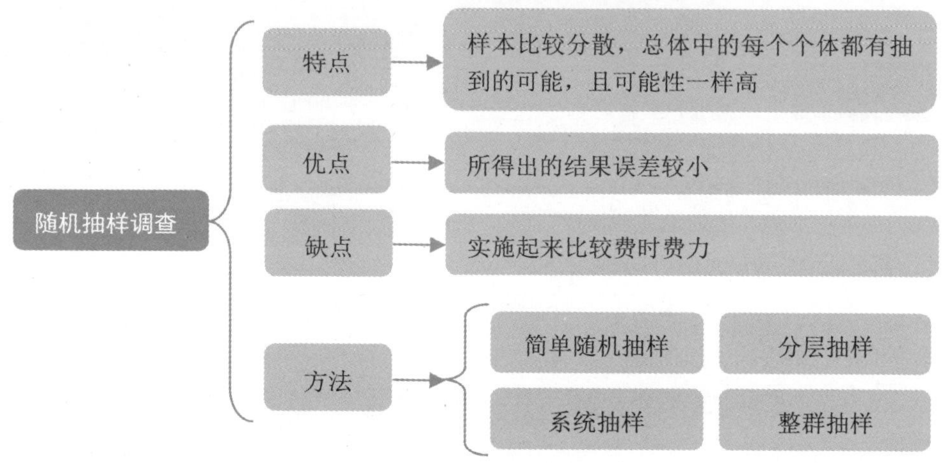

图 2-7 随机抽样调查分析

(2) 非随机抽样调查。这一调查方法是在不遵循随机原则的情况下，在总体样本中按照调查人员的主观感受或其他条件抽取部分样本而进行的调查，具体介绍如图 2-8 所示。

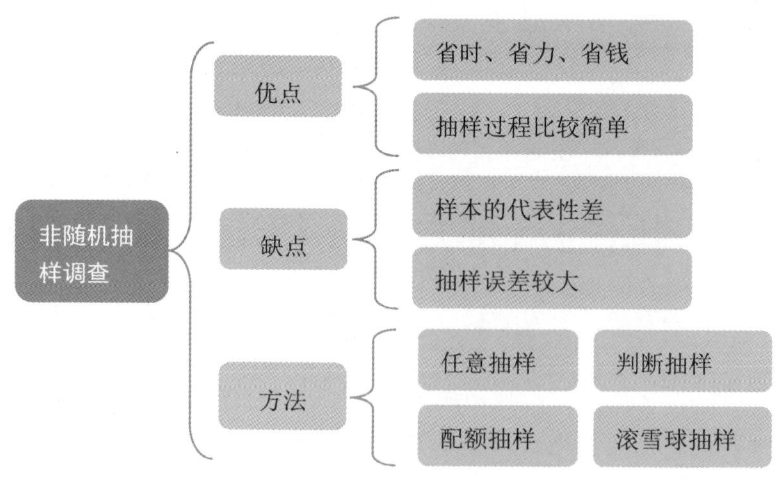

图 2-8 非随机抽样调查分析

2.2.2 问卷调查，问题由浅入深循序渐进

所谓“问卷调查”，即调查人员把要调查的内容采用问卷形式而进行的调查方法，是一种比较实用且常见的调查方法。通过这种方法进行调查，可以基于被调查者的问卷答案而收集市场资料，且具有三个方面的优势，即调查范围大、调查成本低、被调查者可仔细考虑问卷上的问题。

尽管采用问卷调查的方法具有诸多优势，但在具体实施过程中，还应该注意 4 个方面的问题，即**具有目的性，围绕调研目标进行设计；在语言表达上要求明白、规范；在提问设计上不能有暗示性的话语存在；在问题的排序安排上要力求合理。**

其中，在问题的排序安排上要力求合理，实质上是要求调查的问题有一个由浅入深的过程，必须是循序渐进的，具体表现如下。

(1) 从一般性问题到特殊性问题。

(2) 从接触性、过渡性问题到实质性问题。

(3) 从简单的问题到具有一定难度的问题。

2.2.3 典型调查，选择特征鲜明的对象

所谓“典型调查”，即一种以典型对象为调查目标，然后在得出的结果上推算出一般结果的调查方法。

这是一种在对象选择上具有鲜明特征的调查方法，是基于一定目的和标准而特意选择的，因而在调查结果上能够突出显示其调查的作用，如图 2-9 所示。

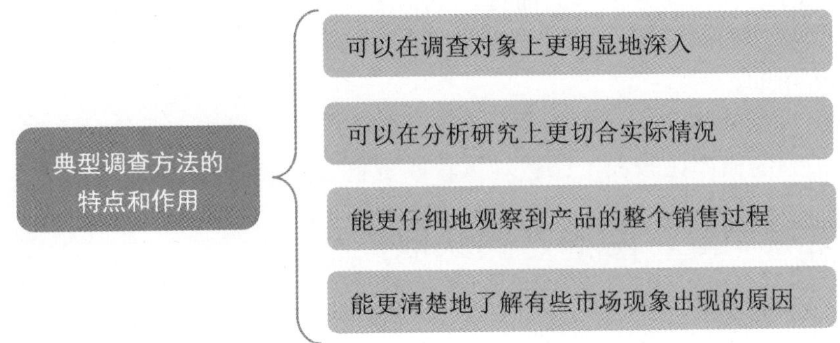

图 2-9　典型调查方法的突出特点和作用

典型调查方法有一个需要特别注意的问题，那就是需要重点把握好调查对象的典型程度——典型程度把握得越好，调查结果也就越符合现实，其所产生的误差也就越小。当然，这种具有突出特点和作用的调查方法也具有极大的优势，即投资少、效率高，非常适用于中小微型企业。

2.2.4 全面调查：广泛撒网精准捕捞

所谓“全面调查”，与其他方法不同之处在于“全面”二字，它要求的是全面性的普查式调查，其调查结果最突出的特点是全面而精准，因此，于市场营销而言，全面调查的对象是产品的所有目标消费者。它主要分为两种类型，如图 2-10 所示。

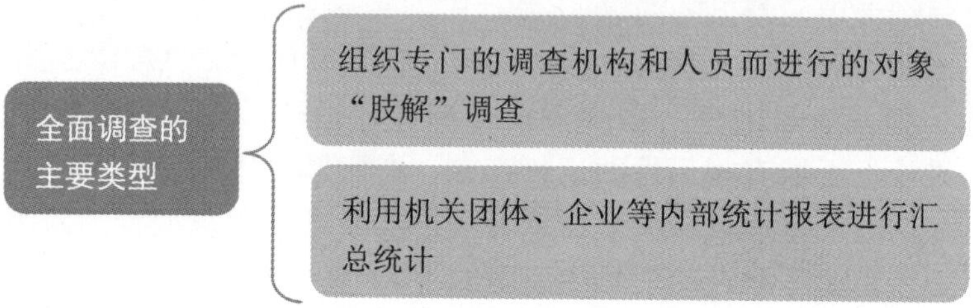

全面调查的主要类型

- 组织专门的调查机构和人员而进行的对象“肢解”调查
- 利用机关团体、企业等内部统计报表进行汇总统计

图 2-10 全面调查的主要类型

2.2.5 访问调查：三种询问方式收集资料

访问调查就是在对被调查者进行直接询问的基础上收集资料的方法，具体方法有三种，即入户上门访问、电话远程访问、街头拦截访问。这三种访问调查方法的具体特点如下。

(1) 入户上门访问在资料收集的真实性和全面性方面较有保证，且这种收集方式还伴有详细的记录可供查询。

(2) 就进行过程的简便性方面而言，电话远程访问具有明显的优势，但这种访问调查方法由于持续的时间短，是无法实现深入询问和调查的，只能在常规性问题上对调查结果有所帮助。

(3) 而街头拦截访问，一般来说，不适于用在文案营销中，且这种方法在实际操作过程中被拒绝的概率比较大，比较难以获取资料。

2.2.6 文献调查：两种方式获取资料

随着互联网的发展，在文案营销中使用文献调查方法越来越简便，特别是在大数据技术飞速发展的环境条件下，企业可以很容易地获取大量企业、消费者资料和信息，这种调查方法的应用也就变得更加实用。

其中，文献资料的来源主要包括两种——企业内部资料和其他外部资料。企业内部资料，即企业自身所具有的消费者资料、以往营销记录等；其他外部资料，即咨询公司、市场调查资料公司、网络等提供的资料和出版物上的资料，以及社会团体和组织提供的各种资料等。

2.2.7 产品调查：由此及彼逐渐深入

调查销售的产品，其实质是了解销售产品的众多方面，它是市场调研的一个重要组成部分和关键内容。

关于销售产品的调查，其具体内容如图 2-11 所示。

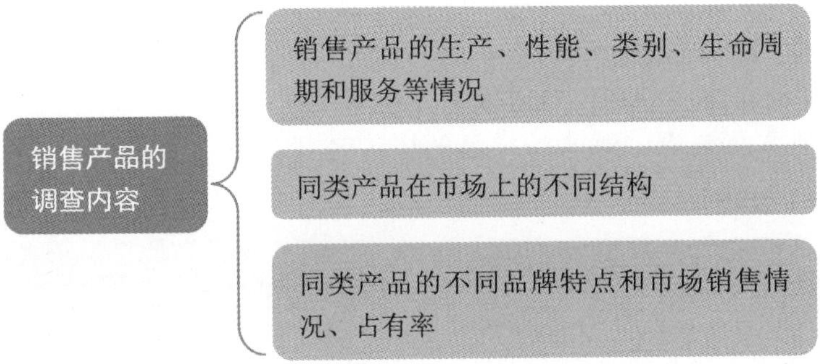

销售产品的调查内容

- 销售产品的生产、性能、类别、生命周期和服务等情况
- 同类产品在市场上的不同结构
- 同类产品的不同品牌特点和市场销售情况、占有率

图 2-11 市场调研的销售产品调查内容分析

在市场调研的销售产品调查中，需要体现一个由此及彼、由己及人的逐渐深入的过程，也就是先要在自身产品上下功夫进行调查，然后再与市场上的其他同类产品进行对比，才能获得最佳的调查效果。

重点介绍对自身产品的调查，如图 2-12 所示。

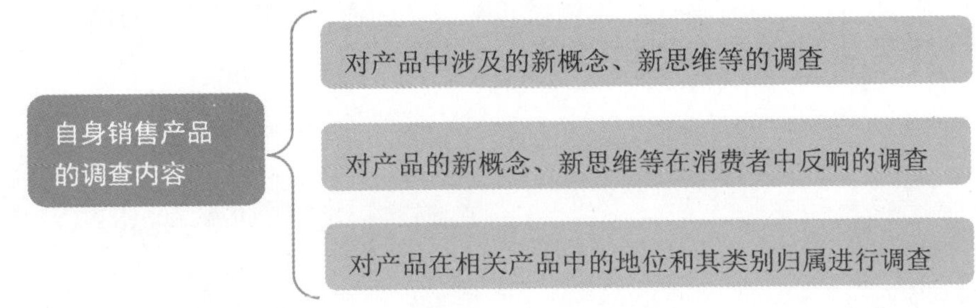

图 2-12 自身销售产品的调查内容分析

关于自身产品的调查内容的三个方面，具体分析如下。

1. 要有全新概念

要有全新概念，即在产品和服务领域中将要展现的具有全新意义的新概念、新思维等，基于某一新概念、新思维，产品和服务能够带给消费者相关的全新生活享受，如雕爷牛腩“轻·奢·餐”的新概念和可口可乐体现“积极乐观，美好生活”的新思维。

在快餐和正餐之间，雕爷牛腩打造了我国“轻·奢·餐”品牌，全面诠释其“无一物无来历，无一处无典故”的美食理念。而可口可乐，基于“积极乐观　美好生活”的口号，在产品调研的基础上，打造了以“畅爽‘开始’”的主题品牌。

2. 要有样品检测

对产品的新概念、新思维等在消费者中的反响的调查也是对产品样品检测内容的一个方面。

通俗地说，产品样品的检测即所谓的回访过程。从具体涉及的内容来说，它还包括消费者对产品的喜好反应和售后出现的问题等。

从文案营销方面来说，对产品样品的检测是其营销理念是否继续坚持的判断标准，具体如图 2-13 所示。

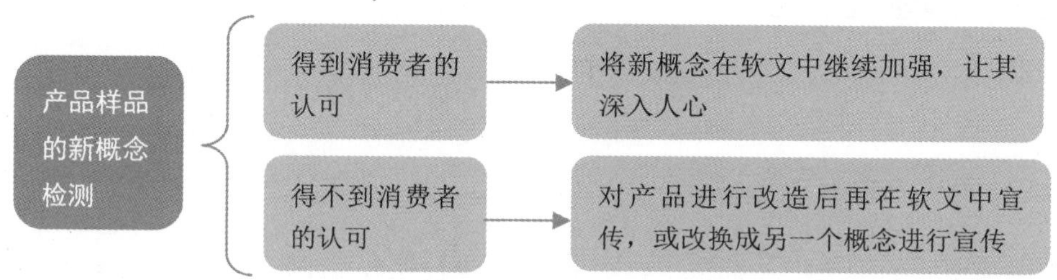

图 2-13　新产品样品检测的新概念反应调查

3. 要有体系和类型调查

对产品而言，它总有着其所属体系和类型，因而，对销售产品的调查也应该包括对其体系和类型的调查，具体内容如图 2-14 所示。

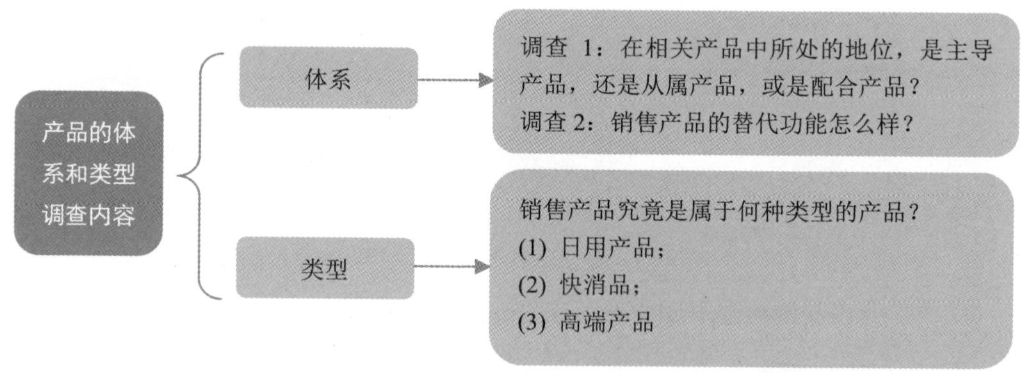

图 2-14　产品的体系和类型调查分析

只有在保证了产品体系和类型调查结果准确的前提下，才能使产品的文案策划和设计更具有目标性和针对性，从而为产品文案营销的推进提供更好的帮助，获得运营者想要的效果。

2.2.8 消费者调查：确定服务人群和范围

从理论上来说，对销售产品而言，每一个社会成员都有可能是消费者，但在实际应用中，任何产品都不可能把所有人当作其目标消费者，它应该有一个特定的产品服务人群和范围，这些特定的服务人群就是该企业产品的目标消费者。而目标消费者的确定，是需要进行深入的市场调研才能得出准确结果的。

针对目标消费者进行的调查，主要包括两个方面的问题，一方面是从目标消费者对产品的印象进行调查，另一方面是从目标消费者自身的消费行为进行调查。

1. 从目标消费者对产品的印象进行调查

目标消费者对产品的印象，主要包括其对产品的了解度、好感度和具体看法等，这是由产品的客观质量和主观质量决定的。

其中，产品的客观质量是产品本身所具有的，是无法改变的事实，所以，在此主要介绍产品的主观质量对消费者印象的影响。

所谓“产品的主观质量”，即目标消费者的心理需求能够获得满足的产品或服务价值，也就是说，随着消费者的需求变化和价值取向的变化，会使产品的主观质量发生变化。

2. 从目标消费者自身的消费行为进行调查

对于目标消费者自身的消费行为方面的调查，主要应该从四个方面着手，具体如图 2-15 所示。

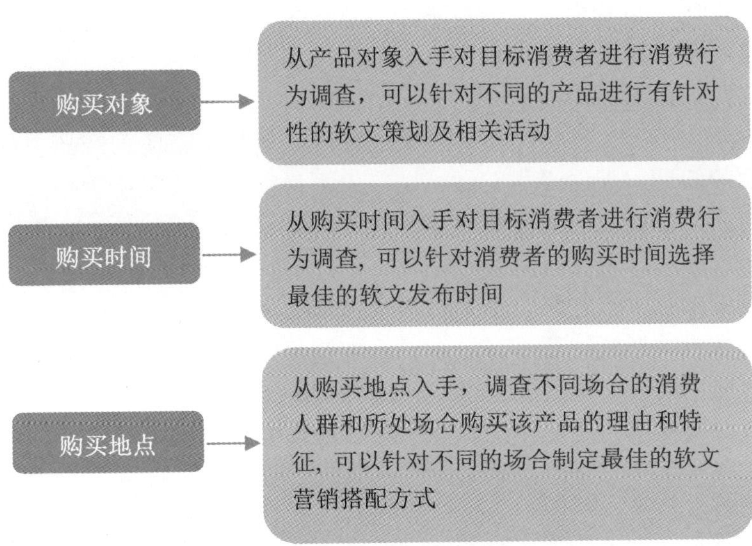

图 2-15 目标消费者的消费行为调查分析

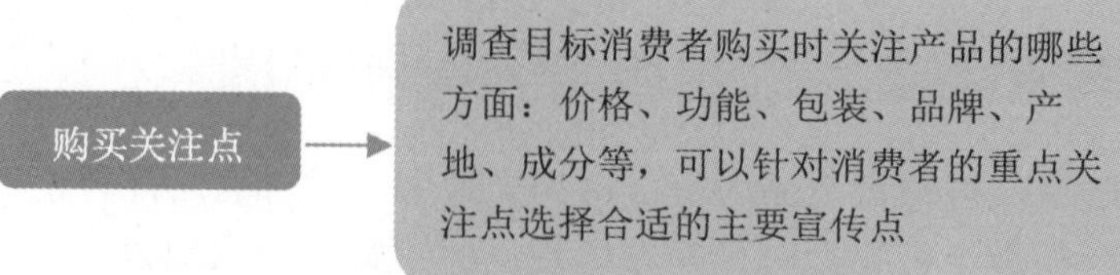

图 2-15　目标消费者的消费行为调查分析(续)

2.3　明确你的用户处在什么样的消费场景

新产品准备上市的时候，营销策划人员就会忙起来：领导组织一个会议，告诉大家公司要上新品了，这个新品是基于用户刚需重金打造的，马上要做营销推广；强调这个新品上市如何如何重要、老板非常重视，一定要把销量做起来，加油！加油！加油！

总之只需要记住：这个新品很牛，要卖好它。但这个时候，其实你是晕头转向的，在接下来的几天时间里，还会陆续收到无数关于新品的文档。没错，就是大篇大篇的文字，五花八门的都有，马上就能看得头昏脑涨。

接下来，就是绞尽脑汁去做好用户分析、费尽心思整理好产品卖点、做策划写文案筹备活动、铺好产品各大宣发渠道。连续好几个夜晚，头发也掉了一地。最终，新品顺利上市，声量(即产品被公众知晓、了解的程度，或对社会公众的影响度)也做得比较大，大多数新老用户都知道了，终于可以松口气了。

但是，问题还是发生了：销量不行，新品买的人不多，怎么办？新品上市无疑是个棘手的难题，但有问题就得思考、得改进。那么该如何思考？怎么去改进？解决问题的方法又是什么呢？

这是一个大工程，肯定不是一个人的问题，包括了市场、产品、营销、公司管理等各个方面的问题，无法详尽。做营销，先不说很高级的顶层策略，首先至少要明确产品对于用户来说处在什么消费场景。这个问题需要从三个方面来看。

1)　用户对产品还没有需求

对于绝大部分主流产品，都是有需求市场的。但是，很多用户没有意识到自己有需求，或需求没被激活。那么在这个时候，做营销首先就要激活用户的需求，在他们产生关注之前，说再多也无济于事。

我们此时要做的不是让用户关注产品，而是先让他们关注自己。通过给用户制造理想状态与现实状态的缺口，来激起用户的缺乏感，从而心动。

2)　用户有需求，但还不知道你的产品

这应该是目前绝大部分产品所处的境地，市场很大，有需求的用户很多，但那些有需求的用户却不知道你的存在，你的产品还没有参与竞争就被淘汰了。

这个时候，做营销就要让消费者能接触到你的产品，记住你的品牌，记住你的产品是干什么的，记住你的产品能帮客户解决什么问题。那些关注产品、品牌能抓住注意力的点这个时候都可以拿出来。比如“把 1000 首歌装进口袋”“围着地球转三圈”等都很快就让用户记住了。

没有曝光，没有接触，消费者就会对你的产品没有丝毫印象，在决策选择时自然不会考虑到你。所以笔者也会经常反思一个问题，不要整天追求广告的极致，总是想着脱离广告的属性，最终产品没被用户记住，用户压根不知道这是干什么的，那才叫悲剧。

3) 用户知道你的产品，但也知道别人的

还有一种情况是，用户有某类需求，他知道你的产品，但也知道别人的，绝大部分的市场竞争就在此处。毕竟，从某种意义上来说，营销的本质就是竞争。

在这种情况下，做营销就是让消费者从众多对手之中选择你。是产品功能非常突出？品牌超级强大？价格有绝对优势？有差异化优势？还是给产品赋予了精神和情怀层面的价值？不管是什么，在这个阶段，各大门派大招齐发。你有差异化，我有高性能；你有高格调，我有实力派；你有个人情怀，我有粉丝经济；你有技术专利，我有明星代言。

比如，方太油烟机的广告文案：从此不怕炒辣椒，如图 2-16 所示。

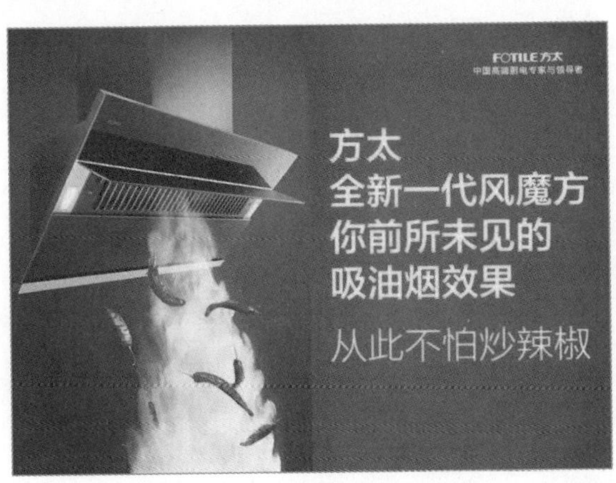

图 2-16　方太油烟机广告文案

Keloptic 眼镜的广告文案：从模糊的印象派到清晰的写实派，就只差一个 Keloptic 眼镜而已，如图 2-17 所示。

当然，我们做营销的时候，用户的这三个消费场景基本都会考虑到。所有的营销策划基本都是集合了多种功能，既能让人产生需求，也能让人认识到产品，还能使其从众多品牌中脱颖而出。

图 2-17　Keloptic 眼镜广告文案

还值得我们注意的是：你的产品现在处在哪种消费场景，重心应该在哪里。回到上面的新品上市案例，应该属于第三类用户消费场景，前文说了这款产品是用户刚需，而且经过渠道推广后，声望做得也比较大，大多数新老用户都知道了，因此，它现在所处的场景是：用户知道它，但也知道别人，现在需要从众多竞争产品中脱颖而出，得到用户的青睐。

第 3 章

选题策划：挑选出最受欢迎的选题内容

学前提示

挑选出最受欢迎的选题是一篇文章成功的开端，定位用户喜好对于新媒体运营也是至关重要的一步。

本章内容从文案的选题技巧、选题方法以及分析历史发文数据等方面进行分析，从读者可借鉴的角度全面展示相关内容。

要点展示

- 文案的三个选题技巧，轻松破解难题
- 文案选题的四个方法，找出精准需求
- 分析历史发文数据，定位用户喜好

3.1 文案的三个选题技巧，轻松破解难题

“一篇文章的成功 80%都靠选题。”这句话看起来很夸张，但很多时候，事实确实如此。有那么一句老话：“选择比努力更重要。”但是，选题这事也真不是那么容易，有时候思维会卡住，有时候要历尽艰辛。

公众号做什么内容，一直是运营者发愁的一件事。特别是新手，不知道从哪里入手。甚至有很多老手经常也会陷入其中，还经常把内容跑偏。“怎么办？我想知道怎么办？”相信很多读者都会遇到相同的苦恼。

笔者对此有一些思考，在这里分享给大家，希望能给大家带来帮助！

3.1.1 三个选题的指导标准

公众号不知道做什么内容，还总是跑偏，怎么破开这个迷局呢？众所周知，公众号要给用户提供有价值的内容，要帮他们解决问题。那么说到底，究竟要提供哪些有价值的内容呢？又要帮助用户解决哪些问题呢？以下三个指导标准，对所有的公众号基本都适用。在这个指导标准下，我们可以提供三种选题内容，解决三个问题。

1) 写观点干货类

任何一个行业，任何一类人群都需要技能指导、实用建议及干货类的内容，比如“如何快速拿到意向公司 offer”“写出爆文标题的六个套路”“轻松教你解决电脑无法开机问题”等。

2) 写情感心态类

现代人的社会压力和家庭压力都非常大，并且随着年龄的增长越来越大。所有人都有这样或那样的情感、情绪以及心态上的问题，很多都积累在心里需要消化。这也是现在情感类账号大行其道、变得越来越多的原因，多到基本上每个人都会关注 1～2 个情感号，并且大家都非常愿意买账。

因为情感得以慰藉，说出了自己想说的话，从而产生了共鸣，找到了相似群体。在这里有必要一提的是，搞笑类的内容也是属于情感心态类，毕竟它能帮助我们缓解压力，忘掉不悦。

3) 写新闻热点类

在这样一个信息爆炸的时代，基本上每个人都有资讯焦虑症。所以资讯新闻一直以来都是最重要的一个内容板块。人人都看新闻，并且每个行业都有各自的新闻，而热点以及追热点是资讯类的一个延伸板块，利用的也是新闻的影响权重。

另外，奇闻逸事也属于这一类，这些也是在丰富我们的社交资讯，而且做这类内容的也非常多，虽然粉丝质量相对而言不算高，但是量大。

这三种选题内容基本是所有人都有需求的，这样的内容更容易生存，也活得更久。总结起来就是用户存在：知识焦虑+情感焦虑+资讯焦虑，我们的内容主要就是帮用户解决这三种焦虑问题。同时，为了做好这三种选题，防止跑偏，我们还需要思考三个关键项。

1) 公众号定位类型——解决这三种内容的占比问题

要做干货观点类的公众号，还是新闻资讯类或者是情感类的公众号？这个要提前确定下来。因为你的公众号的输出类型直接决定了以上三个方向的内容在你公众号的配比，如果要做的是干货类公众号，那最主要的内容肯定是干货观点类，它的占比应该更高。

2) 垂直细化方向——解决这三种内容的范围问题

不追求大而全，做好小而美就很好了，这是一个趋势。现在基本所有的自媒体平台，都把垂直度作为评判一个账号好坏的关键项。而垂直度也就直接决定了公众号内容的范围，不要太宽泛。

干货观点肯定就是你所属领域下的细分技能了，比如运营、文案、化妆、穿搭；情感心态也是需要细分下来的，虽然现代人的大多情感诉求差不多，但是不同的人群情感诉求点也不一样，职场人有职场人的烦恼，运营人有运营人的烦恼，95 后有 95 后的烦恼，年轻爸妈也有他们的烦恼。新闻热点就更不用细说，因为我们一直都在强调新闻和公众号属性的关联性，对于新闻资讯，各个行业都有各自的新闻，各个群体都有各自关心的话题，对于热点，关联性越强越好。

3) 自身人格化定位——解决这三种内容的风格、价值观、调性问题

人格化定位，就是将公众号的内容、品质及服务拟人化，区别于其他账号，从而帮助用户通过个性鲜明、情感饱满、印象具象的人物模型来感知账号，并且增加好感与信任。

这一点也是很重要的，你的公众号想要塑造一个怎样的形象？是一个大叔，还是青春美少女？是严肃的，还是卖萌搞笑的？是一个朋友，还是一位专家？他的价值观以及兴趣爱好是怎样的？

这直接决定了以上三个方向内容的写作风格、配图风格、表达形式、语言特色、内容调性等。每个人都有自己的价值观以及喜好，那么必然的，违背了公众号价值观的内容就不能选，否则就是一个毫无原则的人。

解决了以上问题，确定了公众号内容的调性，确定了自己要塑造的形象，也确定了公众号类型，还确定了内容垂直的方向，也就有了一个做内容的参考和指导标准。运营者再也不需要总是想着这个内容要不要做，那个内容好不好等，也不必再各种纠结，各种浪费时间。

为了让工作更高效，不妨在下笔前和完成内容之后问自己两个问题。

(1) 我所写的内容能解决目标用户的焦虑吗？我向读者是提供了干货技能指导，

还是可以获得心灵慰藉，或是可以缓解资讯焦虑？

(2) 这个内容跑偏没有？它是否符合三种内容的占比分配？它是所属的垂直细分内容吗？它的垂直定位方向有没有关联？它是否符合账号人格化定位？内容的本身价值观是否相同？写完的文字风格是否与过往一致？有没有跳出现有塑造的人格形象？等等。

当问题问完，如果得到满意的答案，那就继续保持；如果自己都给出了差评，那就进行修改，直到满意为止。这样，久而久之，这种思维就会形成，判断内容也就是在一瞬间，它已经变成一种自动触发的能力，变成你自己的“超能力”。

总而言之，就是在符合自己公众号定位的基础上，提供干货技能指导、获得心灵慰藉、缓解资讯焦虑。这样的内容更靠谱、更务实。而且从互联网这么多年的变化来看，这样的内容更容易生存，也能活得更久。另外，不只是对于公众号，其他新媒体平台也都适用。

3.1.2 一张图细分用户所需选题

有了选题的指导标准后，下一步，我们需要让选题更加细化、更加系统。首先要不断提醒自己：你的公众号存在最核心的目的是什么？在笔者看来，应该是给用户带来价值，帮助他们解决问题，满足用户需求，乃至帮助用户成长，消除焦虑感。也就是围绕一个定位——帮“哪些用户”在“什么场景”解决“什么问题”！

既然是帮助用户成长，那我们要做的就是不断提供“用户成长所需知识”，帮他们变得更好。在这种情况下，我们就可以列出“用户成长所需知识”，并基于此不断提供用户对应所需的有价值内容，这就是选题。如果你是一个面向新媒体运营的公众号，那么如图 3-1 所示，可以列出新媒体运营所有“用户成长所需知识”。

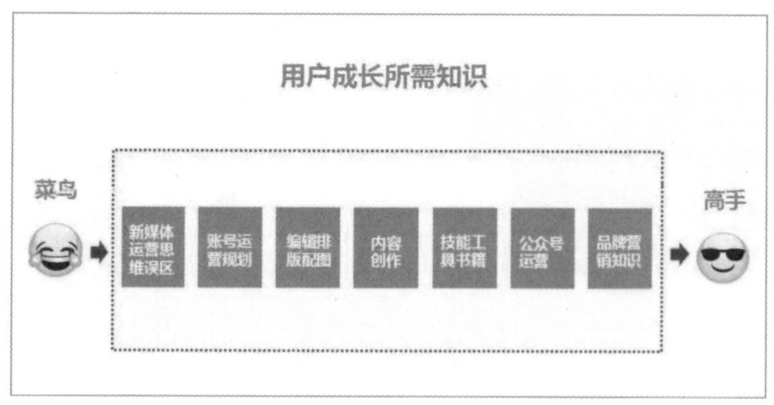

图 3-1 “用户成长所需知识”图

这些都是新媒体运营成长中需要你帮助解决的问题，也就是你的选题方向、内容来源。紧接着，我们就可以根据图 3-1 的内容点，列出“提供对应所需有价值内容”，这同时也是所要写的内容，如图 3-2 所示。

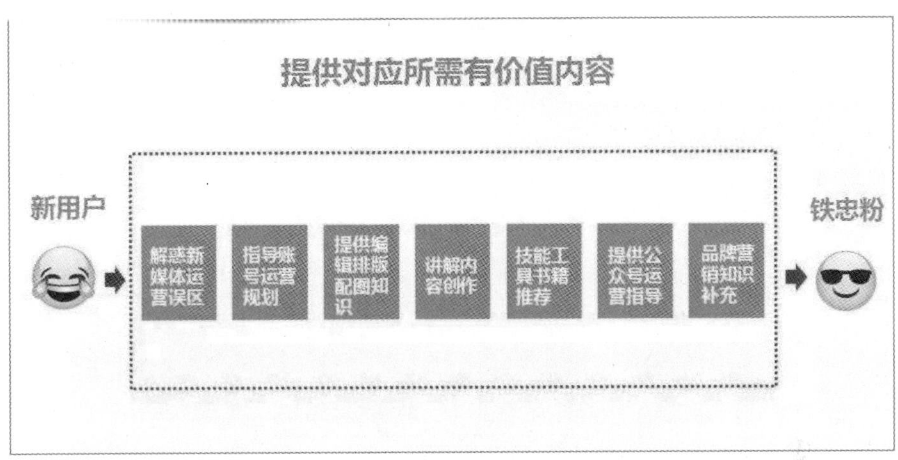

图 3-2 “提供对应所需有价值内容”图

这张图不是终点，相反，它仅仅是一个起点，一个庞大的内容规划体系的起点。要想内容规划足够详细，要想更清楚地知道具体做什么内容，要想选题方向更明确，那这个图就得不断地分级出下一层。

如图 3-3 所示，为不断的细化成用户成长对应所需的有价值内容。

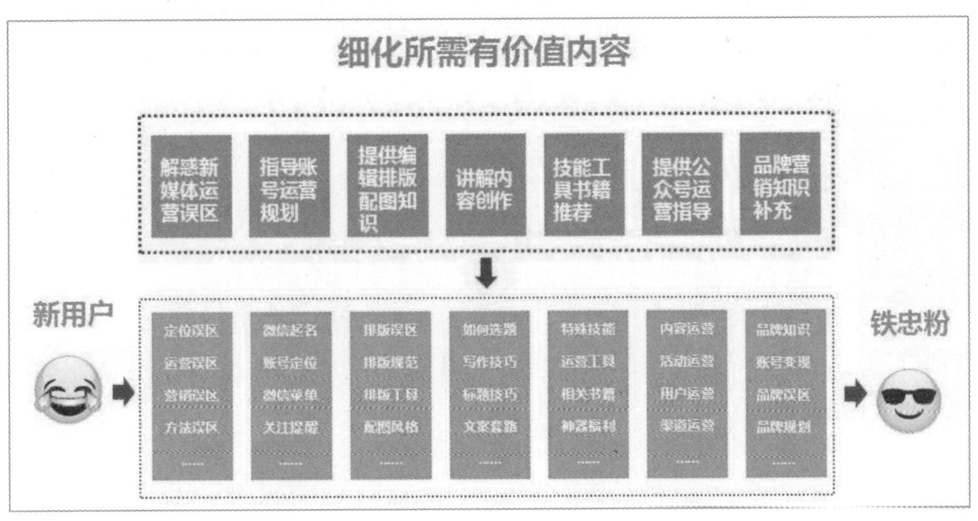

图 3-3 用户成长对应所需的有价值内容

然后继续细化，如图 3-4 所示，为“提供公众号运营指导”图，把这一项单独拿出来细化。

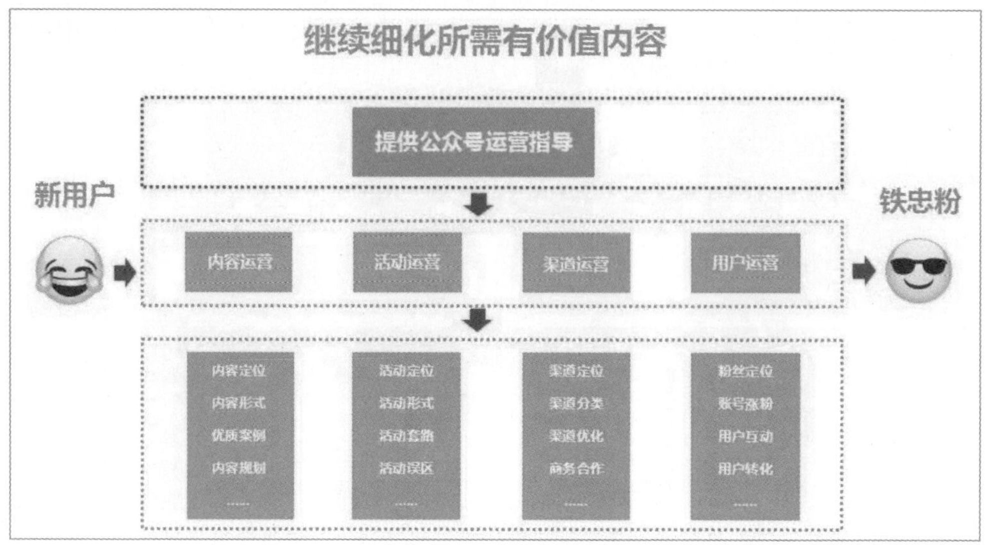

图 3-4 “提供公众号运营指导”图

依此类推，不断地细化，眼前会越来越清晰。如果你的整个知识体系非常大，建议可以用思维导图或者 WBS 分解图。这一定是一个长期的过程，不断地补充和细化用户成长所需的知识，优化关键项以及不必要的项，并且更加清晰地梳理好各个层级关系。久而久之，一个完整的用户成长知识图谱就会一步一步地呈现在你眼前。

开始可能还是一个模糊的轮廓，但慢慢地越来越清晰，越来越详尽，越来越知道需要给用户提供什么内容。而在这个过程中，你的进步是巨大的，对于内容的掌控来说，可以说产生了质的飞跃。

3.1.3 两个最快且实用的选题方法

有没有更简单且实用的选题方法呢？当然有。笔者再给大家推荐一个好方法：用基于公众号的“内视”和“外窥”方法来选题。

什么叫“内视”和“外窥”呢？简单地说，“内视”就是去分析自己账号过往效果表现好的内容及用户真正的需求；而“外窥”是去分析与自己目标用户相同账号的内容选题方向。

对于“内视”，你可以分析账号历史发文数据，比如图文阅读、分享量、点赞量、打开率、分享率、推送时间等数据都可以统计进来。这样，就能够根据过往历史文章数据，总结出之前受欢迎的各种选题方向了。你还可以直接去“问”你的用户喜欢的选题，比如可以在后台让粉丝投票选感兴趣的选题类型；可以发起征集活动；也可以通过在线问卷平台进行粉丝调查；还可以在粉丝群里了解用户喜欢的选题，包括一对一深入沟通等。

对于“外窥”，你可以找到相关公众号——筛选账号——分析目标账号选题方向——做成详细表格进行分析。简单点说，就是找与自己目标用户重合度高的账号，看看他们在发什么内容，他们的哪些选题方向是用户比较欢迎的。这样下来，就有很多选题方向了。

但是到这里还没有结束，在了解了自己过往数据以及竞品账号选题方向后，还需要判断这些可能适合自己的选题方向是否正确，比如做一个《公众号选题测试推进表》进行测试。

3.2 文案选题的四个方法，找出精准需求

前文给大家分享了“细分用户成长所需知识”的选题方法，但是细分选题可能对新手而言稍有难度，那么怎么办呢？笔者在此再给大家推荐四个好方法。

这些方法对于所有公众号基本都适用，而且会更简单。做选题，肯定是基于你公众号和用户人群定位来选，这个账号定位和人群定位的问题是一个老生常谈的话题。一句话总结就是：提前确定你的公众号是帮“哪些用户”在“什么场景”解决“什么问题”的。

搞清楚这个定位问题了，我们就往下继续。如果不知道自己公众号应该做什么内容，又没更好的方法，那你可以通过“内视”和“外窥”这两个方法来分析目标用户感兴趣的内容，下面我们逐一介绍。

3.2.1 挖掘用户真正的需求

有的时候，用户阅读数据不会告诉你一切。因为历史阅读数据都是在体现你之前发过的选题方向，那没发过的呢？这个就得“问”粉丝了，他们会告诉你很多答案。

你还可以直接去“问”你的用户喜欢的选题。怎么问？方法有很多：比如在后台让粉丝投票感兴趣的选题类型；发起征集活动，让用户留言；也可以通过在线问卷平台进行粉丝调查；还可以在粉丝群里了解用户喜欢的选题等。

当然，如果有时间，笔者还是建议最好能够一对一地与核心粉丝们私聊一下，这样最能了解他们的真实需求，也最能抓住一些小细节。

最后把你得到的这些用户感兴趣的选题方向也做成详细表格，以备后用。

3.2.2 找出相关联的公众账号

首先，你肯定是要找那些账号调性、目标人群尽量符合的公众号，这样才能保证可借鉴性及人群的精准性。我们可以直接在新榜、爱微帮、西瓜助手、微指数等平台，去寻找大量相关的公众号，因为这些平台不仅有公众号分类，还有各种榜单，能

够直接找号。也可以先找到相关行业的爆文，然后通过这个目标用户感兴趣的文章一步步找到他们关注的公众号。

这些爆文也比较好找，上面那些平台都会显示各个行业爆文，排名靠前的文章均为阅读量 10W+的爆文，重点是要找什么类别的就选择对应分类，然后选择和你账号比较匹配的爆文。接着，复制爆文标题到搜狗微信搜索里面搜索一下，就可以找到发布这个文章的所有公众号了，而这些公众号也是你的可能目标。

按照这种方法，找到一批账号后进行汇总，并制成表格。然后进入下一步，筛选账号。磨刀不误砍柴工，筛选账号这个步骤是必要的，也不是谁我们都需要去“外窥”的。我们要找到用户匹配、阅读量不错、有一定粉丝基数、比较优质的一批账号，重点是选题清晰明确，最好是形成了栏目化，方便借鉴。

可以用微问、新榜、西瓜助手、清博等自媒体分析工具查看他们的历史文章阅读量，并对这些公众号做简单观察，看看是否已经形成规范。这样就去掉了一些不达标的公众号，留下了可以借鉴的相关公众号。

3.2.3 分析目标账号选题方向

有了一批目标账号后，要做的就是对这些目标账号进行内容选题分析，并长期观察。了解它们都在发什么内容，哪些选题方向的内容效果比较好，并做好汇总统计。当然，除了公众号，也可以分析其他相似平台的内容选题方向，方法同上。这样一来，我们就有很多选题方向了。

不过，想要做得更好，其实还没完。因为以上都是可能的选题方向，想要得出更精准的选题方向还需要进行验证。

3.2.4 验证选题方向，预测效果

作为公众号运营者，最基本的运营思维必须具备，包括前面每一步的表格统计，都是为了更好地运营出更大的效果。并不是直接找出一些可能的选题方向就完成任务了，还需要真正去验证和测试。测试究竟哪些选题方向是用户接受度最大、最喜欢看的。就好比在营销世界里，有这么一句话：经过实战测试有效的广告就叫好广告。

广告的好与坏，只有通过与消费者真正接触后才能判断。通过测试，才能有调整广告策略、广告形式、广告内容，甚至营销策略的机会。否则，你毫无机会！公众号选题也一样，测试会给你很多合理改进的机会，反之必定是瞎猫碰死耗子。

我们选好需要测试的选题方向，然后才能制定测试时间、公众号推送位置、推送频率等，并根据公众号自行安排。值得注意的是，一定要注意测试时间不能太短，否则测试样本太少，没有多少参考价值。在时间方面，笔者建议最少 1 周，关键选题方向可以进行 1 个月测试。

3.3 分析历史发文数据，定位用户喜好

做公众号，绝不仅仅是做内容，在做公众号运营的时候，数据分析也是少不了的。特别是新接手一个公众号，或者在现有公众号做优化的时候，数据的分析是至关重要的。一般而言，我们评估公众号运营好坏以及内容质量的时候，还是比较简单粗暴的。大多是直接对比公众号后台提供的数据，比如阅读量、转发量、新增粉丝数量、粉丝总量、收藏量等。

这些数据便于统计、可量化，也非常直观，每个人都可以轻易获得。但你得承认，这些纯粹的数据会存在一些问题，也可能会让运营趋于表象化。比如阅读量10000，那究竟有多少是有效阅读呢？比如只凭转发量和收藏量就能评估内容质量吗？那究竟这个内容能给公众号带来多少粉丝？比如阅读量很高，却没有点赞，这算不算问题？再如留言很多，但仔细看过去，一大半都是负面吐槽的内容，这又算不算问题？

甚至之前有从业人员曾对笔者说，现在他看后台数据已经成机械化行为了，没事就上来看看阅读量有没有变多，粉丝有没有增长，收藏量是多少。笔者问他为什么看，他说就是想看看，习惯了。这肯定是不行的。当然，并不是说阅读量、转发量、新增粉丝数量、粉丝总量、收藏量等这些数据完全没用，或不需要统计。

作为一个负责任的新媒体运营者，于公于私，都应该思考更多。所以说，笔者想表达的不是完全摒弃之前的数据分析指标，而是在此基础上我们可以加入几个新的项。下面笔者就五个方面来和大家分享一下，大家可以根据实际情况进行尝试。

3.3.1 文章阅读完成率

举个简单的例子，某一天你突然想到一个完全不同的选题方向，然后取了一个非常优秀的标题。文章发出去之后，阅读量达到 5000，基本是之前的两倍。你高兴坏了，还得到了领导的称赞，而且立马开会决定以后要多取类似的标题。

起初，效果确实不错，阅读量有一定的增长，你心里乐开了花。但是，一段时间之后，可怕的事情发生了，你的文章打开率越来越低，取关的人也越来越多，就连正常的内容读者都不看了，而且还恶狠狠地说：“原来你们是这样的！”领导当着所有人的面批评了你，你好像一下子掉进了冰窟窿，倍感委屈。

问题到底在哪里呢？可能是这样，当时那篇阅读量 5000 的文章，实则是一个夸张的标题党，读者被引诱点击，其实内容他们压根就不认可，根本没几个人看完，对你已经有所不满了。所以明明是个标题党，用户都反感了，你还高兴，当然就会造就之后的悲剧。

在这种情况下，除了看转发量、收藏量、点赞量之外，我们还可以去看这篇文章的阅读完成率，就是 5000 名阅读者里面有多少人真的看完了。这个类似的数据，今日头条的头条号后台就做得很好。

阅读完成度越高，说明文章标题与内容越相关，读者的阅读沉浸程度也越高，对这个内容越认同。但是这个数据在公众号后台是没有的，我们只能很粗略地去算。那么怎么算呢？方法是利用流量主数据。在流量主功能的“数据报表”里可以查看底部广告的当日曝光量，然后用当日曝光量/当日阅读量。如图 3-5 所示，为某公众号的流量主数据报表图。

图 3-5　某公众号流量主数据报表图

当然了，这个算法肯定是有很多干扰项的，所以这只是一个粗略的数值。不过，既然干扰项一直都有，那两篇文章的阅读完成率差值就明显地更具有参考性了。我们可以通过这样的对比差值去评估到底什么样的标题、什么样的内容、什么样的选题读者更愿意读完。

3.3.2　文章内容增粉量

运营公众号，肯定是要涨粉的。我们知道，新粉丝都是来自公众号外部的，自己公众号内的粉丝哪怕都点击阅读了，但是如果外部的读者没有看到，那也关注不到你。很明显，要涨粉，我们就需要将内容扩散到公众号以外，而这主要靠转发分享。所以很多人就判定转发分享多的文章就是能吸粉的文章。

这属于典型的相关性认知偏差了，转发分享与吸粉只是相关的两个项，并没有很直接的正比例关系。分享很多但是没带来新关注，那就不是能吸粉的内容，只能说是易于传播的内容。只有转发出去带来大量新粉丝，这样的内容才可能是更能带动粉丝增长的内容。所以这里才提出内容吸粉量，就是具体某一篇文章发出去后带来的粉丝增长量，这样我们就能知道这个内容的涨粉能力。

不过遗憾的是，公众号并没有这个数据，所以我们也只能粗略估算。在公众号“用户分析”功能里，我们可以统计当天从图文页内公众号名称、图文右上角菜单、名片分享、其他合计和扫描二维码带来的合计涨粉量。支付后关注和公众号搜索的可以不用统计，如果你在图文很少用二维码，那扫描二维码来的也可以排除。如图 3-6 所示为某公众号的用户分析图。

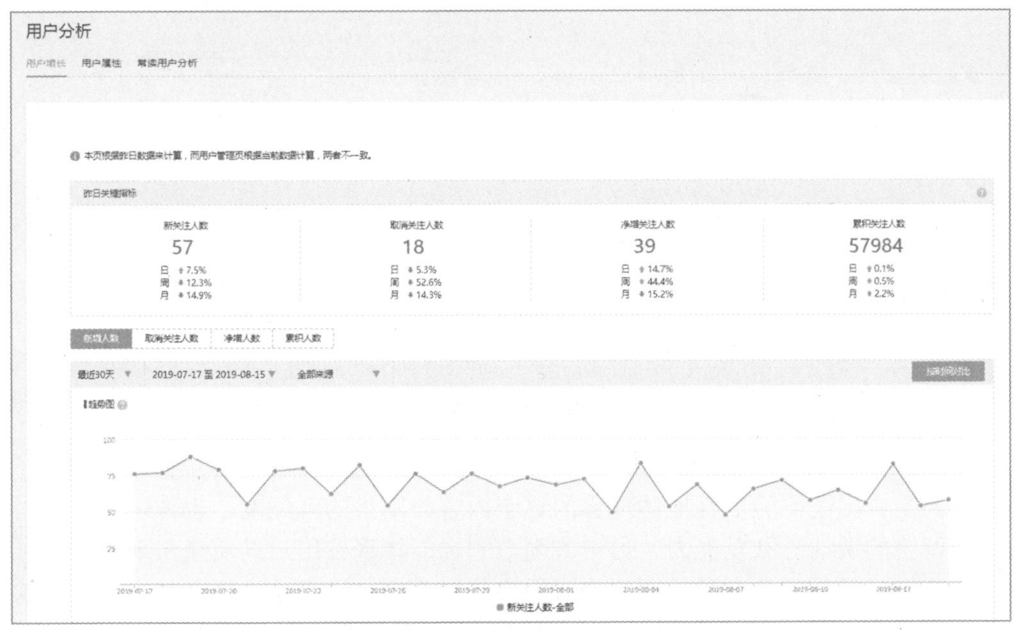

图 3-6　某公众号的用户分析图

很显然，这么算干扰项也非常多，所以郑重建议在单篇内容发布或不同内容测试的时候使用。接下来，和阅读完成率一样，去对比不同内容发布的涨粉量差值，间接评估这个内容在你目标人群中的涨粉能力。

3.3.3　文章留言阅读比

还是举个简单的例子，如果你的一篇文章阅读量为 10000，虽然高于平时的阅读量，但在已开通留言功能后，却没有一个留言，你说这算不算一个问题？

退一步来讲，一篇文章阅读量为 10000，有高达 100 个留言，看起来是不是还不错？但仔细看过去有 60 多个留言都是负面的吐槽的，这又算不算一个问题？

所以，一篇文章发出去，我们不仅要看它的阅读量，也看查看它的留言量，计算出留言阅读比，就是留言量和阅读人数。这是很关键的一点。包括现在很多大 V 也一直在强调，相比于粉丝量，很多时候粉丝质量更重要，而留言率就是粉丝质量的一个很好的体现。但是，仅仅是计算留言阅读比还不够，更进一步，我们还需要计算正向留言阅读比，也就是正向留言量和阅读人数。如图 3-7 所示，为某公众号的留言管理图。

图 3-7　某公众号的留言管理图

很多留言其实都是在吐槽，但光看数据你还以为用户超级支持，超级喜欢。一方面，正向留言阅读比能更好地体现你的这个内容与用户的匹配度，也体现了这个内容对用户留言的调动与激发能力。另一方面，它也能体现你用户的质量、现在公众号用户的活跃度以及你的公众号长期以来对用户的影响力。这都是以后会越来越重要的一些关键项。

3.3.4　文章点赞阅读比

点赞阅读比，即点赞数和阅读人数。这个数据其实很多公众号都已经开始在统计使用了，主要是用来判断用户对于文章的喜欢程度、认可度、与其中的观点是否产生共鸣等。

首先这个数据确实值得我们去计算分析，这是肯定的。不过在笔者看来，它的权重应低于正向留言阅读比。为什么这么说呢？你想，从留言中我们可以直观地看到用户表达的态度，但是点赞就不一定了，它背后代表的可能性太多，没有留言那么直观。

比如用户可能只是被文章不怎么相关的一句鸡汤打动，比如他可能只是觉得你排版好，再如他可能只是习惯性地点赞。所以，如果留言量和点赞都很多的时候，建议还是主要看正向留言阅读比。

另外，现在能做到 3%的点赞阅读比就很不错了，而且越是体量小的时候往往越容易做到，而体量变大后想保持就难多了。

比如，阅读量为 100 的时候，获得 3 个点赞真的很容易，而当阅读量达到 100000 的时候，想要获得 3000 个赞，就相当难了。

3.3.5 文章用户互动数

除了留言、点赞、分享之外，用户互动情况也是用以衡量一个公众号用户活跃度的重要参考。做公众号互动，不仅仅是看有没有促进阅读量、转发量这些，还可以在公众号后台，查看用户对于话题、活动、文章互动等的关键词回复。

我们可以在后台“消息分析”功能中点击“消息关键词”查看粉丝发送文字中所包含的特殊关键词。如图 3-8 所示，为某公众号的消息分析图。

图 3-8　某公众号的消息分析图

基于此，我们就可以判断用户互动情况、参与的数量、重点关注的主题、常见问题等。特别是现在比较流行的后台关键词回复的这种互动，统计起来非常方便。

好了，这几个新的公众号数据分析项就说到这里。总而言之，之前常用的那些基础数据分析不是没价值，大多数情况下，它能让我们对公众号状态有个基本认识，这是非常必要的。而这里新增的几个项是能让我们有更深入的分析以及思考，帮助我们更有针对性和精准地运营账号。

可以肯定的是，对于公众号数据分析，笔者所说的这些也是不够完整的。更多的分析需要我们根据自身的运营重点去做，数据本身不会告诉我们什么，甚至会“欺骗”我们，重要的不是数据的分析，而是如何去使用这些数据。

不是有人说了吗，数据不会说话，它告诉你的都是你让它说的。

第 4 章

标题拟定：提升文章的曝光率和打开率

学前提示

提升文章的曝光率和打开率是获得更多阅读量的第一步，而标题的好坏则能够直接影响阅读量。

本章内容以提高标题打开率以及如何写好标题为核心，帮助大家了解提升阅读量的方法。

要点展示

- 提升爆款文章阅读量的三个关键点
- 告别无趣标题，好标题应该这样写
- 新媒体文案标题的 10 个写作技巧
- 利用引爆词，快速提高标题打开率

4.1 提升爆款文章阅读量的三个关键点

还记得新媒体行业起步之初，第一批入场的选手进入赛道，大家都是不断地批量生产内容，获得大量阅读；接着通过各种方式野蛮生长，获得更多阅读量，一步步成为头部账号。

那时候阅读量是个好东西，快速涨粉也是个好现象。而这些年新媒体行业快速发展，速度之快，变化之多，令人应接不暇。

这种情况下，虽然内容消费的热度以及人均时长依然在增加，用户对内容的需求还远未饱和。但头部市场已基本趋于稳定，很难寻求到突破性的入口。大家谈论更多的是“精细化运营”“抱团有组织作战”“粉丝质量”“用户全生命周期价值”等。但现实与梦想之间总是有不短的距离，谁都想早日实现精细化运营，而对绝大多数运营者来说，能快一点提升公众号文章阅读量还是更现实的问题，做点文章小爆款是更值得期待的事。

这里的爆款不是说 10W+才是爆款，如果平时阅读量平均 1500，经过优化后一篇文章阅读量达到 3000，这也是爆款，而且是更应重视的小爆款。没有牛奶之前，面包还是要有的。那么，有哪些方向可以提升公众号文章阅读量呢？提出这个问题时，我们应该先思考一下这几个公式。

(1) **文章总阅读量**=已关注用户阅读量+未关注用户阅读量。

(2) **已关注用户阅读量**=粉丝总量×会话标题打开率。

(3) **未关注用户阅读量**=覆盖朋友圈用户总量×朋友圈标题打开率。

(4) **覆盖朋友圈用户总量**=文章总分享量×用户朋友圈平均好友量。

综上：**文章总阅读量=粉丝总量×会话标题打开率+文章总分享量×用户朋友圈平均好友量×朋友圈标题打开率。**

当然，这并不是一个完全精准的数学公式，但能在很大程度上反映一篇爆款文章总阅读量的重要组成，作为思考模型完全没问题。沉下心来好好思考和推敲，便能从中得到很多运营方向的启发。

在此，笔者主要围绕“快速提升公众号文章阅读量”这个点去延伸。由公式可以看到，想快速提高公众号一篇文章的阅读量，还要了解以下几点：

(1) 粉丝总量不是马上就能提升的。

(2) 文章标题是由自己决定，优化更容易，见效快，也直接决定着文章在会话和朋友圈的打开率。

(3) 文章分享总量与你选题的生命周期、转发用户质量、选题覆盖用户圈层等都有关系，也直接和标题打开率、文章分享率紧密相关。

(4) 我们的用户朋友圈平均好友量，不是一时半会就能优化的，这需要长期筛选用户、渗透圈层。

可见，想要快速提升一篇文章的阅读量，打造小爆款，可以去实时优化的主要就是标题和分享。

标题是里面出现次数最多的，马上就可以开始优化——多找几个人想标题群策群力、借鉴爆款文章标题进行修改、发到标题群投票、在粉丝群测试等，这都比较快。如果文章没人点开，就别提有多大分享量了。

分享，它主要由文章内容质量、选题方向、阅读体验、标题等决定。除了标题，其他几点动起来就没那么容易了，特别是文章内容的质量。

因此，要快速提升公众号一篇文章的阅读量，投入回报比最高的应该就是标题了。不是提升文章内容质量不重要，而是短时间内标题投入低见效更快，它是爆款文章阅读量快速提升的一个关键点。

大家一直在强调写好标题能提高文章打开率。除此之外，至少还有两个关键内容不可忽视：一是管理用户预期体验；二是促使用户分享文章。以下笔者将从这三个方面进行具体分析。

4.1.1 标题第一个关键点：提高文章的打开率

标题不是病，差起来要人命！标题直接决定着打开率，乃至后面的分享率。一篇文章的成败有时候就靠标题了。提高标题打开率可以利用各种方法，如制造悬念好奇、与“我”相关、包含冲突、利用具体数字、描绘细节、知乎体、运用对比、刺激痛点、提供解决方案、突出利益、营造紧迫气氛、强调稀缺性、标明地域、承诺价值、利用大V背书、盘点合集、前后添加修饰词、暗示危险、标题有指导建议、直接标明受益人、刺激情绪等，吸引更多人点击，让打开效果最大化。

这样标题的主要功能点很简单：吸引眼球、产生好奇、激发兴趣、刺激欲望、情绪共鸣、引导行动等。笔者结合以往许多公众号的标题以及自己的经验，总结出了10个写标题的方法。

(1) 数字符号：我们的大脑会优先识别数字，标题使用数字能增加辨识度，激发人们打开文章的欲望。

(2) 疑问反问：疑问句可以很好地引发用户共鸣和好奇心。而反问的语气更强烈些，往往会打破读者的过往认知。

(3) 傍大腿追热点：这个“大腿”可以是名企、名校、名人、明星、牛人KOL、热点事件等。

(4) 实用干货：典型的属于告诉读者你这里有破解方法。

(5) 引用对话：最简便快捷的方法就是把“你”“我”这两个字加到文章中去，想象读者就在你的对面。

(6) 惊喜优惠：先告诉用户产品人气旺、销量高、明星青睐等，然后营造稀缺感或惊喜感。

(7) 戏剧冲突：戏剧化的核心，就是制造矛盾，制造冲突，制造反差。

(8) 好奇悬念：激发用户的好奇心，但不立即揭示答案。

(9) 对比法则：通过参照物的对比，让用户产生点击进行进一步了解的欲望。

(10) 对号入座：通过特定的标签和属性，圈定人群，让用户挪不开眼——这篇文章就是专门写给他看的。

这些方法确实都能大大提高标题的点击率，但如果只是强行利用，纯粹吸引点击，能提高文章打开率，但也可能是造垃圾，提高不了一篇文章整体的阅读量。

4.1.2 标题第二个关键点：管理用户预期体验

标题第二个关键点就是管理用户预期体验，那么管理用户预期体验是什么意思呢？上一节所说的标题“第一个关键点：提高文章打开率”，其实就是通过文章标题提高用户对文章内容的预期，让用户对此充满期待，心生向往，激发他们点开了解的兴趣。

比如方太油烟机就制造了一个四面八方不跑烟，360° 无死角抽烟的期待。OPPO 手机就更厉害了，直接开启充电 5 分钟，通话两小时的期待，让用户更愿意了解产品。

那么，问题来了，如果只考虑第一个关键点，肆无忌惮地使用吸引眼球的标题，结果很可能就成为标题党。你给了用户非常大的预期，但如果你的内容跟不上，不仅最终提升不了阅读量，还会造成用户反感取关。

因此，标题管理用户预期体验非常重要。标题管理其实就是在做标题与内容之前的预期平衡。在提高用户预期、激发用户打开标题兴趣的同时，还要照顾用户看到内容之后的感受。

这么来看，好的标题就是从标题到内容能超出用户预期，这才能持续促使读者阅读。而要快速提升文章阅读量，既要标题给用户一个高预期，同时文章内容也要给用户超出预期的体验。新媒体运营者需要明白的一点是：标题是基于内容提高吸引力，而不是脱离内容放大价值。

4.1.3 标题第三个关键点：促使用户分享文章

通过前面两节的内容，又引出标题第三个关键点：促使分享。一方面，标题与内容的这种预期关系直接决定用户是否愿意分享。即使内容很不错，但是用户觉得过于低于标题给出的预期，也有标题党嫌疑，他也不会分享。因为他可不愿意成为“标题党”的传播者，同样的预期体验他不愿意大规模传播给朋友。

另一方面，就算内容高于用户预期，如果分享到朋友圈会影响他的社交形象，那么用户也不会分享。所以，在写标题的时候不仅应考虑自己文章的阅读量，也应为用户考虑，这个标题会给他带来什么样的社交形象。要利己，更要利于用户。

总而言之，虽然新媒体行业已经迅猛发展，头部市场趋于稳定，抱团有组织作战成为趋势，大V们更关心的是用户质量、精准化运营。但头部是少的，现实中还在为完成阅读量任务而煎熬的更多，从数量来看，头部的数量几乎可以忽略。

2020年，内容创作依然是核心竞争力，不管什么内容，一定应言之有物，对用户有帮助。而写标题，同样是核心竞争力，而且是低投入高回报的，短时间快速提高文章阅读量，非标题莫属。

相比花两天时间看一本有关内容创作的书，笔者更愿意花两天时间研究1000个好标题。

4.2 告别无趣标题，好标题应该这样写

在互联网内容创作中，总是逃不过“标题”这个字眼，处处都是标题，处处都需要一个好标题。新媒体运营也一样，永远也逃不过写标题这个话题。新媒体推文的标题能直接决定图文打开率，乃至后面的转发率，成败有时候就得看标题。

标题，可以说是新媒体运营最重要的板块之一。互联网上关于写标题的方法也有很多，五大手法、七大技巧、10大秘籍等，层出不穷，其中不乏一些不错的方法论，笔者就不在此赘述了，重点来讨论一下笔者所理解的好标题应该是怎么样的，也算是一个思维的转变。

起初的时候，笔者认为好标题就是要夸张、劲爆，现在看来，这样概括显然是很不负责任的。标题党还好，有的甚至蓄意骗人，制造一些谣言，对于用户是伤害，对于自己是消耗，甚至还有违法违规的风险。

虽然现在这也是最常见的标题类型，特别是很多资讯App里娱乐八卦、社会评论类的文章，屡试不爽，但笔者认为这绝对不能叫作好标题。夸张博眼球的标题≠好标题。后来笔者认为好标题是利用各种技巧，吸引更多点击，让标题效果最大化。

通过前文提到过的方法确实都能够大大提高标题的点击率，但是笔者觉得貌似过于技巧化，如果只是强行利用各种手段技巧，能出好标题，但也可能是在造垃圾。

再后来，笔者认为好标题是能刺激人心、调动情绪、制造场景，特别是在社交媒体，这样的标题非常合适。但这样理解还是觉得有些差强人意。

怎么办？好标题应该不只是这样，还得继续完善。所以，笔者基于自己的经验和观察，独家原创了一个4C标题法则，尝试着诠释了一下我所理解的好标题，让大家也能懂得好标题的一些准则。

这个4C法则不是什么标题绝招，但可以作为一种执行标准，不至于最后写出垃

圾标题。所谓 4C 标题法则，分别对应的是 Content(内容保障)、Connect(连接用户)、Communicate(交流沟通)、Create(创造话题)。

笔者认为一个好的微信推文标题应该满足这几个点，或者说一个好的标题可以从这几个点着手去做。

4.2.1 好标题要有内容保障

4C 标题法则的第一要素就是 Content(内容保障)，这个是重中之重，但是往往最容易被忽略，标题党也源于此。没有不错的内容，就无所谓标题的好坏。一定要时刻记住，内容是起决定性作用的，标题只是放大内容影响力。切记：标题的作用是放大，不是无中生有。

如果内容比较差，起一个夸张的标题，那么放大的仅仅是负面效果而已。所以标题的好坏，内容起着至关重要的作用，是一个后盾的保障。笔者曾经说过一个对标题的看法，大致是：我从不反对标题党，没有实质内容只靠标题哗众取宠那才是标题党，而对于有上好内容的文章，再配上一个上好的标题，那就是如鱼得水，算不上标题党。如果你的文章非常精彩，再来个好标题，那就是创意。概括成公式就是：

好内容+好标题=更好

好内容+差标题=浪费

差内容+好标题=欺骗

差内容+差标题=垃圾

普通内容+好标题=提升

普通内容+差标题=差劲

这个公式代表的意义，笔者认为到现在也是适用的。写标题的各种技巧可能一直在变化，但内容对于标题好坏的影响是不变的。

4.2.2 好标题符合公众号定位

4C 标题法则第二个要素是 Connect(连接用户)，对于这一点，其实很多人都在犯错，经常唯“别人家孩子”是从。不管是好内容，还是好标题，谁说了算？目标用户说了算。有些公众号，标题仅仅只有几个字或者是莫名其妙的一句话，有时候看都看不明白，但打开率却非常高。

比如最近声名鹊起的公众号夜听的推文标题《好久不见》《遇见你》，还有王左中右的《永远不要小看女人》，顾爷的《我有一个小学同学》《一个真实的朋友》，槽边往事的《加机组往事》等，这些标题都非常简单，但同样的标题照搬放在别的地方，可能阅读量就惨淡了。

原因在哪？因为这些大 V 的标题连接的是他们自己的目标用户，所以是好标题。

但随意照搬，与用户八竿子打不着，很可能就成了差标题。所以，好标题一定是基于目标用户的分析而来，只有足够了解目标用户，知道他们的喜好，才能给出既符合自己定位，又让目标用户喜爱的标题。

我们总说大数据，大数据就是不断地分析目标用户，提炼用户各种喜好。比如有些文案大咖，会直接成立标题小组，除了不断地分析好标题，更重要的是对自己的标题做分析，不断根据用户反馈来优化标题，实现标题和目标用户的最好连接。

这一点一定需要注意，好内容要匹配自己的目标用户，好标题同样要匹配自己的目标用户。标题是基于自己的定位、自己的目标用户在优化，而不是基于别人的标题在优化。不要总说“别人家的孩子”，严格来说，别人家孩子放在自己家不一定就是好孩子，重点还是学习别人家养孩子的方法，不是吗？

4.2.3 好标题是在与用户沟通

4C 标题法则前面 2C 是容易忽视的，后面的 2C 是需要做好的。首当其冲就是 Communicate(交流沟通)，需要引起我们足够的重视。

标题也是一个新媒体运营者和用户的沟通交流形式，好标题就是需要像和用户面对面的在沟通交流。不一定要华丽的辞藻，文字也不一定要精雕细琢，就是普通的对话，发生在一个个生活场景中。

好比用户就坐在对面，然后两个人沟通交流，比如“你知道吗”“告诉你一个秘密”“告诉你一个好消息”“自从用了这个”等，好标题不是自卖自夸，而是像在和朋友聊天一样。看看下面这些标题，可以想象这个聊天对话场景。

《你看不上我？好巧，我也是》

《她只用了 10 分钟，就搞定了 500 万元投资》

《如何在 24 小时内毫不费力地卖掉你的房子》

《如果你的简历石沉大海，看看这 8 个秘籍》

《那个经常旷课的学渣同桌，去年挣了 1000 万元》

《这些悲伤的谎话我每天都在说》

4.2.4 好标题要能够创造话题

4C 标题法则最后一个就是 Create(创造话题)，我们继续接着前文聊。既然是聊天，肯定不能随意聊，不能做话题终结者，开场一定要吸引目标用户。标题就像开始聊天抛出去的一个诱饵，诱饵没有吸引力，哪怕你们是朋友，这天也会聊不下去。

好标题的意义就在于让聊天能继续，那么，最好的方法就是能“创造话题”，我们聊天肯定不是东南西北乱跑调，通常都会围绕着一个话题，有了兴趣，才有下文。

我们思考一下，许多关系亲密的人，面对面坐在一起几个小时都没说几句话，各吃各的饭，各做各的事，没事互相尴尬一笑。为什么会这样呢？因为没有话题，或者找不到共同话题，尬聊是聊不下去的。

好标题也是一样，如果不能创造一个大家感兴趣的话题，就算是内容准备了干货，就算保持了人格化，那也进行不下去。所以标题创造话题很关键，看看下面这些标题，话题感十足，如果有人跟我聊天是这么开场的，我马上就想聊一聊。

《冒昧地问一下，你有钱回家过年吗？》

《张小龙、雷军、刘强东等 10 位大佬，最失败的项目是什么？》

《帮忙的尺度：为兄弟两肋插刀或插兄弟两刀》

《因为长得丑，我亏了 150 万元》

《怎样花 300 元，让这个世界在几百年后还能感受你的温柔》

上面说的各种写标题的技巧，在这个环节就起作用了！这些技巧可以让你准备聊的内容，话题性更强，更吸引人。

简单总结一下：笔者所理解的好标题应该是符合 4C 法则的，否则很容易跑偏。首先，好标题对应的内容是目标用户喜欢的，标题决定了内容的整体曝光度，内容也决定了标题的质量；其次，好标题是基于自己目标用户的，“别人家的孩子”并不一定适合自己，别人家养孩子的方法反而更需要学习；再者，好标题塑造的是一个面对面沟通的某个生活场景，是公众号与目标用户的一次交流，所以就要先确认公众号所要塑造的是一个什么样的人，然后考虑与这样一个特定的人应该怎么聊天。最后，好标题需要借助各种技巧、情感、情绪、人性等，创造能吸引人开始聊天的话题，不能一开始就冷场了。

以上就是笔者要与大家分享的 4C 标题法则，写一个好标题，没有什么速成大法，可能你会得到一些好模板、好方法，这解决一两次的标题会管用，但是如果想每次都写出好标题，在笔者看来，这需要大量地看、大量地分析以及大量地写，慢慢总结出自己的一套方法论，然后如此往复。

各个知名大 V 团队都在建立自己的标题库，不断地学习和改进，重复地练习，你还有什么理由不练习呢？

另外，写标题和做内容一样，大胆一点，不要太克制，不要总是跟着那固定的模板走，循规蹈矩其实就是在限制自己的思维，扼杀自己的积累和经验，多跟着自己的感觉走，多尝试一些新的形式，有时候会获得意想不到的惊喜。

4.3 新媒体文案标题的 10 个写作技巧

文章推送出去，分享率还挺高的，但是打开率却很低，这种情况是最揪心的，因为辛辛苦苦写的几千字内容，质量得到了大家认可，却败在了十几个字的标题上。

我们要做的是让标题抓人眼球！如果一个标题不能在 3 秒内吸引别人点开，那么它将永远没有上场的机会。在这样一个注意力稀缺的时代，标题对于新媒体推文的重要性不言而喻。

笔者结合以往许多公众号的标题方法论和自己的一些实操，总结了 10 个写标题的方法，相信能让你的标题多一些吸引力。

4.3.1　数字符号类标题

《你有 100 种方式发胖，我就有 1000 种方式让你显瘦》《30 年拍出来的走心片，我遗憾现在才看》这两个标题，大家首先一定会看到数字。因为表现方式不同，我们的大脑会优先识别数字，标题使用数字，能够增加辨识度。

其次，带有数字符号的文章让人觉得信息量大，数字的魅力在于能够很好地去总结和概括，激发读者打开文章获取有价值的东西的欲望，并且简单明了，非常利于手机阅读。

4.3.2　疑问反问类标题

疑问句式可以很好地与粉丝产生共鸣，如果恰好粉丝也想知道答案，他就会点击阅读。而反问的语气会更强烈些，往往会打破读者的过往认知和思维误区，引发读者的思考。大家可以通过以下两个标题具体感受一下：《2000 元钱的包包，也值得发朋友圈？》《如果不能喝奶茶，我要这皮囊有何用？》。

4.3.3　追时尚热点类标题

通过政府部门、名企、名校、名人、明星写标题，特别是现在流量当道，粉丝经济时代，名人效应产生的话题量不可小觑。除了公众的名人外，各行各业都有一些公认的牛人，借助这些牛人或者这些知名机构，从他们嘴里发出声音，能够很好地吸引大家的关注！比如下述的这些语言。

《用了这些少女心好物，只有刘昊然才配得上我》

《巧克力中的“爱马仕”，让自己站在今年情人节票圈的顶端》

《故宫出了条开运红绳，姚晨、景甜、吴奇隆都在戴》

4.3.4　实用干货类标题

这类标题收藏和阅读量都较高，都是属于告诉读者你有破解方法。

总结梳理某个细分领域的内容，将内容包含的知识进行非常简化的提炼，让用户一眼看上去这篇文章干货十足，而且还能节约时间，提高效率。

诸如“八个规律”“一篇长文”“10 分钟”“22 条结论”“四个问题”都用数

字体现了非常清晰的利益点。比如下述各句。

《男友镜头里的你特别丑？有这简单三招就不愁了》

《拖延症晚期也能 1 年读完 100 本书！》

4.3.5 引用对话类标题

标题要想有共鸣，引用对话是最常见的一种标题类型，最简便快捷的方法就是把“你”“我”这两个字加进去。这种对话可以是好友间的对话，就好像读者就在你的对面，有代入感——这篇文章是专门写给他看的。比如：《恭喜你！在 25 岁之前看到了这篇最最靠谱的眼霜测评！》。

还有一种目前微信里常用的对话形式，就是以吐槽回击的方式去喊话。这种语调让读者看了非常有趣，带着看好戏的心情点开文章。

《“你有钱了不起啊？”“了不起”》

《“女孩子不要太辛苦？”“你养我啊？”》

4.3.6 惊喜优惠类标题

优惠类标题是我们最常写的标题，很多人都是放一个促销政策，再加一句煽动性口号。我们在写优惠标题的时候，先告诉读者产品的最大亮点，如人气旺、销量高、明星青睐、媲美大牌等，然后营造稀缺感，触发读者害怕失去优惠的心理。比如下述标题。

《欧美当红款包包超低价秒杀中》(原标题)

《INS 上筛疯了的设计师包包，居然只要 1 元钱》(修改之后的标题)

通过对比以上两个标题，明显修改之后的标题比原标题更能吸引读者的注意力。

4.3.7 戏剧冲突类标题

戏剧化的核心，就是制造矛盾，制造冲突，制造反差，这个技巧最常见于故事型标题。某个人有着种种矛盾的标签，或者在极端艰难、戏剧化的场景下，做了一些反差非常大的事情。比如下述两则标题。

《同事嘴里的“愚蠢绝招”，让我成为公司年度销售冠军》

《你妹妹长得真好看。那是我妈！》

4.3.8 好奇悬念类标题

当用户的好奇心被激发出来之后，我们不立即揭示答案，而是启动一个看上去不直接相关的话题。本来对方注意力已经被你吸引过来了，心中有悬念，但你却没有揭示，那么读者对答案的渴望就会上升。

在标题中的表现就是，激发好奇心，却不揭示答案，故意遗漏一部分信息，让他点开文章。比如下述三个标题。

《我们狠杀一对美国老夫妇的房子售价，当我们去收房时……》

《这些隐藏的真相你一定不知道……》

《跟风买这些口红，你只会越来越丑！》

4.3.9 对比法则类标题

这类标题主要是从产品或者观念的差异点出发，通过数字对比、矛盾体对比、与常识相违背制造冲突和比较。

在标题里通过比较，放大描述对象某一方面的特点，看上去似乎有点夸张但不觉得浮夸，让用户产生点击进行进一步了解的欲望。比如下述几则标题。

《吃过这枚凤梨酥，其他的都是将就》

《它甜过世界上99%的水果，慕斯般口感好迷人》

《生理期用这10件小物，比红糖水管用100倍》

4.3.10 对号入座类标题

读者对与自己有关系的东西都会多看一眼。这个“对号入座”，可以是自己，也可以是你熟悉的一类人。比如：

《白羊座有哪些难以启齿的小怪癖？》

《长相中等的姑娘如何进阶到“美”》

以上就是笔者要说的10个写标题的方法，这些方法确实都能大大提高文章的打开率，让那些高分享低打开的文章更上一层楼。总而言之，一个好的标题就是要让有价值的信息无阻碍传播，笔者认为这是一个很好的参考原则。

4.4 利用引爆词，快速提高标题打开率

说一千道一万，文章内容再好，标题才是直接决定用户是否会继续看你的文章的重要因素。从几十年前的纸媒时代到现在的社交媒体，一直如此。写一个好的标题，有很多被大家认可并得到验证的技巧，而这些标题的主要功能点很简单：吸引眼球、产生好奇、激发兴趣、刺激欲望、情绪共鸣、引导行动等。

其目的无非就是：让用户更有兴趣点开文章，下面笔者从两个方面进行具体分析，与大家探讨如何快速提高标题的打开率。

4.4.1 如何提高新媒体文案的打开率

2018 年，全国人大代表、腾讯公司董事会主席兼首席执行官马化腾在第十三届全国人大第一次会议首场“代表通道”集中采访时透露：微信和 WeChat 的合并月活跃账户数超过 10 亿。

这应该是中国第一款月活跃用户超过 10 亿的互联网产品，相当可观，每次看微信的官方消息，都是一片大好，但是面对 10 亿的月活跃用户，再看自己公众号的图文打开量，却十分感人。小编们每每在夜深人静的时候常会自省，微信活跃用户一直在增多，但是公众号图文打开率却越来越低，这是为什么？

当会话打开率达到 5%就已经算是不错了，在这种悲惨的情况下，我们如何提高公众号图文打开率呢？笔者认为大部分运营者会马上开展公众号改版行动，不行就改，改着改着不就好了？不，这样肯定不行，哪怕有时候蒙对了，也是不对的。在笔者看来，大多数人碰见问题完全就不分析原因，不管三七二十一先改版，这不管是解决问题还是长久思维习惯的养成，都是不好的。

我们要做的应该是分析图文打开率下降的原因。那么，如何一个个排除可能的影响因素，如何进行快速的变更测试，如何找到真正影响你公众号打开率的原因并提出最优方案呢？

(1) 列出目前可能导致你公众号图文打开率下降的原因。

(2) 找到真正最影响你图文打开率的原因，或者说关键影响因素。因为我们已经列出了可能的影响因素，但只是我们做的假设，并非真正的原因，因为假设还没有经过验证。在这一步中值得注意的是，大部分人会根据经验，随便想到几个导致打开率下降的原因，就拍着胸脯说肯定是由这个导致的，然后火力全开，大刀阔斧地进行改革。这种未经过验证的方法，很可能导致方向不对，努力白费，或者自己把可能性缩小，跑进一个死胡同里。因此，所有未经验证的原因都不是真正的原因。

但我们也无法没有重点地去验证，这样会很浪费时间和精力。所以我们要提前给所有可能的影响因素赋权，也就是赋予每一个影响因素权重值。这就得根据每一个影响因素的实际可能性、重要性以及实施难易度来赋权。

这时候经验才起作用，我们要做的是合理地安排好每一个影响因素的权重，然后根据每一个可能性的权重来分配时间和精力，进行最小可行性验证，找到影响最大的几个原因，最终集中火力解决问题。

这里，笔者把提出假设(列出影响因素)、可能性过滤(排除无意义可能)以及给各个影响因素赋权这三个步骤放在一起做个示范，大家可以参考。

列出了可能导致自己公众号会话打开率降低的原因，并给出了相应的权重值，分值从 1 到 5。

(1) 公众号名字/头像是否定位清晰？(1，如果是新公众号这个权值可以高点)

(2) 图文标题是否能激发了用户好奇心？(5，标题可以重点考虑)

(3) 图文标题是否击中用户痛点？(5)

(4) 封面图是否有趣，是否足够吸引人？(3，如果封面图本身比较统一，形成了特色，这个权值可以稍微放低)

(5) 封面图是否过于复杂或过于平淡，让用户看不明白？(3)

(6) 推文摘要是否能促使用户点开图文？(3，如果是多图文则不考虑)

(7) 推送时间是否是目标用户阅读高峰时间？(3，最佳推文时间随着公众号的发展以及用户习惯的改变也会发生改变，如果本身已经形成特色可以降低分值)

(8) 每次推文质量是否够高，足够让用户每次都喜欢点开？(3，推文质量相对来说短时间难以提高)

(9) 内容定位是否垂直化或具有连续性，让用户想要连续看？(5，如果内容本身垂直度比较高，可以降低分值)

(10) 公众号粉丝是否都是精准关注的流量？(2，比如经常通过投票等方式涨粉的，分值可以更高)

(11) 商业化推文或广告是否频繁，降低了用户黏性？(2，本身商业广告较少可以降低分值，如果无法避免可以尝试改为粉丝更能接受的形式)

(12) 有没有专门为粉丝建立一个社群，现在活跃度如何？(4，粉丝本身活跃度对于打开率至关重要，如果建立有社群分值可以降低)

(13) 有没有经常做一些粉丝喜爱的活动或互动，提高活跃度？(4)

(14) 有没有出现了更多同类公众号，自己差异化不明显，用户被分流？(2，如果发现竞争加剧可提高分值)

(15) 目前外部宣传推广力度以及效果是否下降？(3，外部的曝光也会促进用户打开率，如果一直没做或最近做得少都可以提高这个分值)

(16) 公众号人格化、个性化建设做得如何？(3，本身人格化、差异化非常明显的可以降低分值)

当然，除了以上笔者列出的 16 点，影响因素还有很多，最关键是列出的确实与自己相关的。

提出了这些假设，接下来就是验证假设了。笔者给大家推荐一个进行验证的思路，分为以下步骤。

首先，提前确定好你的运营目标；然后确定几个能验证你策略是否可行的关键指标；再进行新策略的制定并实施；接着统计“改变”前后测试周期内的关键数据；最后验证关键目标是否提升。

总而言之，提出假设和验证假设完全是两码事。不能仅凭感觉或者完全凭固有经验不断地做苦力，正确的方式应该是积累经验，反思观察，主动实践，如此循环往复。而这样的行为不仅有助于我们积累正确的经验，还能增加自己的核心竞争力，最关键的是这样的思维方式是一生受用的。

不管你的打开率有没有下降，请记住：抛出要解决的问题——分析问题——提出假设——进行验证——解决问题。

4.4.2 标题要自带视觉冲击力，刺激用户

相信大家都一定会有这样的感受，标题之争，机会稍纵即逝。神经学专家保罗•麦克里恩就曾经提出“人类 3 大大脑”的假设，他表示人类在做一些不重要或需要马上作的决策时，基本不会去做复杂的分析，更多的是仅仅根据一些最基本的刺激信息、欲望，本能地去作决策。

就好比看到标题决定是否点击一样，最关键的是标题带来的视觉冲击，有没有一个或多个刺激信息在标题中快速刺激用户。简单点说，就是你的标题中需要有直接能刺激用户的多个关键词，不需要理性分析，一看就“触电”。笔者称之为标题引爆词。比如现在非常多的标题喜欢用前缀、后缀，比如“建议收藏”“强烈推荐”“刚刚”等，这些都是引爆词。

如图 4-1 所示为新闻网站上的标题。我们可以感受一下这些标题中的引爆词，简直是标题争霸。一眼看过去，是不是总有一些引爆词会激起你点击的欲望？

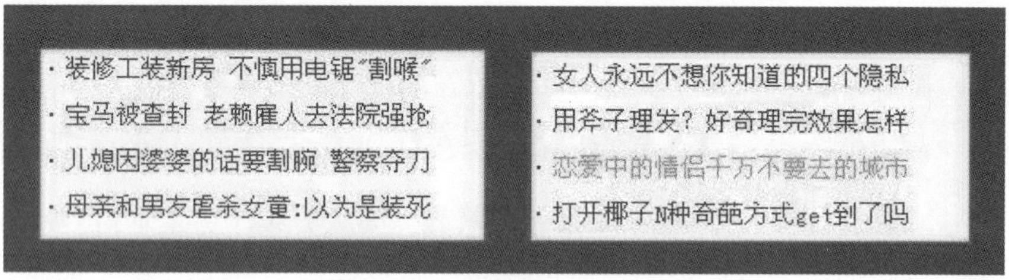

· 装修工装新房 不慎用电锯“割喉”
· 宝马被查封 老赖雇人去法院强抢
· 儿媳因婆婆的话要割腕 警察夺刀
· 母亲和男友虐杀女童:以为是装死

· 女人永远不想你知道的四个隐私
· 用斧子理发？好奇理完效果怎样
· 恋爱中的情侣千万不要去的城市
· 打开椰子N种奇葩方式get到了吗

图 4-1 新闻网站标题图

这些引爆词的作用就是：一方面突出了内容亮点，吸引读者眼球；另一方面，其实就是在放大笔者在前文中提到的那些标题技巧，让读者马上就会点击。很多专业书籍、自媒体，甚至有些超级大品牌还会专门研究哪些关键词会提高标题点击率，哪些词又会降低标题点击率。

此外，之前震惊广告圈的互联网新广告法就重点打击了一批传说中的极限词。其实正是因为这些词太强大，太容易刺激用户，所以我们看到很多爆文标题是这样的：《月薪 3000 元与月薪 3 万元的文案，差别究竟在哪里？》《日本小学生的书包，凭什么值 5000 元人民币一个？》《这个东西千万不要吃，看了就懂了！慎入！》《罗振宇：还有比挣钱更有尊严的事儿吗？》。

这些标题里面都包含着多个直接刺激我们作出点击决策的引爆词，大大提高了内容的阅读量，其中还有一些有趣的现象：原作者的文章发出去阅读和标题打开反而没

那么高，而其他平台更改标题后，阅读量直线暴涨，并获得大量好评。这其中就是“引爆词”发挥了重要作用。

那么说到这里，这个快速提高标题打开率的技巧就出来了。

(1) 拆解出标题的所有关键词，并去掉无用辅助词。

(2) 看看是否有一个或多个引爆词，能刺激用户点击。

举几个例子来说吧：

《放弃了高薪、娇妻、大 House，跑去深山当野人是一种什么体验？》这个标题拆分出来是：“放弃”“高薪”“娇妻”“大 House”“去深山”“野人”，在笔者看来这些都是引爆词，全部都是为了制造冲突，引发好奇。

《李彦宏、周鸿祎、马云等 10 位大佬犯过的最致命错误》这个标题拆分出来是：“李彦宏”“周鸿祎”“马云”“10 位”“大佬”“最致命错误”，这个就是用了悬念引爆词、数字引爆词以及名人引爆词。

《××公司内部邮件曝光！以后抵制这个黑心企业》这个标题拆分出来是：“内部邮件”“曝光”“黑心企业”，这几个词就特别吸睛了，属于典型的揭秘型标题。

大家可以拆分一些好标题，默念感受一下。我们总是说好标题需要取 100 次，那么在取标题时，我们不妨对标题进行拆分，看看你的标题中是否有一些能刺激用户的引爆词，如果没有，就补上。此外，还需要注意这些提炼出来的引爆词是否足够强劲，如果刺激不够，就要强化，学会合理利用各个引爆词。这个技巧非常适合去检验标题的吸引程度，我们写完标题后都可以去检验一下，从而提高标题打开率。

当然了，吸引眼球或者获取点击不是一个好标题的全部。好标题能够吸引眼球，也能让用户有兴趣点击，但是能博眼球的标题不一定就是好标题，也可能是标题党。

写文章很难，写标题也很难，掌握技巧会事半功倍。但它没有捷径，多做多检查应该就是最快的路了。

第 5 章

文案内容：赢得用户收藏和转发的关键

学前提示

在新媒体文案编写中，文案的内容是非常重要的一步，它的好坏能直接决定用户的收藏和转发率。

本章主要从文案内容的类型、写文案的方法与技巧、文章开头与结尾的写作手法以及使文案过稿率提高的技巧等方面进行分析，帮助大家更好地写文案。

要点展示

- 什么样的干货内容用户更喜欢阅读/转发？
- 七个方法，激发用户持续阅读下去的兴趣
- 六个技巧，用文案内容吸引用户注意
- 两种方法，写出优质的开头与结尾内容
- 两个技巧，让文案过稿率更高

5.1　什么样的干货内容用户更喜欢阅读/转发？

“这是一个最好的时代，也是一个最坏的时代。”这句话用来描绘新媒体行业所处的环境好像总是那么贴切。实话实说，现在整个互联网新媒体环境的改变真的很大。

新媒体用户人群改变了，用户消费习惯改变了，读者对内容的挑剔度越来越高，各种新型平台异军突起，内容呈现方式百花齐放、应接不暇，各项技术的运用也是越来越专业，新媒体行业越来越需要精细化运营。

5.1.1　内容，永远是一个制胜的关键

相信运营过新媒体平台一段时间的小伙伴，都会认同内容的重要性，但同时也会非常苦恼一个问题：对用户价值大的干货文章，创作不易，阅读量往往偏低；质量相对较差的文章，简单编排，有时候自己都看不上，阅读量却很高。

相比幽默、资讯、情感、娱乐等类型的内容，很多干货类内容，一般并不属于高频阅读需求。因为干货文章总体而言信息密度比较高，逻辑性更强，读起来比较累，大家都喜欢轻松一点。怎么办？是要沉心于去追求表面的阅读量，降低自己对内容的要求，只为了去迎合用户？笔者认为这是不对的。

2019 年，无论是新媒体从业者的寒冬，还是新的春天，内容创作依然是核心竞争力，追求阅读量可能会在短时间有效果，但大浪淘沙，最终依靠的还是对内容的精细化运营，内容是根本，形式(图文、音频、漫画、短视频等)只是一个放大器。

对于内容创作者，首先就要有对内容的执着和要求，明确价值观，坚守底线。其次，保持一个宗旨：不管什么内容，一定是言之有物，对用户有帮助。输出对用户价值大的干货文章，这事一定不能放弃，反倒是要花最多的时间去思考。

但是运营新媒体，不是关上门创作内容给自己看，我们就是需要有人阅读、有粉丝、有增长。如何平衡这两者的关系？如何在输出干货文章的同时，让用户也喜欢阅读转发？这里笔者分享一些自己的观点，权当抛砖引玉。

5.1.2　什么样的干货用户更喜欢阅读？

辛辛苦苦呕心沥血的创作干货，费尽心思找资料、做调查、求论证、反复修改，最后可能一周才能出一篇干货文章。然后怀着激动的心情，小心翼翼地检查了一遍又一遍后点下“推送”按钮，满怀期待地刷新着页面等待爆发。结果，惨淡的阅读量再次把你从梦想拉回现实。

为什么会这样？你的内容确实非常有料，选题也很新颖，分析有理有据，表达逻

辑严谨，明明是一篇在为用户创造价值的干货文章，为什么他们还是不想阅读呢？

有可能是这样，当你惊叹于自己这篇文章的信息量时，读者却看不下去你的文章，这涉及一个问题：文章的信息密度。干货文章首先当然是要有料，但是也得考虑读者的阅读体验度，信息密度太高往往是很多垂直干货文章不受待见的原因。

一篇文章的信息密度直接与可读性息息相关，看似是正向线性关系，实则是存在一个阈值。为什么有的文章可读性差，未必是因为质量差，也可能是因为它的信息密度太高。当文章中的知识点太多、内容太难懂、观点太难理解、用词也过于刁钻，信息密度超过一个阈值之后，它的可读性就和信息密度成反比了。

总的来说，就算是干货内容的创作，也不能给用户制造过多的信息点，语言句式不要过于复杂晦涩，更不要把本就复杂的信息再次复杂化。信息密度太高，读者阅读和理解起来就非常困难、费脑，恐怕没多少人读得下去。对于干货文章，在追求专业度、有料有货、对用户有价值的同时，以下这些方法能让用户更愿意阅读。

1) 减少认知陷阱

很多内容创作者会假设用户与自己有一样的专业背景知识，直接就跳过了用户理解的过程，越说越起劲，越写越深入，结果用户压根就看不懂，这就人为地给用户制造了认知陷阱。所以，对于用户可能不懂的东西，别犹豫，该解释就解释，减少认知陷阱。

2) 使用通俗语言

尽量不要让文章生涩难懂，所谓的专业名词没必要放就不放，直截了当就好了，文字以通俗为主。不要总想着用什么最高级形容词，不追求那种文学派的风格，除非你本就是往那个方向发展。高雅的文字和精致的辞藻很有可能会喧宾夺主，莫名其妙地拉高信息密度。而且，你也没必要弄得那么深沉。

3) 多使用短句

短句是个好东西，再复杂的句子，在拆分成几个短句之后都会变得简洁明了，易于阅读。同时，它会让叙述紧凑，产生不错的张力，让读者阅读起来更舒服。在用短句的过程中，可以尽量多用动词和具体名词。动词是最容易让用户在脑海里浮现画面助于理解的，具体名词也是，但形容词只会让本就复杂的文章更加无感。

4) 重细节，多讲事实和故事

干货文章涉及的概念往往容易模糊不清、比较抽象，很难让用户建立认知。这种情况下，我们就需要去重视细节的描述，细节的东西越多，就越有画面感，容易阅读。同时，多讲事实和故事。因为讲事实更显真实，读的人更能感同身受，这样的内容信息密度更低。而讲故事无疑是最具画面感也最容易理解的一种内容表达方式，可以讲自己的故事、讲身边的故事、讲听说的故事。

5) 多关联熟悉事物

对于用户不怎么熟悉的概念，可以利用他已经理解的熟悉事物来解释，这能够让他在短时间内理解你想要表达的信息。在短短的几秒钟，不要试图强行教育用户，利用他本身的已有认知显然更好。比如，你想表达一款新型咖啡醒神功能非常好，你是否可以说“就像你耳边的闹钟”呢？

6） 建立人格特色

现在大家都强调要有自己的个性，独特的风格，该活泼就活泼，该表达清楚就表达清楚，这样更容易触碰到人的内心，而时间一长，这种表达方法就会变成一种风格。写文章也是与读者交流的一种方式，它就是在和读者说话。既然是说话，那每个人的语气语调、说话方式、表达的价值观等都是不一样的。我们不是机器人在说话，而是要塑造一个活生生的人。如果塑造的是一个“暖男”，就应该像暖男一样说话。

7） 保持有趣

不用纠结于做幽默风趣、通俗易懂的内容，还是做严肃认真、冷静分析的内容。你完全可以在自己严肃的干货内容中，适当加入一些幽默、调侃的元素，这并不是很难，幽默有趣的内容可能更适合社交化的体验。

8） 文字年轻化

越来越多的网生词汇开始媒体化，接受度也越来越高。我们在做其他年龄段的新媒体内容时，也可以多用用年轻化网生词汇。在新媒体行业，还是要跟得上时代的步伐，听得懂年轻人的语言。

这一点 90 后、95 后，甚至是 00 后是占优势的，对于新生词他们是信手拈来，也懂得这个群体的表达方式。所以，多给 90 后、95 后、00 后一些机会，说不定能收获一些惊喜。

总之，这些方法大家都可以在平时写文章时多用用，怎么好用就怎么用，在输出对用户有价值的干货内容时，也让用户更愿意读起来。你会发现，真的有改变。

5.1.3 什么样的干货用户更喜欢转发？

解决了用户喜欢阅读的问题，接下来就是分享转发的问题了！按道理说，干货内容是对用户有价值的，为什么我们写的干货内容就是没人转发呢？不是说好了内容质量高就行吗？难道说内容质量还不够高？未必，可能你被忠实用户“欺骗”了。

不是你的内容质量不够好，而是太好了，所以很多用户会选择收藏、打赏，但是就是不愿意转发分享，舍不得把这么好的干货分享给其他人，并且这是个普遍现象。很多写垂直干货内容的账号，都会出现收藏多、转发超低的情况。

以笔者自己的公众号举例，我经常会收到很多类似的调皮留言：“太棒了，收藏了，但我就是不想转发出去。”笑着流眼泪，像极了爱情。那怎么办呢？好不容易写的干货内容，如果用户在读完后，还愿意分享转发一下，那就更好了。

但问题是：什么样的干货内容用户会更喜欢转发而不是收藏呢？这里给大家两个建议：增强内容社交货币属性以及有技巧的创作干货内容。

5.1.4 增强内容社交货币属性，给用户价值

思考一个问题：读者为什么会分享你的文章？这就和销售产品一样，除了产品本身好，我们还需要给用户一个购买的理由。做内容也同样需要给用户一个分享的理由。从本质来讲，其实每个人都喜欢分享，你见到过几个人藏得住秘密？但人又都是逐利的，没有理由谁会分享？

这就得提到社交货币了，在生活中，货币是最容易流通的；而在互联网，社交货币最容易流通(转发分享)。在社交媒体上，传播的关键点就是增加内容的社交货币属性。这种内容的社交货币主要包括以下几方面。

(1) **为用户提供谈资**：你的内容能给用户提供谈资吗？

(2) **帮助用户表达想法**：你的内容能帮用户说出内心想说的话吗？能帮他们表达一直压在心底的想法吗？

(3) **帮助用户塑造/巩固形象**：你的内容能帮用户塑造和强化他们想要的社交形象吗？足球迷更容易转发世界杯信息，不是吗？

(4) **满足用户帮助他人需求**：你的内容能够让用户帮助自己的朋友、家人、同事，完成利他的举动吗？

(5) **促进社会比较**：你的内容能让他们看起来更有地位、品位还是更有钱，能让他们参与到社交比拼中吗？

如果你的干货内容在保证高质量的同时，还能够提供足够多的社交货币(提供谈资、帮助别人、展示形象、帮助表达、促进比较等)，那就能大大提高内容转发分享的概率。

我们在创作完干货文章的时候，可以问问自己，这篇文章可以作为社交货币吗？读者分享转发的可能理由是什么？去思考和强化它，但是，凡事都没有绝对性，不是给用户提供了足够的社交货币，他们就一定会转发分享的，这就延伸出了下一个问题。

5.1.5 有技巧地创作干货内容，提升专业度

一般而言，垂直干货文章很有专业性和深度，如果能够代替读者表达想法、巩固形象、帮助别人，甚至提高地位，那就是不错的社交货币。那么为什么很多时候内容质量很高的干货转发率却很低呢？

前文提到，这是一种自我实力保护，所以，对于干货内容的创作，我们更应该有技巧地去做。笔者在前文就把常见的干货内容分为“易于分享”和“不易分享”两大类，可以供大家参考。

易于分享的干货如下。

(1) 思维型干货：这类内容主要是各种大咖思维方式、方法论、深度剖析战略策

略，这样的内容分享出去整个人都变牛了。

(2) 格调型干货：这类内容主要是各自领域内深度知识的挖掘、未知事物的解读、颠覆常识的重新解释等，看着就高大上，分享的人也变得有品位了。

(3) 资讯型干货：这类内容主要是很精彩、很完整、很系统、很时效的资讯新闻，分享出去那就是第一手谈资。

(4) 观点型干货：这类内容主要是各种独到的、犀利的、有价值的观点和态度，分享出去能说出自己想说的，还巩固了形象。

(5) 开阔眼界型干货：这类内容主要是各种解密、脑洞大开的知识、分析案例、数据报告等，这种与格调型干货类似。

(6) 盘点型干货：这类内容主要是行业相关各种盘点，目前是属于比较吃香的，而且操作相对简单，分享率很高。

此类干货满满的都是各种社交货币，提供谈资、帮助别人、展示形象、帮助表达、显示地位等无所不能，能很好地塑造自我形象。但是有一点很关键，就是这些内容虽然包含很多专业干货知识，但其实对于提升自己核心竞争力没那么明显，也没那么直接，抑或没那么容易上手操作，少数人喜欢深度思考，大多数人也就只是分享了。

不易于分享的干货如下。

(1) 思维型干货：这类内容和上面第一个一样也是各种大牛思维方式、方法论、深度剖析战略策略等，不过，这里不仅有思维分享，还有落地性强的实操方法。这样的内容收藏更多。

(2) 技能型干货：这类内容主要是各种技能干货，快捷实用，马上解决问题。这可是明面上的“竞争力”，越是牛的技能越不愿分享。

(3) 资源型干货：这类内容主要是垂直行业内各种干货资源，越是大家接触不到的、详细的越好，当然要私藏了。

(4) 工具型干货：每个垂直领域都有各自领域的神器工具，如果你发现一个非常牛的实用工具，你会第一时间分享吗？

(5) 独门绝招型干货：这类内容主要是各种巧招，最新发现的新招、怪招，非常规套路等，这种技巧，如果是大众娱乐型的还好，否则更多会是收藏自己用。

此类干货虽然也都是各种社交货币，但是更多的是各种实用技能、快捷途径、独门绝招、优质资源，都是短时间就可以马上用起来的，谁愿意分享？所以，如果你写的干货内容经常阅读量很低，又想要更多转发分享，不妨试试更偏向可作为“社交货币”，又属于易分享类型的干货文章。

当然，并不是创作内容就只做易于分享的社交干货，在笔者看来两者都需要，大家需要基于自身情况调整“易于分享”和“不易分享”两大类干货文章的比例，找到适合自己的节奏。

5.2 七个方法，激发用户持续阅读下去的兴趣

一切广告文案，都是为了引导用户作出改变。改变他们的想法和态度，让他们往我们想要的方向去想、去做，达到我们的预设目标。但结果往往是：文案写好了没人点击、不知道如何激发用户兴趣、用户看完没有转发、不知道如何通过文案影响用户等。

文案不像机械生产加工，也不像计算机编程，它没有固定的标准，没有什么放之四海皆准的通用模板。不过，每个领域总会有一些实用的技巧，文案也不例外。好的技巧能够让文案事半功倍，产生不错的效果。以下笔者从 7 个方面，具体向大家描述如何激发用户持续阅读的兴趣。

5.2.1 打造认知缺口，制造饥饿感

欲要卖米饭，先制造饥饿感。在文案创作中，想让用户对你的内容感兴趣。首先就需要引起他的兴趣。让用户好奇你要说什么，也就会产生继续阅读的欲望。

如果一句话把什么都说完了，用户也知道了你将要表达的内容，那么结果估计就是点击关闭，换下一条了。用户没有了读下去的动力和兴趣，这是一件很可怕的事。制造用户不知道却又想要知道的东西，这就是认知缺口。最好在告诉用户一个很吸引人的东西或概念时，一步步地说出它究竟是什么，娓娓道来。

5.2.2 持续保持读者的好奇心

有一个让用户在阅读时保持好奇心的简单方式，就是在一个段落结尾，用非常短的句子，诱导他继续读下去。比如："请听我往下解释""下面更精彩""我将在结尾解释"。

这样的一些悬念会促使用户下意识地继续阅读，即使你的文章比较长，这样的技巧也能起到不错的作用。还有一个非常好的方法，就是在文章中多向读者提问，这样可以调动用户思考，与你互动。

5.2.3 制造冲击形成预期的反差

大家应该常听人说这样一句话，有一种创意叫作：颠覆常识，意料之外。这种方法也同样非常适合用于文案。

反差冲击就是指你的文案通过对用户某个熟知的认知进行非常规(出乎意料)的描述，形成与他预期的反差。这种情况下，一个出乎意料又情理之中的表达，可能会颠

覆用户常识性认知，从而引发用户好奇，借此有效地激发用户兴趣。并且，他感兴趣的内容如果不看，就会不爽快。

5.2.4 直接告诉用户利益而非描述产品

如果是一篇产品营销文案，不要过多地描述产品，因为当你描述产品特色的时候，更像是站在自己的角度做一个产品展示。但是用户只对这个产品带来的好处感兴趣，或者说用户只会为产品利益买单，我们应该在文案中给出用户更加直接的利益表达，让他们直观感受到。如果你通过长篇大论描述了产品的功能和特色，用户却不知道该用在哪种场景，用完能带给自己什么好处，就得不偿失了。

5.2.5 场景化打造，唤起用户心里的场景

我们总是说文案要唤起用户的记忆，引起用户共鸣，引爆用户情绪。这其实就是唤起用户内心深处的一个个场景，有场景，兴趣多半会被激发。

毫无疑问，场景是具象的、是有画面的，它是在一个特定的时间、特定的空间内发生的一系列具体鲜活的画面或情绪，可能是你大学毕业时的一次聚会，可能是在大城市一次深夜想家的流泪，也可能是一次离别。场景化的文案，就是给用户制造一个场景联想，让用户能触景生情而关联到品牌或产品，从而传达出品牌定位或产品价值，并产生高转化率。

如图 5-1 所示，为网易云音乐地铁广告；如图 5-2 所示，为知乎地铁广告。

图 5-1　网易云音乐地铁广告

图 5-2　知乎地铁广告

以上两种广告文案都是采用了典型的场景化文案。这样的文案是现在比较流行的，通过一系列文字击中用户心中的场景，从而激发用户兴趣。

5.2.6　尽量描述细节，把内容具体化

细节决定成败，这句话对于文案同样重要。一堆模糊不清、抽象的信息很难让用户建立认知，更别提产生信任感。但细节丰富的描述不同，它能帮助用户把内容具象化，产生画面。

比如形容一个人懒，如果说：小明这个人非常懒。通过这句话我们能知道小明有多懒吗？但如果这样说：小明这个人平时吃饭都是别人喂到嘴边才吃，东西掉地上腰都不肯弯一下。这种描述是不是就不一样？这得多懒才会这样。

一段文案里，细节的东西越多，就越有画面感。就好比在电影里面刻画一个人物，对他的细节塑造得越多，描述越聚焦，这个人物形象就会越清晰，观众也会更感兴趣。

5.2.7　讲好精彩的故事，引发用户情绪

文案的本质也可以说是沟通，而讲故事是一种很高明的沟通策略。特别是在这个时代，故事以一种更巧妙的方式吸引眼球，走进用户心里，并且有更大的概率引发用户情绪，促使用户行动。笔者给大家分享几个在文案中讲故事的注意事项。

(1)　好故事需要有一定穿透力，能让人有心理起伏，不痛不痒的东西叫事实，不叫故事。

(2)　好故事往往都是情绪诱饵，它更容易激起用户的情绪。怎么做到击中用户情绪呢？还是真实。

(3) 讲故事要多描述细节，充满细节的故事才是好故事。

5.3 六个技巧，用文案内容吸引用户注意

前文笔者从吸引注意、强化认知、激发兴趣、刺激购买和辅助技能五个角度给大家分享了一些文案技巧，梳理出了一份写文案时可以随时查阅的参考指南。

在此，笔者再做一次完善升级，通过六个方面的具体阐述，帮助大家更好地使用这些技巧。

5.3.1 用好你的“第一句话”

文案界传奇人物约瑟夫·休格曼的著作《文案训练手册》中有一点，是笔者一直印象最深刻的，他强调：一则广告里的所有元素首先都是为了一个目的，就是让读者开始阅读文案的第一句话，仅此而已。

那么第一句话的目的是什么？是让读者去阅读第二句话；第二句话的目的又是什么？没错，让读者阅读第三句话……第八句话的目的是什么呢？答案已经很明显。

这句话初看起来可能难以理解，但是细细品味起来却很有意思，能做好更是了不得，每一句话都是“第一句话”，不是吗？

5.3.2 制造悬念，引发好奇心

悬疑电影一直是全世界都非常热衷的一种电影类型，虽然质量参差不齐，但不得不说总是最容易吸引观众眼球，并且丝毫不敢放松。30 岁的人看《名侦探柯南》，都是目不转睛，时刻保持注意力，这就是悬念的力量。

写文案，同样可以一开始制造悬念、塑造反差、形成冲突等，激发读者好奇心，这应该也是笔者见过最多的开头形式了。

5.3.3 描述痛点，与用户产生共鸣

有人说想要马上吸引一个人的注意，那就上去用力打他一巴掌。当然，这只是个段子。但是在写文案的时候，可以抛出广大用户扎心的痛点，让他产生强烈的缺失感，抓住注意力，然后一步步通过故事、案例强化这种痛点，给出建议或者解决方法。这样的文章结构基本符合《金字塔原理》中提出的 SCQA 结构。

5.3.4 与“我”相关，吸引用户注意

想象一下，你走在一条嘈杂的街道上，别人怎样才能迅速地获得你的注意力？我

想，大喊一声你的名字，这应该是一个不错的办法。即使是在嘈杂的街道上，一旦叫出你的名字，你的注意力就会被迅速吸引。

每个人都更关心与他相关的信息，你也不例外。所以，要想你的文字马上吸引到用户，“与我相关”肯定是一个不错的选择，人们永远都会关心与自己相关的事情，但是其他的内容可就未必了。

不管是视频、声音，还是文字、画面，都可以首先突出与“他”相关，多使用用户关注圈内的信息或熟知的场景。比如很多文案会刻意地刻画一个人物形象，或者讲一个与目标人群类似的主角的故事，让读者看着看着就觉得“这说的不就是我吗？”结果就是高度代入。

还有人会在文案中明确描述对应人群所在的地域、年龄、性别、职业、社会阶层等，让用户一眼就知道这条信息对“我”有用，如《还在职场打拼的年轻人注意了，这篇文章你不能错过！》。

5.3.5 逆向思维，打破常态和观点

熟知的事、每天都看到的事、总是听说的事，总是没多少吸引力，反常才是吸引点。而所谓的逆向思维，就是要打破常态，打破用户熟悉的声音，提出反向的观点。比如：《年薪 30 万，我是如何从员工做到被开除的？》《天天喝水也可能中毒》《好身材大多都是吃出来的》等。

5.3.6 亲身体验，自带吸引力

还有一种快速吸引注意的方法，就是描述亲身体验，写主人翁自己的体验很容易就能吸引第三视角读者的注意。比如用讲自己的故事、现身说法的方式来写，不仅自带吸引力，而且具备高互动性。

5.4 两种方法，写出优质的开头与结尾内容

一篇推文写好推送，首先最影响阅读量的是什么？答案会不一样，但大多数人都会很快回答：标题，那么第二影响阅读量的是什么呢？答案是众说纷纭，在某些情况下，笔者的回答是：文章开头。

很多时候，不是用户点击了标题就会认真地看文章，他打开这篇文章时，可能正在和朋友说话、可能正在吃饭、可能在看电视、可能走在路上等，总之他很可能是心不在焉的，注意力并不集中。如果你认为用户打开文章的时候正好会非常认真地阅读，那很可能会是一次失败的投资。

所以，笔者认为文章开头非常重要，一个好的开头能让用户真正进入到文章里面

来，激起他阅读下去的欲望，让他抛开其他事情，注意力更多地放到文章上来。一旦开头开好了，就直接能够影响文章阅读量、阅读率，然后也会影响涨粉，间接影响了用户互动和内容收益。那么，如何去写好公众号文章开头呢？这里笔者和大家分享几点我的思考。

5.4.1 微信文章开头怎么写才能引起注意

有一项对人大脑的研究也发现，大脑中有一个叫海马状突起的东西，会自动筛选和过滤我们接收的信息，而那些与自己密切相关的，或形成反差的信息往往能通过筛选，其他的直接自动被过滤了。由此引出，微信文章能引起读者的第一点。

1) 与“他”相关

读者一般会对什么东西感兴趣？首先肯定是与他相关的了。没有哪个时代比这个时代更关注“我”了，自我、个人、有性格一直是这个时代的特色标签。所以，第一秒就要让读者发现，你的文章内容是和他相关的，是他关心的。不相关的事情太多，他可能就没有那么多时间看下去。

因此，人们永远都会关心与自己相关的事情，他们不会在乎你讲的其他内容。所以，要想你的文章内容马上吸引他，“与他相关”肯定是个不错的选择。

尽管读者是通过你的标题，经过“海马状突起”筛选一遍才点击的，但文章开头的时候它还是会再筛选一次，非常多的文章就是在这里被过滤了。所以，不管是公众号文章，还是广告、视频、声音，可以首先突出与“他”相关，多使用目标读者关注圈内的信息或熟知的场景。

2) 浓缩精华

如果文章内容比较长，或者没有那么容易理解，再或者读起来并没有那么激动人心，那么可以在文章开头就对文章核心点进行简要概括。通过浓缩精华，让读者提前有预期。比如可以在开头做好文章内容框架，让读者阅读理解更轻松；可以概括全文要讲的内容，为什么讲，看完能得到什么；可以提前概括每个部分的内容，读者可以选择性阅读。

如图 5-3 所示，为李叫兽：《改变消费者的说服文案，有且只有以下 4 种》开头部分截图。李叫兽的文章一般会比较干，所以他也经常会在文章开头进行简单概括，并且在结尾的时候再次总结。

3) 描述读者痛点，戳中读者要害

这是存在非常久的一个开头形式，文章开头就抛出广大人民的痛点，激发兴趣，然后给出建议或者解决方法。在互联网大家应该经常见过这样的，比如：“公众号不会涨粉，哎呀，痛！怎么办？”“产品没有用户没流量，哎呀，痛！怎么办？”“AI 要取代人工了，哎呀，痛！怎么办？”“广告 50%的费用都浪费了，哎呀，痛！怎么办？”。

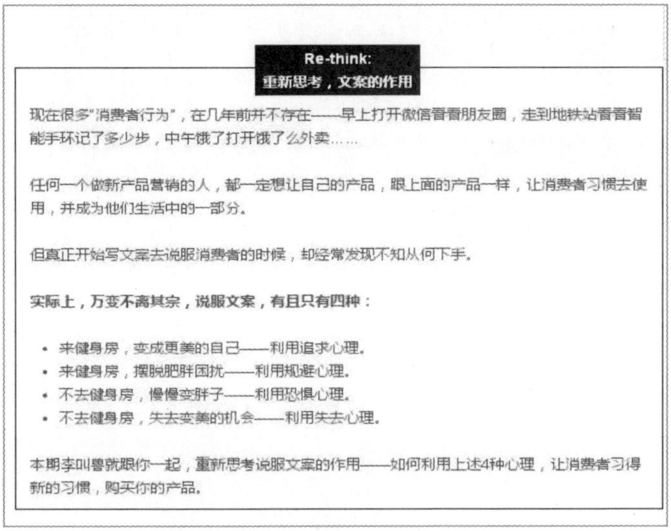

Re-think:
重新思考，文案的作用

现在很多"消费者行为"，在几年前并不存在——早上打开微信看看朋友圈，走到地铁站看看智能手环记了多少步，中午饿了打开饿了么外卖……

任何一个做新产品营销的人，都一定想让自己的产品，跟上面的产品一样，让消费者习惯去使用，并成为他们生活中的一部分。

但真正开始写文案去说服消费者的时候，却经常发现不知从何下手。

实际上，万变不离其宗，说服文案，有且只有四种：

- 来健身房，变成更美的自己——利用追求心理。
- 来健身房，摆脱肥胖困扰——利用规避心理。
- 不去健身房，慢慢变胖子——利用恐惧心理。
- 不去健身房，失去变美的机会——利用失去心理。

本期李叫兽就跟你一起，重新思考说服文案的作用——如何利用上述4种心理，让消费者习得新的习惯，购买你的产品。

图 5-3　李叫兽文章开头部分截图

这样的文章一般结构基本符合《金字塔原理》中提出的 SCQA 结构，也就是指 S：situation(情景)，由大家都熟悉的情景和事实引入，联想到自己的处境；C：complication(冲突)，实际情况往往和我们的目标有许多冲突，这样不行那样也行不通，这时痛点就出来了；Q：question(疑问)，怎么办？A：answer(回答)，我们的解决方案是……

这就是一个很常用的文章写作套路，很多演讲、广告、培训也都是这么做的。前提就是构建出读者的痛点，让他欲罢不能！如图 5-4 所示，为张德芬的《亲爱的，请不要成为伴侣的“存量包袱”》开头部分截图。这里张德芬老师就是在文章开头就构建了“家庭主妇”这样一个群体的社会痛点，相信这个群体的人或与之相关的人看到了，肯定会继续读下去。这其中也包含了一个技巧点——“划分人群”，这一直是构建用户痛点的一个有效手段。

再如图 5-5 所示，为正和岛的《85%大公司都死于决策失误，腾讯、华为、阿里活下来靠什么？》开头部分截图，正和岛的这篇文章开头就点明“世界每 1000 家倒闭的大企业中，就有 85%是因为经营者决策不慎造成的”，直接描绘了现在很多中国企业家的这个痛点：如何理性决策！

4)　设置悬念，激发好奇心

这应该是笔者见过最多的文章开头形式了，就是一开始制造悬念，激发好奇心，勾起读者的兴趣。不论在哪儿，好奇心都是驱动用户行动的强大动力，没办法，谁叫人天生就有一颗好奇的心。如果一件事情勾起了我的兴趣，但只告诉我一半，那我肯定会浑身难受。

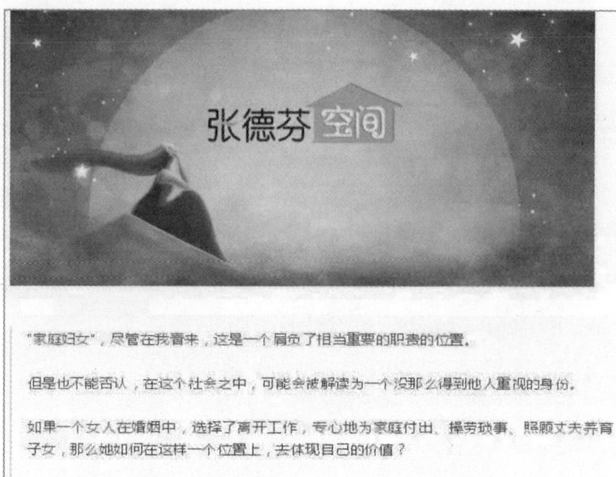

"家庭妇女"，尽管在我看来，这是一个肩负了相当重要的职责的位置。

但是也不能否认，在这个社会之中，可能会被解读为一个没那么得到他人重视的身份。

如果一个女人在婚姻中，选择了离开工作，专心地为家庭付出、操劳琐事、照顾丈夫养育子女，那么她如何在这样一个位置上，去体现自己的价值？

这也许是很多身处其中，或者可能会进入这个身份的女性想了解的问题。

图 5-4　张德芬文章开头部分截图

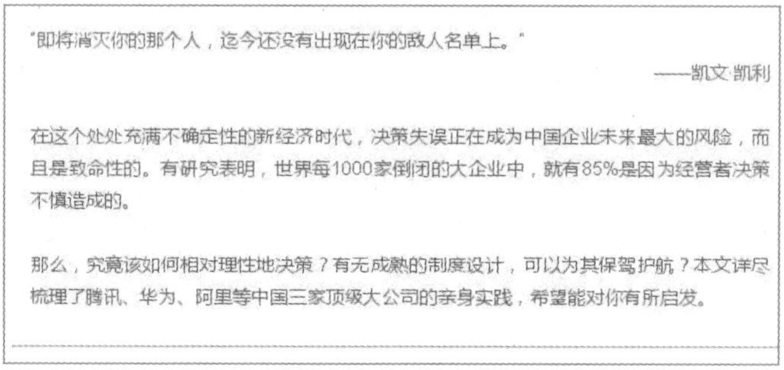

"即将消灭你的那个人，迄今还没有出现在你的敌人名单上。"

——凯文·凯利

在这个处处充满不确定性的新经济时代，决策失误正在成为中国企业未来最大的风险，而且是致命性的。有研究表明，世界每1000家倒闭的大企业中，就有85%是因为经营者决策不慎造成的。

那么，究竟该如何相对理性地决策？有无成熟的制度设计，可以为其保驾护航？本文详尽梳理了腾讯、华为、阿里等中国三家顶级大公司的亲身实践，希望能对你有所启发。

图 5-5　正和岛文章开头部分截图

如图 5-6 所示，为蝉创意的《豆瓣 9.4，一部不该被遗忘的冷门纪录片》开头部分截图。蝉创意这个开头不算很直接的制造悬念，但是字里行间埋下一些吸引点，告诉你了又没全部说出来，因此你会忍不住看下去。

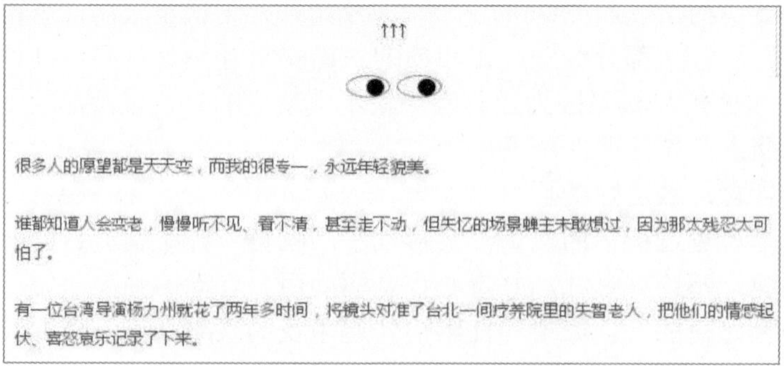

↑↑↑

很多人的愿望都是天天变，而我的很专一，永远年轻貌美。

谁都知道人会变老，慢慢听不见、看不清，甚至走不动，但失忆的场景蝉主未敢想过，因为那太残忍太可怕了。

有一位台湾导演杨力州就花了两年多时间，将镜头对准了台北一间疗养院里的失智老人，把他们的情感起伏、喜怒哀乐记录了下来。

图 5-6　蝉创意文章开头部分截图

如图 5-7 所示，为滴滴出行的《的反是章文篇这》开头部分截图，这样有趣的玩法也是制造悬念，勾起兴趣的一种，新的东西总是能激起人的好奇心，想尝试一把。滴滴出行这样的文章的新形式已经玩过好几个了，看来效果是很不错的。

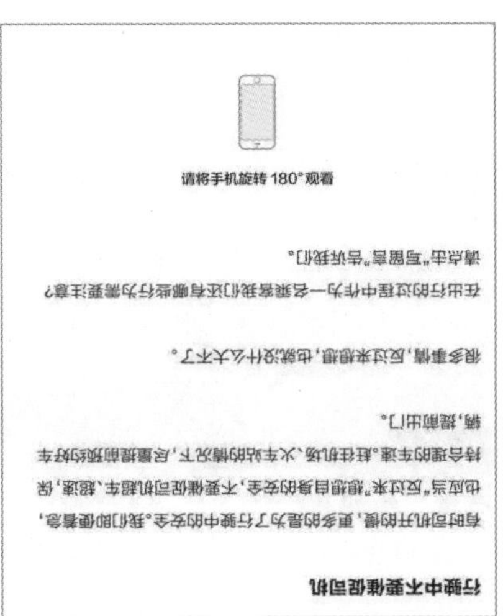

图 5-7 滴滴出行文章开头部分截图

除此之外，激起读者好奇心还有最直接的一个方法——直接提问，激发好奇。这样的内容应该每天都能看到，“为什么”“怎么”“如何”等系列文章从来就没失宠过。如图 5-8 所示，为杜蕾斯《你的男朋友到底有多靠谱？》开头部分截图。这里杜蕾斯就是通过连续发文激起读者好奇心，让人忍不住一探究竟。

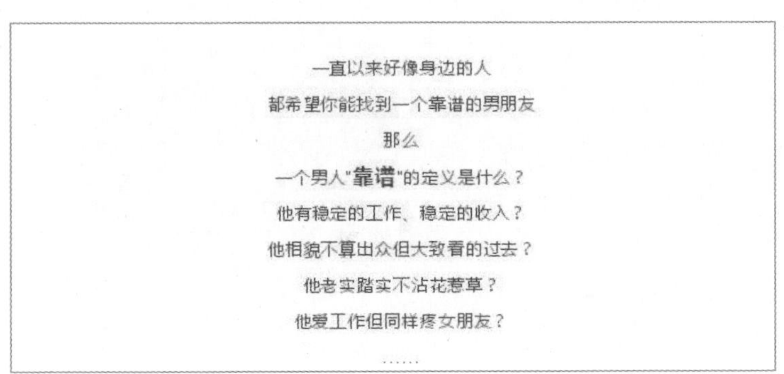

图 5-8 杜蕾斯文章开头部分截图

5) 金句开头，引发共鸣

金句开头，也是一个文章开头的不错方法，因为一开始它就能给整个文章定调，而且很容易就引起读者共鸣，调动情绪。金句可以是改编名言，可以是段子，也可以是笑话。但是，写句子容易，写能够引发共鸣的句子就比较难了。金句可遇不可求，如果不能一语中的，还是别写了。

如图 5-9 所示，为十点读书的《你凭什么穷得那么心安理得？》开头部分截图，十点读书很多文章配图下面会有一段让人比较有感触的句子，有时候笔者转发其实就是因为上面的金句。

图 5-9　十点读书文章开头部分截图

如图 5-10 所示，为槽边往事的《再见，威尼斯》开头部分截图，在笔者看来，金句不一定非得很短很精华。槽边往事里菜头叔的这个开头就不是传统意义上的金句，但是读起来非常有感触。

图 5-10　槽边往事文章开头部分截图

6) 会讲故事

小时候，邻居年长的老人一说要讲故事了，我们一群小孩就会搬好凳子围过来，不管听得懂听不懂，都会听得兴致勃勃，根本就停不下来。不到深夜，各自的父母来强行带回家，听一个通宵也没问题。

我们对于故事的喜爱，貌似随着年龄的增长并没有丝毫衰减。身边的每一个人都非常喜欢听各种故事，对于写文章，讲故事的能力在这个年代也绝对是一个撒手锏，它仍然是吸引读者阅读的最有效方式之一。开头讲故事是很多情感类大 V 惯用的方法，比如我走路带风、胡辛束、不二大叔等。

故事带来的画面感，真实感以及震撼感，真的是比单纯文字描绘或者讲道理更加有说服力。而说起讲故事，方法有很多，其中制造矛盾、制造戏剧冲突是一个不错的方法，因为矛盾和戏剧冲突造成的悬念可能是读者继续阅读的最佳动力。

比如“高才大学生毕业卖猪肉”“小学毕业，没经过正式教育，成为高校特聘教授”“20 岁不到，却是×××地区首富”“一个帅气男生卖起女士内衣”等都是制造戏剧性故事。

7) 开门见山，表明观点

现在很多自媒体号写文章，没以前那么多弯弯绕绕了。很多都会在文章开头开门见山地告诉大家：我遇到了什么事、今天我要说什么、我的观点是什么、对×××事件我的看法等。这样的开头形式还是非常适合这样一个碎片化阅读时代的，因为它不啰唆，一开始就告诉读者要讲的，节省了读者阅读时间。

如图 5-11 所示，为“罗辑思维”的《关于如何成为会聊天的人的清单》开头部分截图，“罗辑思维”的文章开头一向都是开门见山的，一点也不拖泥带水，篇幅也不长，读起来很顺畅。

引言

有些人很会聊天，处处都是人群的焦点；有些人却是"话题终结者"，分分钟把天聊死。

图 5-11 “罗辑思维”文章开头部分截图

再如图 5-12 所示，为连岳的《大家欠上海一个道歉》，连岳老师的这篇文章，开头也是直接就表明了观点：“其实大家都欠上海人一个道歉。”这个开头确实非常简洁明了，但是力量却很强大。想想看，不管是不是上海人，都会有兴趣看下去，为什么我们就欠他们一个道歉了？另外，关于开头开门见山这一点，还可以在文章开头直接推荐适合阅读人群或提醒文章所能获得的知识、利益点。

Camille Pissarro · Charing Cross Bridge, London

聪明却不被理解的例子，不得不说上海人了。

其实大家都欠上海人一个道歉。

图 5-12　连岳文章开头部分截图

8)　引入一个新闻或事件

新闻在文章开头的作用其实和讲故事很像，虽然不像故事那么容易感染情绪，但也是读者能接受的内容形式了。特别是现在的内容创业，少不了要追热点，而绝大多数热点都是基于一个大新闻或大事件而来的。

所以，一般这样的热点文章开头前都会简单地引入一下这个大新闻或大事件，尤其是一些新闻媒体号、地方号、生活资讯号，大多都是这样的开头，还有一些专门做新闻评论自媒体的，也都是开头就提“发生了什么”“最近，怎么怎么”。

如图 5-13 所示，为央视新闻的《九寨沟地震 14 名遇难者身份确定　一名母亲在央视新闻中发现失联女儿身影》，在大多数自媒体平台，如今日头条、腾讯新闻、网易新闻、微博等，此类文章都是一把一把的，这里就不赘述了。

本文来源：央视新闻、洛阳日报、九寨沟政府网

昨天下午5点，四川抗震救灾指挥部举行了第二次新闻发布会，通报四川九寨沟7.0级地震抗震救灾最新情况。截至昨晚十点，地震导致20人遇难，493人受伤。目前，震区已累计转移疏散游客和外地务工人员6万多人，安置灾区群众23562人。

图 5-13　央视新闻文章开头部分截图

当然，以上技巧也并非是完全各自独立，一篇文章开头里面可能一次就包含了其中几种技巧在里面。另外，一个开头也不需要每一种技巧都用到，能用好 1～2 种就行了。比如情感类的公众号大多都是开头讲故事，新闻资讯类的公众号开头大多都是引入一条资讯，干货类的公众号则很多都是开头描述痛点，戳中读者要害。

5.4.2 写好文章开头和结尾的 18 条建议

前几天在知乎上看到有人说："自己是做新媒体运营，写文章的时候总是想好了内容框架，但是不知道开头和结尾要写什么。有时候，文章都写完了，开头还迟迟不会下手。"

在写文章的时候，这个现象其实很常见，就像很多人总是对于标题犹豫不决，不知道怎么写。但偏偏开头和结尾又至关重要。不是用户点击标题进入了你的文章，他就会认认真真地看你的文章。文章开头没有激起他的阅读欲望，让他将注意力放到文章上来，可能你的用户早就跑了。而不会写结尾，又可能让你的文章前功尽弃，甚至烂尾。

那么，如何写好公众号文章开头和结尾呢？这里笔者给大家列出 18 个马上就可用的建议，如果你有印象，你会发现很多大 V 的文章开头和结尾也都是这么写的。

1) 浓缩精华

对文章核心点进行简要概括，让读者提前有预期。比如可以在开头写出文章内容框架，让读者阅读理解更轻松；也可以概括全文要讲的内容，为什么讲，看完能得到什么。

2) 固定风格

专门基于自己的公众号编辑一个独有的开头，固定一种风格版式，长期使用。而每次只是换换不同主题的关键词，比如"大家好，欢迎收听你的月亮我的心"。

3) 描述痛点

抛出广大读者扎心的痛点，激发兴趣，然后一步步给出建议或者解决方法。这样的文章结构基本符合《金字塔原理》中提出的 SCQA 结构。

4) 制造悬念

一开始制造悬念、塑造反差、形成冲突等，激发读者好奇心。这应该是笔者见过最多的一种开头形式了。

5) 金句名言

用强大的金句或名言直接给整篇文章定调，马上让读者点头叫好。但是，名言好找，金句难求，这一步要恰当。

6) 来碗鸡汤

类似金句，发鸡汤也是很常见的一种文章开头方法。虽然读者对鸡汤越来越免疫，但是不得不承认，好的鸡汤总是能让人产生共鸣，卷入情感。

7) 讲个故事

开头就给大家讲个小故事，会讲故事的人从来不担心不会开头，它仍然是吸引读者阅读最有效的方式之一。

8) 开门见山

有事说事，开门见山地表达观点。这个方法非常适合现在碎片化阅读时代，因为不啰嗦，有事直接说。

9) 引入事件

直接就通过描述一个新闻、自己的见闻或最新事件等，将目光过渡到正文内容。这在文章开头的作用其实和讲故事很像。

10) 讲个现象

写一个普遍的现象，或者突然出现的现象，再或者很多人还没发现的现象，关联到正文上去。现象洞察得越透，用起来越是惊艳。

关于写好公众号文章开头的 10 条建议，就到这里，接下来笔者再说说文章结尾的一些写法。

1) 总结全文

对全文进行简要概括总结，在文末帮助读者厘清思路，突出可感知价值。

2) 强调观点

再次强调全文核心观点，并升华主题，让用户牢牢 get 你的点。

3) 鸡汤共鸣

直接甩鸡汤，就是要赤裸裸地打动读者。

4) 金句名言

制造金句或引用名言，刺激读者分享，引用到朋友圈。

5) 话题互动

针对性地抛出互动话题，引发讨论。不一定要与文章相关，重点在于形成风格。

6) 下期预告

做个下期内容预告，绑住你的读者。持续关注吧！下期更精彩。

7) 抛出问题

在文末抛出和文章内容相关的问题，或是一个新的问题，会在下期或回复关键词给出答案。继续关注吧，这里有解答！

8) 惯用口头禅

编辑一段自己独有风格的结束语长期使用，可以是这个公众号的口头禅，可以是标语，也可以是特意准备的一段话。

不管怎样，即使想不到好的结尾，也不要用一堆无关的废话，哪怕是用一个很有个性的结尾也比烂尾强。回到开头知乎上的那个问题，其实笔者认为不是你想好了内容框架但不知道开头、结尾写什么，恰恰是因为你并没有做好这个文章框架的系统构思。如果想清楚了，就会很清楚文章的脉络是什么，知道如何层层推进。

5.5 两个技巧，让文案过稿率更高

有个小伙伴问笔者：她每次写文案都是绞尽脑汁、费尽心思地去写，精心配图，用心打磨，为什么每次客户都是打回来，还说差点意思。聊了一会，笔者发现，她是真的想要写好文案，也非常认真，问题不是出在态度，而是出在思维，太把文案当文字了。

已经不是第一次有人问笔者这个问题了，他们都很无奈和丧气，虽然各有各的原因，但思维这个问题尤为突出。文采好真不代表会过稿，这是笔者最大的感触。所以笔者决定把过去经常用的一个写文案方法分享给大家，能帮助到大家多少，凭各自领悟了。

或许你的文采已经比我好 10 倍，但文案就还差这一步。要说这个方法，其实也并不复杂，为了方便大家理解，笔者把它制作成了一个简易的文案思路图谱，如图 5-14 所示。

图 5-14　文案思路图

在过去笔者写文案的时候，首先会想清楚文案的节奏策略，即该用什么方法怎么去写，然后解构到文案每个部分要完成什么目标，而笔者会多做一步，如上面这张图，在写每个部分的时候都会在旁边备注要达成的目的。这是很简单的一个动作，却

让当时的过稿率变得很高，在这背后有两个核心原因。

5.5.1 构建文案战略，让策略意图更清晰

战略往大了说叫布局，往小了说是构思和把握。笔者一直认定，写文案也一定要有战略思维，它绝不仅仅是表面的文字工作，更是对战略和目标的呈现。每篇文案都应该也必须有一个文案策略在里面。

写文案前，思考清楚整个文案的战略目标和具体策略，这是很多文案人缺失的。首先，摸清对方的核心需求是什么，他希望你写出的文案达成什么目的。其次，基于这个核心目的以及对用户的洞察，规划好这篇文案的切入点、如何推进、每个部分内容要达到的目的等。

这就相当于一个灯塔，整个文案的所有元素就要围绕这些规划去推进。很多人写文案就是想到哪写到哪，天马行空，没有规划，根本不知道每个部分内容的核心目的，甚至写完一看都不知道自己在讲什么，这就是缺乏文案的战略构建。

在笔者看来，这其实是写文案必须做的一步。之所以写文案时在每个部分备注要达成的目的，就是时刻提醒自己在这一部分要干什么，有一个指引不至于写偏，让自己思路更清晰。另外，在给客户看的时候，他们也能看到每个部分的战略意图和推进逻辑，知道你并不是在写文字，而是在为他们写一篇有目的、有策略、有逻辑的文案，让客户审阅更清晰。

建议大家在思考文案战略规划时，可以多想想：我文案的脉络是什么？准备如何层层推进以达到最终目的？整篇内容文案的逻辑结构是什么？是否能环环相扣？我的每一段内容的目的是什么？对战略推动是否有帮助，还是可有可无？在每一部分我准备用什么策略，为什么要这么写？

有了这些清晰的规划和思考后，文案写起来就更得心应手，也更容易通过。

5.5.2 档案文案预期，让效果更显著

在写完文案之后，笔者相信任何一个文案人都会检查自己的文案。那么应该怎么去检查呢？笔者给大家推荐一个非常好且实用的方法，能让你的文案效果突飞猛进。

简单来讲，就是不断地切换到用户视角，预估用户在看每一部分内容时的感受，看看是否能达到我们在每个部分备注的那个目的。千万不要纯粹站在自己的角度去检查预期，这本来就是自己写的，会有很多理解陷阱，这些陷阱只有切换成用户视角才会暴露出来。换言之就是：不断问自己，如果用户看到这会有什么反应，会不会达到你的预期目的？

把文案每个部分要达成的目的写在旁边，也是为了在检查时更直观，更方便自己不断地问自己。通过这样的检查过程，就会发现每个部分文案可能存在的问题，然后

解决掉。按这个逻辑，在用户真正看文案时更能达到你想要的目的，因为所有问题都已经预判并解决了。

这就是笔者要在文案旁边标注目标及策略的第二个核心原因：档案文案预期。总而言之，真正的文案应该建立在策略之上，应该在生活里，应该在长期的用户洞察中，从群众中来到群众中去，而不单在文字中。别人看上的应该是你的强策略、强思维，而不单是文采好。文采是锦上添花，思维策略才是雪中送炭。文案人，请永远相信自己较过劲儿的文案会更好。

第6章

写作技巧：文案细节决定文章的可读性

学前提示

在新媒体文案的写作中，文案的细节有着不容小觑的作用，它在一定程度上影响着文章的可读性。

本章主要针对写作文案内容时的策略、方法以及图文写作技巧进行分析，帮助读者更好地掌握写作技巧，轻松写出优秀文案。

要点展示

- 写文案内容时，需要注意的三个策略
- 用好文案的两个方向和四种方法
- 培养写作方法，让你的文章更具有可读性
- 村上春树告诉我们的写作心法
- 文案内容布局，掌握六种图文写作技巧

6.1 写文案内容时，需要注意的三个策略

新媒体行业需要的能力很多，但写作能力肯定是一个关键竞争力。这个时代，人人能通过写作来表达自己的思想和观点，甚至形成爆款，影响到无数人，这的确是一件非常幸运的事。

越来越多的从业者开始为自己或者为公司写作，但是文章好写，读者却越来越挑剔。想让读者看到文章难，想让他们打开难，想让他们好好读完内容也难，想在读完后获得认同和转发那就更难。

大多时候的真相往往是这样——在我们经过认真选题、策划、思考、绞尽脑汁地写完文章之后，得到的反馈可能是："小李，你这篇文章这么写，读者根本看不下去啊！""小王，写文章要走心啊，这个看了没什么感觉！""小张，你昨天不是发了一篇文章吗，有没有看？""Jessica，你要多看别人公众号文章怎么写的，好好学习一下。"等等。

换言之，这篇文章大家不想看，也看不下去，可能掉头就去看别人家的文章了。你一定也很无奈，笔者也经常碰到这种情况。我们写文章肯定是认真对待的，谁都想写好。明明在接到选题后认真思考，还收集了很多资料，写的时候也是文思泉涌，引经据典，感觉也不错啊，怎么最后就都看不下去了呢？哪里不对？

笔者也经常会去反思，很可能是我们在写作时，过于关注文章内容的撰写，却往往忽视了一些内容创作的基本点。接下来，笔者就给大家分享写作时需要时刻注意的三个策略，它们会让你的文章更受欢迎。

6.1.1 文案中，避免读者的认知差距

在《Made to Stick: Why Some Ideas Survive and Others Die》一书中，有一个很著名的概念——"知识的诅咒"。所谓"知识的诅咒"，就是一旦当你获得某种知识后，就很难想象别人不知道这种知识时的情景，而这就很容易造成"拥有某种知识的人"与"未获得这种知识的人"之间的认知障碍和沟通障碍。

当我们把自己知道的知识解释给别人的时候，因为信息不对称等，很难把自己知道的完完全全给对方解释清楚。就像你每年过年回家，却很难向七大姑八大姨还有爷爷奶奶解释清楚新媒体运营是做什么的。

在我们写文章的时候，这种"知识的诅咒"一不注意就会表现出来，总是会觉得：这个常识读者应该都知道了，不用详细介绍；那个概念读者也应该懂，不影响阅读。但现实是，大部分读者真的不知道，你觉得他懂而已，可能就是那些你觉得无意义的点"杀死"了读者。

所以，写文章首先就要避免知识诅咒，时刻提醒自己站在用户视角去创作和叙述，不要拉大你与读者的认知差距，而是要缩小这种知识的不对称，不然再好的内容他可能也读不下去。

那么如何让自己站在用户视角呢？再多的方法也敌不过自己和读者打成一片，让自己也变成用户中的一员。很多大V运营团队这一点都是尤为重视，粉丝群都快赶上家人了。除此之外，内审和外测也是笔者常用的。

文案界传奇人物约瑟夫•休格曼著作的《文案训练手册》中，有一个观点笔者一直奉为经典，休格曼一直在书中强调：一则广告里的所有元素首先都是为了一个目的而存在，就是使读者阅读这篇文案的第一句话——仅此而已。什么意思？就是说一个广告里的每一个元素首先都是为了引导读者开始看广告，这是针对当时的广告文案的，换成现在写文章也一样。

写文章就是要让我们的内容不断地去调动读者的兴趣，持续吸引读者的注意力，让他们像坐上滑梯一样一滑到底，去阅读每一句话，直到看完文章。

那么我们要如何让读者持续不断地看下去呢？创造认知缺口，是个不错的策略。如果你想让你的文章被人读下去，首先就得先让读者对下面的内容产生兴趣，让他好奇你将要说的，也就会产生继续阅读的欲望。如图 6-1 所示，为果壳网公众号的《如何徒手做熟一只鸡？连续拍打鸡身 13 小时 37 分钟即可》。

图 6-1　果壳网公众号文章

首先这个标题就让人有很大的阅读兴趣了，再看看开头三段，连续不断地使用疑问句一次次放大你的兴趣，认知缺口完全被打开，读者已经迫不及待地往下看。估计这个时候让你放弃阅读，你也不会答应。

总之，如果读者没了读下去的动力和兴趣，这是一件很可怕的事。制造读者不知道却又想要知道的东西，塑造它的重要性，这就是创造认知缺口，也是写文章首先需要做的。而往往令人新奇的、令人困惑的、令人重视的、令人急切的内容天生就是打造认知缺口的利器。

6.1.2　降低信息密度，提高可读性

读者为什么会阅读并喜欢你的文章？当然是这篇文章有他感兴趣的信息。读者在阅读一篇文章时，**喜欢=熟悉+意外**。

一篇文章要想最大限度地吸引读者，全部是一些读者熟知的信息肯定不行，你必

须在提供熟悉东西的同时，制造一些意外，要让读者有收获感，但又不至于看不下去，其实就是新旧信息的混合。也就是我们说的文章的信息密度，你可以理解为文章中针对目标读者的信息量大小。它与文章可读性息息相关，很多文章读者看不下去未必是因为质量差，也可能是它的信息量太大。

当你的文章里有足够的知识点、给用户提供了一些新的信息时，其可读性与信息密度呈正相关。但如果文章知识点太多、内容太难懂、观点太难理解，信息密度太大之后，它的可读性就会非常糟糕。

这种情况下，你的文章想要表达的内容，目标读者很难理解和接收到，他看起来都费劲，多看两眼头疼，还何谈喜欢上。一篇专业学术论文，你能指望多少人认真读完呢？

那问题来了，这个内容配比应该是多少呢？亚利桑那大学和布朗大学的一项研究指出：当你训练一个东西的时候，你给它的内容中应该有大约 85%是它熟悉的，有 15%是它感到意外的。研究者把这个结论称为“85%规则”，我们干脆就把 15.87%叫作“最佳意外率”。这个数值就是学习或者文章的“甜蜜点”。大家可以将其作为参考值。

最重要的，不要给读者制造过多的信息理解点，语言句式不要过于复杂晦涩，能通俗易懂就通俗易懂，更不要把本就复杂的信息再次复杂化。当在描述一些模糊信息的时候，尽量多描述细节而不是抽象概念，同时，文字的趣味性也会大大提高内容可读性。

这一点，可以多看看一些大 V 们的文章，看看他们的表达方式、整体结构、内容分配，相信比起记下几个概念更有用。当然，文章创造认知缺口，激发读者的兴趣，包括提高整篇文章可读性，这主要是让读者有更好的阅读体验，并有兴趣去阅读你的文章内容，但仅仅只有这些内容还是很难让文章真正获得读者的青睐。所以第三点必不可少。

6.1.3 提高用户体验，设计新鲜感

说这一点之前，我们先聊聊宜家。不知道大家有没有发现，虽然大家对宜家的购物体验大多都是好评，但其实逛宜家也有很多不太愉快的体验。比如只买一个东西却要走完整个商场，比如想找个人问一下家具却见不着工作人员的身影，比如要自己记型号、找商品，甚至要从货物架上搬货等。

但是往往宜家出口那里，1 元钱一个的冰激凌或是 10 元钱三大串的瑞典肉丸马上就打消了用户的不快，让他们获得了“峰值体验”，结果获得好评。

还有一些儿科医院会在诊疗结束后给孩子送礼物，例如最受孩子们欢迎的零食。这样，即使看病过程很痛苦，最后的结果好像也没那么让人难以忍受，家长下次也愿

意再带孩子来。所以用户体验，其实是可以被设计的。

他们都知道，在用户的全周期体验流程中，不可能把每一个用户体验环节做到完美，但一定要为用户在某些环节制造那些令人难忘的瞬间和节点，打造“峰值体验”，这样用户就会更青睐于你。这就是服务行业一直流传的：“多数可遗忘，偶尔特漂亮。”

写文章其实也是一样的道理，我们不可能让文字从头到尾都保持“踩到鸡脖子”的状态，全程都是高潮。让文章真正获得读者青睐、得到好评的秘诀在于不断地为读者制造“Wow Moment(惊叹时刻)”，让他们产生“原来是这样啊”“长见识了”“哇，太棒了”的感觉。

我们在前文提到为读者打造了认知缺口，给他们建立期待之后，其实只是让读者产生看下去的动机，而只有在文章中时不时来个“Wow Moment”才能真正赢得喝彩。一个非常好的方式就是给熟悉的东西带来不同的解释、超出预期、带来新知、情绪共鸣。

你原本以为是这样的东西，结果却出乎意料。这样的内容往往大家都喜欢看，而且传播潜力惊人。为什么呢？因为它在不断地刺激大脑，颠覆想象，给你带来阅读的快感。

就像《名侦探柯南》，每一个悬疑案情导演都会把你引导向某一个凶手，但是直到最后你才发现“原来凶手是他”，然后在听“毛利小五郎”一顿结案分析之后，猛拍大腿“原来是这样”。这种剧情设计让你一次次获得“Wow Moment”，所以尽管这部动画片有几百集，但很多人一集都没落下。

总之，在这样一个碎片化信息爆炸的时代，用户注意力是极其稀缺的，从某种程度上来说，现在新媒体图文就和广告一样，没人爱看，如果想要读者持续去看你的文章，谁都不靠谱。文章内容本身就要去设计给读者的“Wow Moment”，这是持续让人欲罢不能的最简单的手段。多数可遗忘，但偶尔一定要特漂亮。

我们可以给熟悉的东西带来不同的解释、超出预期、给读者带来新知、制造情绪共鸣；可以不断去设置悬念，然后满足好奇，诱发读者的兴奋；还可以去玩段子、抖包袱、给彩蛋、神转折等，这些都属于“Wow Moment”。

世界上没有无聊的东西，因为所有我们熟悉的东西都是可以被大家获得新发现和知识的，然后再重新进行阐释。如果再加上认知缺口和高可读性，何愁别人看不下去呢？

6.2 用好文案的两个方向和四种方法

营销文案的本质就是要让用户完成某个行为，以达到营销的目的。但是要如何更好、更顺畅地打动用户让他愿意动起来呢？方法很多，众说纷纭。但是有两个方向是万金油一样的存在，不能说马上让文案大放异彩，但是在没头绪的时候，能够很快进入轨道。这两个方向一个是利用喜爱，一个是基于厌恶。

喜爱和厌恶这两种用户心理，虽然简单，却一直是驱使用户行动的根本。最简单的方法往往有可能是最有用的。而如何有效地将这两个方向用于营销文案，则是笔者在这一节要说的。在开始写一则营销文案前，你必然已经知道这篇文案是想让用户完成哪个行为，以达到营销目的。

比如是想要让年轻人平时生活中多读书，丰富自己，提高竞争力，我们就需要去挖掘有哪些年轻人“喜爱”或“厌恶”的场景、事物、行为等，能够促使他更愿意行动起来完成“多读书”这个行为。接着，去强化或消除这些“喜爱”和“厌恶”，以打动用户。基于这两种方向，我们有四种方法可以去写营销文案。

6.2.1 强化喜爱，激发向往

如果我们完成某个行为后，能得到自己一直喜爱的东西，那我们就更愿意行动起来，这是毫无疑问的，趋利是人最原始的天性。

所以，如果用户按要求完成你的行为(比如使用你的产品)，刚好就能获得自己一直喜爱的某些场景、事物或行为，那么你可以去强化并放大完成这行为后能获得的“喜爱”，通过趋利心理激发用户向往。告诉他，在完成这个行为后，他就能得这种“喜爱”，而且你这里为他准备的是别人没有的、稀缺的、更胜一筹的。

比如巴黎扬罗必凯在为法国眼镜品牌 Keloptic 创作广告时就充分利用了这个点，他们以凡高自画像、巴黎圣母院等印象派画为背景，制作了一系列有趣的广告，不断强化消费者追求眼镜清晰度的这个喜爱点，告诉消费者：从模糊的印象派到清晰的写实派，就只差一个 Keloptic 眼镜而已。

那么对于促使人读书这个行为，利用“强化喜爱”怎么写文案呢？掌阅是这么做的：他们携手杨澜、成龙、郑渊洁、马伯庸、饶雪漫等数十位大咖，共同推出#阅读的百万理由#公益读书活动。其主文案是：

开心的时候，我们会笑，也会打开一本书昼夜不停地一口气读完；

哀伤的时候，我们会哭，也会翻开一本书让自己融入另一种人生；

烦闷的时候，我们会沉默，也会着眼于字里行间宣泄自己的情绪；

因为读书，我们都是孩子，对世界依然心存好奇；

因为读书，我们远离浮夸，学会与自己相处；

因为读书，我们在有限的生命里，体会一万种情感。

除此之外，掌阅还推出系列读书海报覆盖了北京全线路地铁，大咖们都发出了自己的阅读宣言。

6.2.2 消除喜爱，放大损失

同理，如果我们不完成某个行为，就会失去一些自己喜爱的东西，那我们会更愿意行动起来，因为趋利的背后还有一个原因，即害怕损失。人们在面对同等的收益和损失时，比起收益，损失更令人难以忍受。因为比起收益带来的快乐，我们更在意损失带来的不快乐。

所以，如果用户没有完成某个行为(比如参加你的活动)，会让他失去自己一直喜爱的某些场景、事物或行为，那么你同样可以强化完成这行为后能获得的“喜爱”，并放大不去完成会带来的“喜爱”损失，加速行动。

比如，索尼泰国创意广告《女大十八变》，就是一个经典中的王者。一开始，屏幕上出现的是一个天真可爱的小女孩。然后屏幕外有个父亲带着满脸的感动和怀念在看，而且笑中带泪，看起来非常感人。突然，背景音乐停了，旁边一只手递过来一张纸巾给这位老父亲，来了个剧情神转折，女儿已经“女大十八变”了……不忍直视，看完你肯定会笑抽。

视频在最后点出了索尼的广告核心——美好的回忆是值得珍藏的。很明显，不用索尼的话，这个美好时光就一去不复返了。对于促使人读书，利用“消除喜爱”可以怎么做呢？文案天后李欣频就专门为中国台湾诚品书店写过这么一则文案：

不懂卡尔维诺，不懂爱情。

不懂身体气象学，不懂同性恋。

不懂女人，不懂玛丽特·杜拉斯。

不懂 Free Jazz，不懂死亡。

不懂世纪末占星学，不懂包豪斯。

不懂特吕弗，不懂政治权利和斗争。

所以，我们阅读。

6.2.3 强化厌恶，制造恐惧

如果做了某件事，会带给自己一直厌恶的某些场景、事物或结果，我们肯定就不会做这件事了，一朝被蛇咬，十年怕井绳。所以，如果用户没完成某个行为(比如使用你的产品)，会给他带来自己厌恶的某些结果，那么你可以去强化没完成这行为带来的“厌恶”，将厌恶制造成恐惧，让他再也不想不去行动，而是迫切地想要完成你想的行为。

不过，这种利用强化厌恶的“恐惧营销”虽然好用，但一不小心也容易造成负面效果，导致用户排斥。

比较好的方法是先说明如果未完成某个行为，某些可能的厌恶会很容易出现，而且非常严重，等激发了恐惧心理，要适时地推出靠谱的解决方案，让用户感知到它确实可以解决厌恶，而且行动起来非常容易。

比如杜蕾斯的玩法就相当高明。在“六一”儿童节的时候，杜蕾斯推出一个“3个人的儿童节和 2 个人的儿童节”海报。意思就是：用咱们杜蕾斯的只需要 49 元 2人过夜，而不用的，嘿嘿，你等着吧！等过儿童节的时候就别想有两人世界了，最重要的是，花钱！花钱！花钱！花到你哭，怕不怕？

那利用“强化厌恶”促使人读书的文案，又可以如何写呢？定位于高端商务人士的《经济学人》杂志广告也深谙厌恶之道。

如图 6-2 所示，为《经济学人》杂志广告，它没有直接说服读者来读，而是在广告中这样说。

图 6-2 《经济学人》杂志广告

6.2.4 消除厌恶，规避痛点

同样的道理，如果做了某件事，能够避免或减少现在自己一直厌恶的某个场景、事物或结果，那我们也更愿意完成这个行为，人人都想从自己当前厌恶、痛苦的情境中抽身出来。

所以，如果用户去完成你的行为(比如使用你的 App)，能够让他避免或减少自己现在非常厌恶，但苦于得不到解决的某些结果，那么你可以去挑明并强化当前他身处其中的一些痛点，刺激他行动起来逃离这个痛点的决心。告诉他，在完成这个行为后，他现在厌恶的这个痛点就可以规避或者慢慢减少，而且还会朝着他“喜爱”的方向转变。

比如陌陌之前就推出了一组以动物隐射年轻人的广告，整个主题围绕“就这样活着吧”进行发声。通过正话反说，挑明现在很多年轻人生活中的痛点，如“按部就班”“畏惧社交”“胆小”“生活无趣”等，旨在激起他们想要逃离其中的情绪，从而引导行动。

比如文艺女装淘品牌“步履不停”推出的文案，这段话描述了各种现实与理想的偏差，都是现在很多人的痛点。虽然他们的产品并不能直接解决这一痛点，但“步履不停”的文案更多的是塑造品牌调性，通过给产品赋予精神层面意义来消除这个厌恶，文案内容如下：

你写 PPT 时，阿拉斯加的鳕鱼正跃出水面；你看报表时，梅里雪山的金丝猴刚好爬上树尖；你挤进地铁时，西藏的山鹰一直盘旋云端；你在会议中吵架时，尼泊尔的背包客一起端起酒杯坐在火堆旁。

有一些穿高跟鞋走不到的路，有一些喷着香水闻不到的空气，有一些在写字楼里永远遇不见的人。出去走走才会发现，外面有不一样的世界，不一样的你。

最后，利用“消除厌恶”促使人读书的文案怎么写？奥美为某出版社 25 周年庆创作的《我害怕阅读的人》，一直都被奉为经典文案：

我害怕阅读的人。一跟他们谈话，我就像一个透明的人，苍白的脑袋无法隐藏。我所拥有的内涵是什么？不就是人人能脱口而出，游荡在空气中最通俗的认知吗？像心脏在身体的左边。春天之后是夏天。美国总统是世界上最有权力的人。

但阅读的人在知识里遨游，能从食谱论及管理学，从八卦周刊讲到社会趋势，甚至空中跃下的猫，都能让他们对建筑防震理论侃侃而谈。相较之下，我只是一台在 MP3 时代的录音机：过气、无法调整。我最引以为傲的论述，恐怕只是他多年前书架上某本书里的某段文字，而且，还是不被荧光笔画线注记的那一段。

总结一下：营销文案的本质就是要让用户完成某个行为，以达到营销的目的。

利用喜爱和厌恶一直是现在非常常见的两种营销方式，在文案没头绪的时候，能快速进入轨道。基于此，有四种方法可以去写营销文案。

(1) 强化喜爱：不断强化并放大完成某个行为后能获得的“喜爱”，通过趋利心理激发用户向往。

(2) 消除喜爱：强化完成某个行为后能获得的“喜爱”，并精准放大没有完成会带来的“喜爱”损失，让他因害怕损失而加速行动。

(3) 强化厌恶：强化没完成某个行为会带来的“厌恶”，将厌恶制造成恐惧，让他迫切地去选择完成你想要的行为。

(4) 消除厌恶：挑明并强化当前用户身处其中的一些痛点，刺激他产生行动起来逃离这个痛点的决心。

6.3 培养写作方法，让你的文章更具有可读性

在笔者看来，文案就是应该帮助他人更轻松、方便地理解你的想法，你传达出去的信息应该是你的目标读者容易理解接收的信息。可能一个词，你脑袋里面有各种不同的表达方式，有很多精彩华丽的辞藻，有大量千奇百怪的知识点，但是读者难以理

解，我们写文案不是卖关子，而是想通过文字来和读者做一次酣畅淋漓的交流。

所以，在这一节我们来聊聊如何培养写作手法，让文章更具有可读性。

6.3.1 如何让你的文案更具有可读性？

要让文章的可读性高就涉及了一个问题——文案的信息密度。信息密度指的是一份信息所能提供的相关信息量的相对指标。而文案信息密度，笔者的理解是，一段文案中内容的信息量。

当文案有足够的知识点、给用户提供了一些新的信息或观点，其可读性与信息密度成正比关系。但当你的文案知识点太多、内容太难懂、观点太难理解，信息密度超过一个阈值之后，它的可读性就和信息密度成反比了。

文案传达出去的信息，目标读者很难轻松理解和接收到，他看起来都费劲，还怎么更轻松、更方便地理解你的想法呢？我们可以试着比较下面两段文案。

文案一：他不必在打破 30000 份记录后还拼上一切，他不必连续 9 场比赛独揽 40 多分，他不必连全明星赛总得分也独占鳌头，也不必为了一场胜利独砍 81 分。他不必一次又一次地刷新“最年轻的”纪录，他不必肩负整个洛杉矶的期望，以至于跟腱不堪重负。倒地的那一刻，他不必站起，他不必站上罚球线投进那一球，也不必投进第二球力挽狂澜，甚至不必重回赛场。即使科比已不必再向世人证明什么，他也必定卷土重来。

文案二：作为终极居住形态，别墅需要一种与生俱来的气度。龙腾福地紧邻宝华门，于半山坡划地为疆，以登峰造极的王者之姿，与世界保持恰到好处的距离。龙腾福地借地基之势，靠山藏水，视野开阔。背靠葱郁青翠之宝华山麓，并与老阴山呈相连之势，其靠山之稳固，足以暗示此处地灵而必出人杰。楼盘正前方，以匍匐舒展而横卧的老阳山为朱雀即案山，可谓明堂宽阔，朝案分明，此乃千军万马点将之地。

大家看下来感觉如何？如果没猜错的话，你会更偏向于文案一。因为文案二包含了大量的不同信息，还都是长句，用了大量抽象意义的词，很难顺畅地读完，并且就算读完也记不住什么信息。而文案一句式都比较简单，信息点较为统一，也没有复杂的词汇，可读性更强一点，读者很轻松就能获取到文案想要传达的点。

总的来说，我们的文案，不能给用户制造过多的信息，语言句式也不要过于复杂晦涩。信息密度太大，读者阅读和理解起来就非常困难，导致文案可读性差。但是，文案的信息密度也不能太稀释，你提供的内容什么都没有，都是老生常谈，也没有任何刺激点，那用户根本也没兴趣看。

那么，如何让文案更具可读性呢？答案是合理控制文案的信息密度。我们要避免陷入 4 种常见的思维误区，即认知陷阱、人为制造理解障碍、内容空洞以及强塞信息。在了解了这几种常见思维误区之后，文案信息密度到底如何，我们心里已经大概有一个判断了。然后我们再合理地去控制文案的信息密度。信息密度太低，就需要相应有所提高，而信息密度太高时，就要相应降低了。

6.3.2 写文章的九大步骤，培养写作方法

“最好闭上嘴，让别人只是觉得你可能是个笨蛋，而不是张嘴说话，使他们完全确定。”马克•吐温这句幽默和睿智的段子，说的是沉默是金，而文案创作恰恰做的就是把话说出来的活儿，每次写作笔者都瑟瑟发抖，担心自己一不小心就会成为那个“笨蛋”。

还好，文案创作不是马上就说话，它从来不是拿起笔就写，放下笔就完。它有足够的时间去准备、去打磨、去尝试、去持续科学进行，让“笨蛋”变成“聪明人”。总有人问笔者平常是怎么写文章的，写作步骤是怎样的？这里直接分享给大家，可以参考借鉴。

1) 思

一开始方向就错了，那可能就会写多错多。在开始下笔写文章前，静下心来思考：想要写什么，想要怎么去写，围绕的核心主题是什么，想要表达什么，又想要传达给读者什么，最终要达到什么目的？这一点非常重要。

建议大家在前期的时候，尽量多思考。在刚开始练习去思考文案怎么写时，尽量细化，比如“文章如何层层推进？”“内容逻辑结构”“如何调动读者情绪”等。不要漫无目的就动笔，既辛苦又得不到别人的肯定，先思考再写才是聪明的写文章方式。

2) 列

经过静心的思考后，如果马上就开始写文章，还是容易出现一个问题——就是写着写着就把自己绕进去了。笔者的方法是思考完后马上列提纲，这绝对是一个写文章速成的方法。提前列好提纲，也会加快写作的速度。

文案大神休格曼写文案有一个窍门，就是思考并创建一份文案逻辑路线图，文案要依图而就，所有的内容应按照图示逻辑方式输出，也就是列提纲。他会提前把文案分成很多小的板块，然后以一种有条理的方式贯通起来形成清晰脉络，达到最终目的，比如下面这个就是他为一个电子产品列的营销文案提纲：

兴趣激情→独特性→为什么不同→怎样操作→惊艳的特性→使购买合理化→永久有效→售后免费→现在马上下单。

3) 堆

列好提纲后，整篇文章的规划已经很清晰了，笔者会进入下一步：堆。什么意思呢？就是根据提纲中的每个小标题开始堆内容。这个时候，把脑中所有关于这个小标题想到的内容全部写出来，而且是不加任何修饰。

这个过程，要做的就是尽量把自己要说的话、要用的资料和素材都加进来，不用考虑语法标点，不用考虑句式句型，也不用考虑段与段的衔接，更不用考虑辞藻的优美。把提纲下的每个板块填得满满的，再进行下一步。

4) 删

接着，就是“减肥”的过程了。首先，从头到尾把你的内容读下来，边读边删，删掉那些与整个文章主题和提纲不相关的内容，这也就是再次强化和梳理主题逻辑的过程。接着删掉那些内容臃肿、重复啰唆的部分。不过，在删的过程中可以保留原稿，因为后面可能需要补进，保不齐可能会删多。

5) 改

在删完之后，就该好好编辑文案，给内容润色了，包括句子结构、标点语法、文字优化、段落衔接、案例丰富、使用文案技巧等。不过，这一步笔者建议不用死磕文字，因为这才完成一半，后面还会继续改。

6) 问

在编得差不多后，再来一波夺命提问，自我审查。这一步，就是自己找自己的碴儿，这是一定要做的。提问反思会不断地让你自我否定、发现问题、快速迭代。

比如，你可以问自己：文章核心主题有没有分散？每一个板块写清楚了吗？是否足够聚焦？读者看完文章后能得到什么？能用简单的话概括出来吗？文章开头是否能吸引人继续阅读？这一段的目的是什么？我为什么要这么写？是否对于整体文章有帮助，还是可有可无？这一句有什么作用？对上下文有帮助吗？列举的案例是否有说服力？故事是否打动人？在描述痛点板块，内容有没有直击用户痛点？能够明显感知到吗？读者看完文章后，会被激起怎样的情绪？这种情绪对我有帮助吗？等等。

问题有很多，就不一条条列出了，但效果肯定是有的。除此之外，还可以让团队、同事、用户一起来看、提问。但是不必完全陷于每一个人的提问，也不必试图让每一个人满意，更重要的是去思考他们“问题”的本质，主导权还应该在于自己。做完这一步，相信你对文章已经有了更深的思考，那么继续往下。

7) 再改

在一波提问和思考后，再次编辑文章，解决一些不足，补充一些缺失，优化一些冗长，删减一些不必要内容。比如调整段落结构、更换重要案例、强化人格化定位、优化文章开头结尾、补充一些信息点、增加一些分享刺激点、减少一些复杂知识、重新考量部分说法、更多加入对读者情绪的引导等。

8) 再次问

等到内容再次编辑完后，文章已经焕然一新，但是还没结束再读几遍，再来一次提问和思考，一方面是看看前面修改的有没有更好，另一方面是检查有没有其他新的问题。

9) 继续精

什么意思呢？其实也简单，就是重复改稿，重复步骤 7 和步骤 8——反复看、反复提问、反复修改。从理论上来说，我们一直相信“下一版文案会更好”。而实际写作中，结合需求、时间、精力、重要性、紧急性等因素，修改到自己满意，或需求方满意就好了。

以上就是笔者写文章习惯的流程，总的来说就是：思→列→堆→删→改→问→再次改→再次问→继续精(反复改稿 N 次)。总而言之，写文章这事笔者不太相信灵感和状态之说，写一篇文章可能来自灵感，说出某一句金句可能来自好状态，但要一直写下去，则是需要积累、刻意练习和掌握正确的方法。

写文章就像一场长跑，而且是从荒芜跑到绿洲，想一步就到达终点是不可能的，每个人都应该培养自己熟悉的写作流程和方法。而在这个过程，必不可少的一个程序就是改稿。

多少前辈伟人都是在无数次改稿中造就了经典，托尔斯泰写的几百页手稿，最终发表时只有 5 页；福楼拜在稿纸上，每 10 行都只写 1 行字，另外 9 行空出来留着修改用；村上春树花 6 个月写完小说初稿，再花七八个月进行修改……才华横溢的前辈们尚且如此，我们还怎敢轻谈灵感、妄言状态之说呢？

6.4 村上春树告诉我们的写作心法

“罗辑思维”公众号上的一篇文章，推荐了村上春树的写作心法。村上春树 29 岁开始写作，其实不算早，第一部作品《且听风吟》即获得日本群像新人奖，之后犹如核弹一样，引起“村上现象”。

在写作这件事上，村上春树毫无疑问是世界顶尖高手。他有八个写作心法，即好作品和不好的作品都要广泛阅读；建立分类清晰的素材库；有明确的对象感，用最简单易懂的语言；不断制造惊喜；有规律地完成写作训练；不纠结完美度，先确保进度；每次修改只专注一个方向；只要有人提意见，必会修改。

其实看到这些方法挺有感触的，如果你期待的是什么必杀技，可能会失望。因为这些其实都是人人都懂、人人能会的方法，一眼看过去觉得平平淡淡，早就看过了，没什么惊艳的。

甚至有很多人，就是喜欢专门看那些神乎其神的技法，如果你讲一些基本的东西，即使是很关键的点，他也会说这个我早就看过了，那个我早就知道了。但他也仅仅是看过，从来没有深入思考，更别提去一遍遍刻意地做到。

越基础的东西，往往就越接近本质，它不是用来看的，而是应该用心去理解吃透的。就像金庸武侠世界里的少林罗汉拳，它和金刚掌都同为少林入门功夫，但修习到高深境界，最普通的拳掌亦能成为最厉害的武功。

写作其实也是一样，普通人和世界顶级写作高手最大的差别，可能就在于对写作的热爱与执着，他们已经把最基本的东西掌握得炉火纯青。诚然，就算用上村上春树的这些方法，也成不了第二个村上春树。但好的方法能让你我更加正视对文案的态度，并付诸行动，成为更厉害的自己。下面笔者简单来谈谈村上春树的这些写作心法。

1) 好作品和不好的作品都要广泛阅读

没有江郎才尽感喟的写作那都是写得还不够，要想在长期的文案生涯中，保持持久的创作力，那就得多看多观察多积累。多阅读一定是文案进阶的必经之路，也是文案长写长新的活水。

不仅仅好的作品要去看，不好的也要去看，只有看得多，脑子里才有足够调用的各种场景和细节，你才能够有更多想象力和精辟观点。看多了，你才能从一棵大树看到整片森林，从一片落叶看到秋天，从一堆荒芜看到满园春光。乔布斯说创意只是将一系列事物相互衔接起来而已。而前提是，你有足够的东西可以去衔接。

喜欢阅读的作者大神不用举例，国外国内太多太多，村上春树同样是阅读爱好者。所有他阅读获得的灵感、对文章好坏的判断、对节奏的把控、对新知的洞察、对文字节奏的感觉等，都会成为他写作的助力。比如村上春树就非常喜欢读约翰·欧文的书，还将他视为自己的文学偶像，很多地方会学习参考，他说："读欧文的书会上瘾，他的读者都变成了'瘾君子'。"

2) 建立分类清晰的素材库

笔者一直认为不管任何行业，建立分类清晰的素材库都是自己的一大杀招，甚至是核心竞争力。想想看，在两个人拿到同一个项目的时候，你开始埋头苦思，脑袋一片空白；而别人可能早就有了自己分类清晰的素材库，很快就通过查看和思考有了一个不错的点子。

太多时候，脑洞大的人和一般人之间其实就是隔了一个案例而已。几十年前，广告教父奥格威创作出了他的广告代表作：这辆劳斯莱斯以 60 英里的速度行驶时，最大的噪音来自电子钟。

这也许是他有史以来最著名的汽车广告文案，直到现在都一直被津津乐道，奉为经典。但奥格威自己也说，"当我接受劳斯莱斯的请求时，我花了三周时间大量阅读汽车资料，最后看到这句：在时速 60 公里的车上，最大的声音来自电子钟。"

结尾大家都知道了，奥格威大神就改了几个字，一条世界闻名的广告文案就出来了。事实就是如此，这个伟大的创意实际上 90%以上来自学习和积累，但这并不影响它的经典和奥格威的才干。

特别是在互联网时代，大量的经典作品、案例、素材都在共享，有很多可以去看。你需要把这些看到的经典作品、好的句子、好的创意、好的想法、好的广告等贴上标签分好类，在需要的时候就可以很快找到。

村上春树自己也会建立分类清晰的素材库，这些都是他灵感的宝贵来源，随时能够调用，随时能激发灵感。

3) 有明确的对象感

用最简单易懂的语言，这一点其实就是找到对的人用对的方式说对的话。写作是给人看的，所以一定要有自己的假想对象，感觉他就坐在你面前，你在向他娓娓道来你想说的。

在这个过程中，你自然也会意识到，应该用最简单最易懂最有画面感的文字去写，因为没人在面对面说话的时候会说得复杂难懂，冠冕堂皇。

村上春树写作时有个好方式，就是会把写作想象成在洞穴里给大家讲故事，人们围坐在篝火旁，静静听他的故事来度过漫长黑夜。他还会想象人们在听故事时的表情，可能会提的问题等，确保“眼前有人”，而不是自说自话。看村上春树的很多文字，就像是他在对面说给你听。

4) 不断制造惊喜

村上春树说的不断制造惊喜，是文字画面感上的。也就是通过技巧让文字的表达不那么干巴巴，让文字更加生动，充满画面感。比如用比喻、拟人、排比、夸张、借代、联想、移情、映衬、描述细节等手法。

村上春树最常用的就是比喻手法，让文字更加有想象空间。比如，在说街道时，他是这么写的：“凹凸不平的街道，像哈密瓜的皱纹一样紧紧贴在地面。”在《且听风吟》，他写道：“我们许久许久地缄默不语，只是一味地望着海面望着天空望着船口，晚风掠过海面而拂动草丛，暮色渐渐变成淡淡的夜色，几颗银星开始在船坞上方闪闪眨眼。”

5) 有规律地完成写作训练

写作，除了多看，多写也是必需的。不管是10000小时定律还是100小时定律，都需要时间的累积。但这些累积不仅仅是时间上的堆积，很多人十年的工作经验，却不过是一个经验用10年而已，时间在累积，却没有多少进步。

因此我们更需要的是刻意有规律地训练。比如每天要写什么，什么时间写，多少字，每次用什么样的写作方式等，严格地按照标准进行练习。就像专业运动员，都不是散养，而是有目的、有方法、有标准地进行训练。村上春树也有着自己的日常训练：每天清晨起床，用5～6个小时去写作，一定要写满准备的10页纸，每页400字。不管状态好坏，且不多写。

6) 不纠结完美度，先确保进度

对绝大多数人来说，写作最难的不是怎么写，而是怎么开始去写。写作是一个不断往复的过程，笔者从来不觉得可以一步到位，从头到尾一次写完，交稿。所以，在想好选题准备好素材开始写作后，不要一边写一边审词度句，精雕细琢，这样写永远写不完。

村上春树写作的方法也是如此，第一遍写作，不纠结完美度，想到什么全都写下来，之后再修改完善。“完美主义”是写作需求的态度，但不要一开始就被“完美主义”拖住写作进度。大胆创意，小心求证。

7) 每次修改只专注一个方向

对于刚开始写作的人，“每次修改只专注一个方向”是一个非常好的建议。什么意思呢？就是每次修改不要漫无目的，想到哪改哪，看到哪改哪，毫无方向性，这样效率很低。

笔者之前分享过自己的写作流程：思→列→堆→删→改→问→再次改→再次问→继续精，每一步都有要修改的主要方向，村上春树也有一套自己的方法，比如第一遍只做删减；第二遍只做增补，给文章增加血肉；第三遍只做语言润色，之后再调整内容的逻辑、节奏等。

8) 只要有人提意见，必会修改

这一点在字面意思上，笔者个人是不赞同的。虽说“文章不厌百回改，反复推敲佳句来”，但如果人人都在提意见，提了意见都必改，那就没有专业之说了，更会改得一团糟。

笔者是这样理解的：首先，提意见肯定是需要的，没有完美的文章。但也不是人人都能提，应该是由目标人群和决策者来提意见，你写给 Cosplay 人群的文章，不可能由反 Cosplay 的人群来提意见吧，这是没事找事。写文章要针对目标人群，同样修改也应该针对目标人群。虽然村上春树说：“只要别人提出意见的地方，一定会重写。”但你觉得看他稿子提出意见的人会是一个毫不相干的人吗？

另外，对于修改，村上春树说的“一定会重写”不是完全按照别人提的意见去改，别人提的意见只是给了你一个信号：这个地方可能存在问题。但具体怎么修改还是需要由你去思考，通过别人提的意见发现问题、解决问题，而不是提出意见，照搬修改，写作者需要有自己的观点，观点即态度，观点即爆点。

好了，以上就是村上春树的写作心法以及笔者的一些观点。马云之前说：“很多人输就输在，对新兴事物，看不见，看不起，看不懂，来不及。”写作也一样，很多人就是迷失在，对基本方法，看不上，看不深，做不到，做不久。恰好，这个世界就是这样，处处都是不公平，处处又都是公平的。

不公平在，都是第一次做人，都用同样的方法，村上春树却犹如传说。公平在，除了天赋，你可能比他少了一些热爱和执着。写文案，与自己斗，才其乐无穷！

6.5 文案内容布局，掌握六种图文写作技巧

新媒体平台的文案撰写者在编辑正文的时候，其编辑的文案内容的形式可以是多样的，而且，这些形式每一样都拥有独属于自己的特色，是其他形式所不可比拟的。因此，运营者要将每种形式都掌握。

6.5.1 文字式：语言风格要独树一帜

文字式的内容形式，指的是整篇文章下来，除了那些邀请读者关注该新媒体平台的图片或者是文章尾部的二维码图片之外，文章中要表达的内容都是用纯文字进行描

述的，没有嵌入任何图片。

而且这种纯文字式的正文内容形式，对文章本身的内容要求也比较高，如果质量不佳且字数偏多，就会引起读者的反感，有的读者甚至会读到一半就放弃阅读。那么，纯文字式的文章内容要达到怎样的要求才能吸引读者的眼光呢？

笔者将其主要的要求总结为三点，即：趣味性要强，具有阅读的价值；以故事形式呈现的文章更受欢迎；文章的语言风格要独树一帜，具有辨别度。如图 6-3 所示为新媒体平台推送的用纯文字形式来传递文案正文内容的案例。

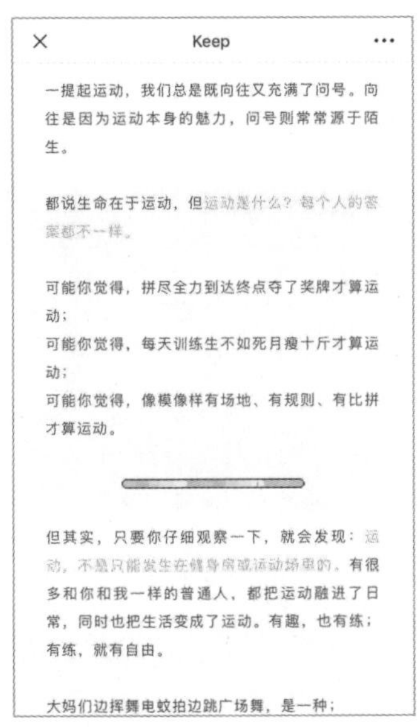
Keep

一提起运动，我们总是既向往又充满了问号。向往是因为运动本身的魅力，问号则常常源于陌生。

都说生命在于运动，但运动是什么？每个人的答案都不一样。

可能你觉得，拼尽全力到达终点夺了奖牌才算运动；
可能你觉得，每天训练生不如死月瘦十斤才算运动；
可能你觉得，像模像样有场地、有规则、有比拼才算运动。

但其实，只要你仔细观察一下，就会发现：运动，不是只能发生在健身房或运动场里的。有很多和你和我一样的普通人，都把运动融进了日常，同时也把生活变成了运动。有趣，也有练；有练，就有自由。

大妈们边挥舞电蚊拍边跳广场舞，是一种；

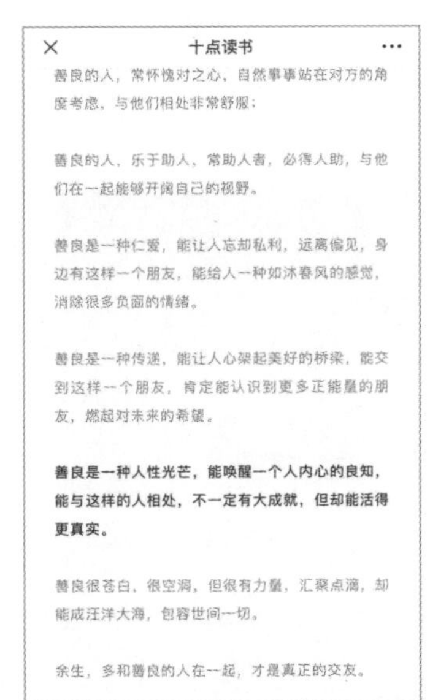
十点读书

善良的人，常怀愧对之心，自然事事站在对方的角度考虑，与他们相处非常舒服；

善良的人，乐于助人，常助人者，必得人助，与他们在一起能够开阔自己的视野。

善良是一种仁爱，能让人忘却私利，远离偏见，身边有这样一个朋友，能给人一种如沐春风的感觉，消除很多负面的情绪。

善良是一种传递，能让人心架起美好的桥梁，能交到这样一个朋友，肯定能认识到更多正能量的朋友，燃起对未来的希望。

善良是一种人性光芒，能唤醒一个人内心的良知，能与这样的人相处，不一定有大成就，但却能活得更真实。

善良很苍白，很空洞，但很有力量，汇聚点滴，却能成汪洋大海，包容世间一切。

余生，多和善良的人在一起，才是真正的交友。

图 6-3　文字式内容形式

文字式的内容形式虽然比较单一，但也可以通过分节、变换字体颜色等方式来引起读者的注意。长篇幅的文字或多或少都会使读者产生阅读的不适感，因此，适当地对文章排版进行调整是有必要的，这也是拯救纯文字文章内容的一种办法。

6.5.2　图片式：视觉效果让人更加惊艳

图片式的正文指的是，在整篇软文中，其正文内容都是以图片表达的，没有文字或者文字已经包含在图片里面了。这种图片式的文章内容也是比较常用的，特别是在各种促销活动中出现得比较频繁。

文案的正文内容都是通过图片的形式进行表达，有的是直接几张图片，有的则是图片中包含文字，但还是以图为主、文字为辅。图片式的内容形式的好处显而易见，主要有三点，即：一目了然；更加抽象，值得揣摩；视觉效果，更加惊艳。

那么，通过图片传达文章内容有什么诀窍呢？是不是直接把图片发出来就好了呢？还是要经过仔细的考虑和分析？笔者认为，图片式的文章内容形式绝不会比文字式的文章内容形式简单，具体的技巧也有三点，即图片的形式要富有创意、图片能够展现出中心思想、图片的排版要符合读者需求。

图片式的内容形式往往能够传达出更为直观和生动的品牌理念、产品特色以及企业文化，对于偏向商业性的文章而言，这种形式是很实用的。不仅如此，从视觉效果的角度来看，图片也更加容易被读者接受。

图 6-4 就是图片式的内容形式。它的正文内容都是以图片为主，以极具创意的方式将产品、图片以及产品的描述文字结合为一体，给读者带来一场视觉盛宴，留下极为深刻的印象。

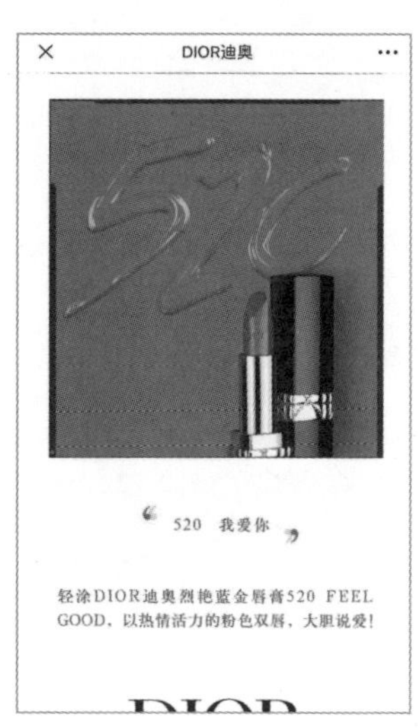

图 6-4　图片式内容形式

6.5.3　图文结合式：两种形式各有千秋

图文结合式，顾名思义，就是把图片和文字结合起来展示的一种形式。很多文章采用的都是图文结合式来传达正文内容，这种形式最为常见，也比较实用。

新媒体平台正文的呈现形式可以是一张图，也可以是多张图，这两种不同的图文形式，呈现出的效果也是不一样的。那么，在打造这样的内容形式时，应该掌握哪些要点呢？笔者将其总结为三点，即选取较为高清的图片、文字要与图片紧密结合以及排版切忌杂乱无章，要搭配得当。

前面提到过，图文结合式分为两种呈现形式，一种是单张图片，另一种是多张图片，两种形式传达出来的效果各有千秋，下面具体介绍。

1)　单张图片，突出重点

如果新媒体平台发布的是一张图消息，那么点开文章，可以看见的是一张图片配一篇文字，如图 6-5 所示。

“网易公开课”发布的这篇名为《为什么你宁愿吃生活的苦，也不愿吃学习的苦》的文章，就只有篇头的一张图片作为文字的点缀。

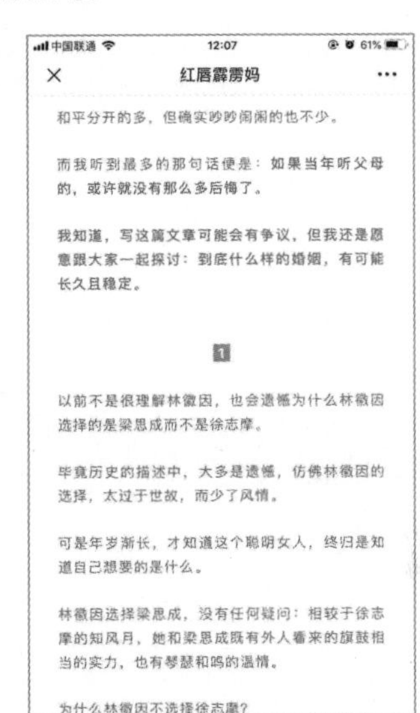

图 6-5　单张图片的图文结合式

2)　多张图片，图文相间

如果新媒体平台发布的是多张图的消息，那么点开文章看见的就是一篇文章中配多张图片。图 6-6 所示为“有道考神考研”公众号推送的多张图呈现的文案正文。

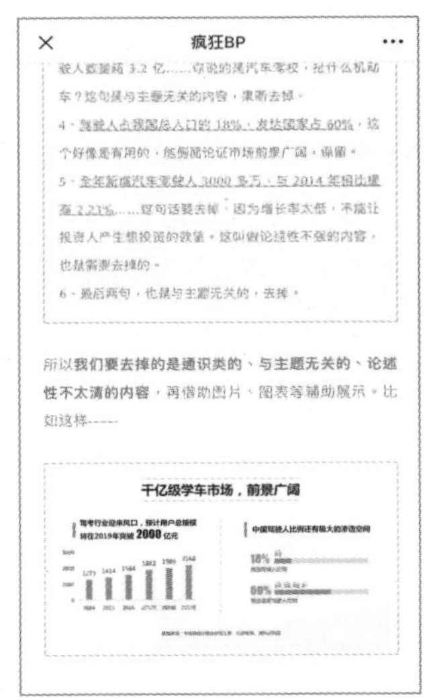

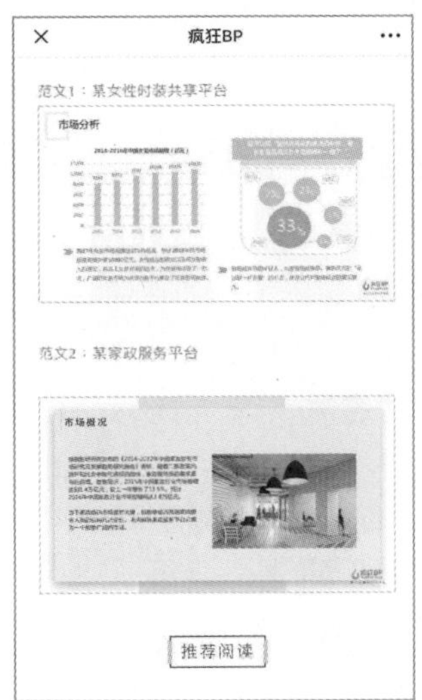

图 6-6　多张图片的图文结合式

多张图片的形式适用于展示产品、风景以及人物等内容，一张图片然后一段文字，可以对图片中的内容进行介绍和讲解，让读者看得更清楚、更明白。当然，图文结合式也要注意排版的合理性，文字和图片的大小、位置要符合读者的阅读习惯。

6.5.4 语音式：拉近与读者之间的距离

语音式的新媒体平台正文，是指平台运营者将自己想要向读者传递的信息通过语音的形式发送到平台上。这种形式可以拉近与读者的距离，使读者感觉更亲切。图 6-7 所示为“罗辑思维”微信公众号以语音形式传递软文正文内容的案例。

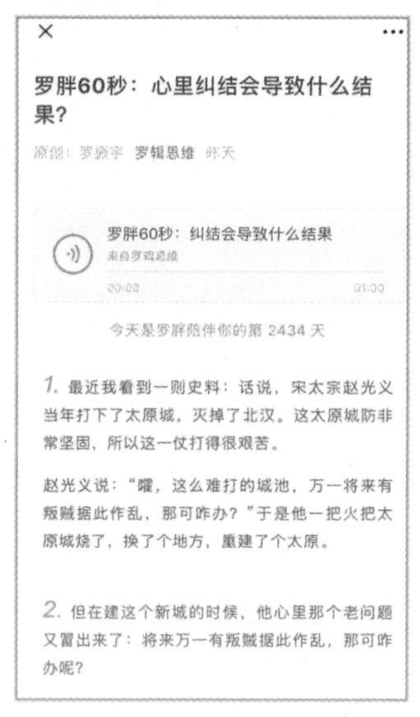

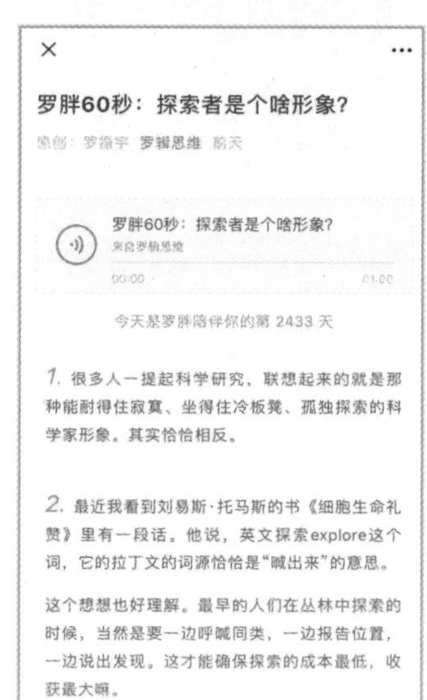

图 6-7 “罗辑思维”微信公众号以语音形式传递正文内容的案例

关于语音这一内容表现形式，新媒体平台的运营者可以先将语音录到电脑里，然后再进行上传。

6.5.5 视频式：快速吸引受众的眼球

视频形式传递软文正文内容是指各大商家可以把自己要宣传的卖点拍摄成视频，发送给广大用户群。它是当下热门的一种传递新媒体平台软文正文内容的形式。

相比文字和图片，视频更具即视感和吸引力，能在第一时间快速地抓住受众的眼球，从而达到理想的宣传效果。以“木木老贼”微信公众平台为例，它每天都会为用户推送视频，图 6-8 所示为“木木老贼”推送的视频内容。

图 6-8 “木木老贼”微信公众号以视频形式传递正文内容

运营者可以将想要发布的视频上传到微信公众平台上，再保存到素材库中，然后在发布视频的时候选择“从素材库中选择”选项，或者将视频保存到电脑中，然后通过“新建视频”选项来添加视频。

6.5.6 综合混搭式：打造极致阅读体验

新媒体平台运营者除了可以运用上述几种类型的方法向读者传递新媒体平台正文内容之外，还有一种形式用于传递平台正文内容也是非常不错的，那就是综合混搭式。顾名思义，综合混搭式就是将上述传递平台正文的四种形式中的一部分综合起来，运用在一篇文章里。

这种形式可谓是集几种形式的特色于一身，兼众家之所长。这种形式能够给读者极致的阅读体验，让读者在阅读文章的时候不会感到枯燥乏味。新媒体平台运营者运用这种形式传递软文正文内容也能够为自己的平台吸引更多的读者，提高平台粉丝的数量。

图 6-9 所示为“十点读书”微信公众号使用的综合形式的文案案例。

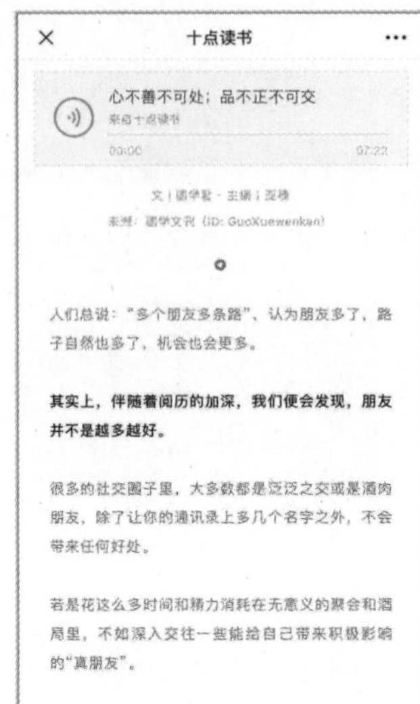

图 6-9　"十点读书"微信公众号以综合形式传递软文正文内容

第 7 章

图片素材：打造爆文美图与排版的技巧

学前提示

要想提高文章的点击率，增加新媒体平台的关注度与曝光度，新媒体运营者就必须让用户对其提供的信息眼前一亮。而要做到这一点，图片的选择尤为重要。

本章主要介绍图片素材的选择、封面图的设计以及相关的图片处理技巧。

要点展示

- 封面选择，七种方法打造完美印象
- 图片素材，用七种方法“化妆”图片
- 图文排版：掌握各部分的版式元素

7.1 封面选择，七种方法打造完美印象

封面图片决定着用户对新媒体平台的最初印象，影响着新媒体平台上文章的阅读量与点击率。好的封面图片能起到激发用户好奇心、提高文章关注度的作用。封面图片的选择是新媒体运营者打造好的视觉效果的重要条件之一。本节主要介绍如何选择好的封面图片。

7.1.1 优质图片，三大基本特征符合审美

新媒体用户在搜索关键词之后，跳转的页面中会出现一系列文章的封面图片，而图片质量的高低直接影响到新媒体平台相关推送的阅读量与点击率的高低。如果封面图片制作切合推送的主题，符合用户的审美标准，就能激发用户的好奇心，提高文章的阅读量。

优质的封面好图应具备哪些基本特征呢？具体内容有三点，即具备简洁大方的画面、在图片中能突出重点以及具备强烈的视觉冲击感。

一张优质的图片能对新媒体用户产生强烈的视觉冲击感，在一定程度上节约了平台推广的成本支出。对于新媒体平台的运营者来说，好的封面能让用户眼前一亮，向用户传递产品的重要信息，从而能引发用户阅读兴趣。

7.1.2 流量转化，遵循图片的制作规范

在对图片进行设计的时候，还要遵守一定的图片制作规范，从而提高图片的质感，保证图片的最佳视觉效果。值得注意的是，在设计的图片中切忌标注过多杂乱无章的产品信息。因为杂乱无章的信息标注只会让图片看起来价值感低且较为廉价。

目前，很多商家都借助各种新媒体平台不断加大促销推广的力度，因此常常会在商品主图上大做文章，但有的时候因为没有把握好分寸，效果往往适得其反。有的商家在主图上无限放大促销、优惠、商品特色等信息，甚至占据了比产品本身还要大的面积，不仅影响了搜索页面的美观，还降低了商品的视觉效果。

如果商品主图没有按照规范进行制作，就会使得流量难以转化为销量，对视觉营销而言是较大的阻碍。因此，商品主图的制作规范需要在设计商品主图前就考虑好，以达到商品主图视觉效果设计的较好水平。

因此，根据商品的类目进行主图制作规范对流量的转化而言相当重要，特别是对于一些已经具有影响力的品牌而言，主图的设计会在固定的区域放置品牌的标识，如图 7-1 所示为乔丹、安踏的商品主图。

图 7-1 根据商品类目制作的标准主图

7.1.3 品牌宣传，不断强化用户记忆点

随着新媒体平台的蓬勃发展，在线销售的商品越来越多，如何进行更为出色的视觉营销也成为许多商家都在思考的问题。

于是，全力打造品牌成了许多商家的首要选择，他们不再拘泥于简单的商品销售，而是致力于品牌的宣传和推广。因为只有通过记忆强化，才能使得消费者对商品所属品牌记忆犹新，把新老客户都留住。但品牌的宣传和推广需要付出的代价比较大，商家需要解决四大问题，即不断增长的商品类型、不断上涨的营销费用、不断升高的运营成本和快速变化的外界环境。

传统的企业在树立品牌时，花费了不少心血，投入的资本也不容小觑。而新媒体平台要想对品牌进行宣传和推广，就不要在资金上和传统企业较劲儿，通过商品主图展示品牌标识倒是一个不错的方法。

图 7-2 所示为拉夏贝尔、ZARA 和 UR 的商品主图，它们有一个共同的特点，就是品牌标识都统一位于画面的左上侧。这样一来，不仅可以吸引新顾客的注意力，还可以让老顾客产生熟悉感，进而促进商品的销售，为品牌的宣传和推广打下良好的基础。

图 7-2 放在固定位置的品牌标识

7.1.4 质感彰显，无形中影响用户心理

新媒体运营者在进行图文设计、选择相关图片时，应注重体现图片的质感。高质感的图片会更加容易抓住新媒体用户的眼球，带给用户最佳的视觉感受和体验。

不同质感的商品主图，会在无形之中影响消费者的心理感受，他们会从不同的角度关注商品，如图 7-3 所示。

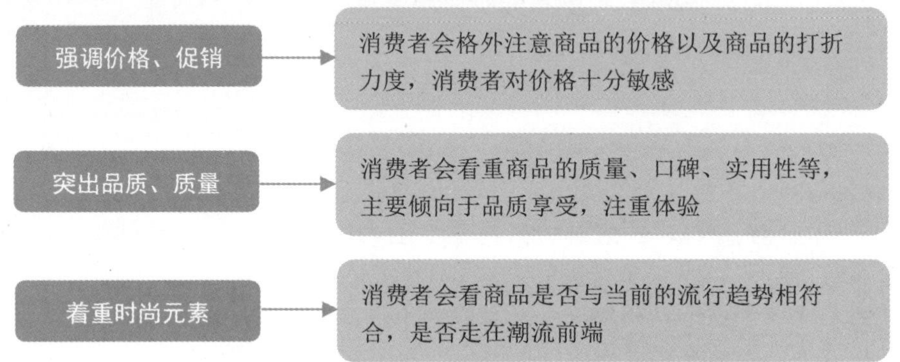

图 7-3　不同质感的商品主图对消费者的心理感受的影响

以各类商品为例，从不同质感的商品主图感受对消费者的心理感受影响，在图片的设计上更是要格外用心。如图 7-4 所示，为 3 种不同的商品衬托展示。

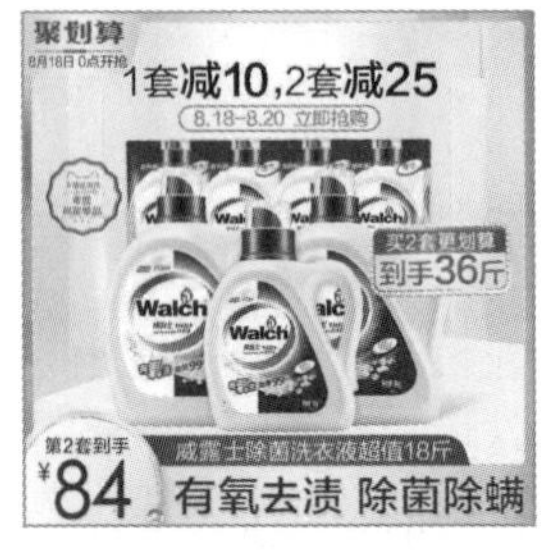

(1) 促销商品展示

(2) 突出品质的商品展示

(3) 潮流品牌商品展示

图 7-4　商品的不同衬托展示

7.1.5 分层处理，信息展示要有主次之分

无论是新媒体平台上的宣传广告，还是各类推送文案中的图片，在信息的展示上都应该有主次之分，而不是随意分布，杂乱无章。对商品信息进行分层处理的好处有很多，主要有三点，即能有效提升商品的实际竞争力；信息清晰，能吸引消费者注意力以及提升品牌认知度；扩展影响力。

一般而言，商品主图的信息会比较简单，只有商品图、品牌标识和简单的文案，如图 7-5 所示为自然堂护肤品的主图。

有的商品主图则会加上促销等信息，这时就需要在页面设计中对各种信息内容进行分层处理。

如图 7-6 所示为御泥坊面膜的主图，体现在第一位的自然是商品本身，然后是促销活动的信息“限时拍下”“限量 1000 件”，最后就是品牌标识的展示，位于画面的左上角。

图 7-5　自然堂护肤品主图

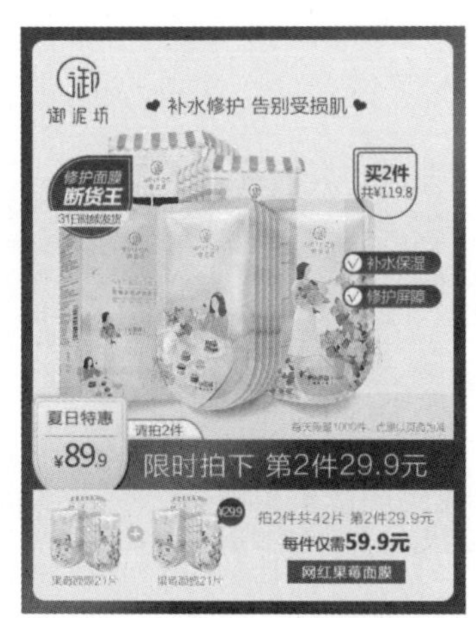

图 7-6　御泥坊面膜主图

如果不对商品主图的信息进行分层处理，消费者就无法一眼抓住视觉营销重点，继而会失去对商品和品牌的信心。

7.1.6　分隔构图，形成风格各异的气氛

商品主图在构图上也需要进行认真设计，因为不同的构图方法可以打造不同的视觉关注点，从而形成风格各异的商品气氛，给消费者带来不同的视觉享受。

例如，在服装类商品的视觉营销中，运用得比较多的是分隔构图方法。新媒体平台运营者采用分隔构图方法时，因为平台页面的限制，为了全面展示商品的面貌，就需要将画面分割成几个部分。如图 7-7 所示为视觉设计中采用的分隔构图法。

采用分隔构图法的好处：一是可以全方位展示商品的特点，让消费者买得放心；二是可以呈现出产品的不同颜色和款式，从而吸引消费者的注意力。虽然，分隔构图的方法主要用于服装类商品的视觉设计中，但也不排除有其他类别的产品可以采用这种构图法。

如图 7-8 所示，这张商品主图运用分隔构图法的主要表现是在画面中将商品分割

成几个部分，然后每个部分展示了商品的不同功能及颜色，让消费者能够清晰明了地看到商品的特征以及多样性。

图 7-7　视觉设计中采用的分隔构图

图 7-8　商品主图的分隔构图法

7.1.7　直线构图：充分多样展示易于对比

直线构图法能够充分展示商品的种类和颜色，而且使得消费者更容易在视觉效果上对商品进行比较，从而对商品的选择也更加多样化。如图 7-9 所示为运用直线构图法呈现的商品主图。

图 7-9　商品主图的直线构图

7.2　图片素材，用七种方法“化妆”图片

图片素材是指没有经过任何艺术加工、零散而没有系统分类的图片。图片素材选择得是否合理是打造亮眼的视觉效果的基础。新媒体文案的作者只有对符合文章主题并且质量较高的图片素材进行适当的艺术加工，才能真正地为整个文章增添色彩。本

节主要介绍对优质的图片素材的选择以及艺术加工的相关知识。

7.2.1 精修图片，文案配图的美化点缀

企业、个人在进行新媒体平台运营的时候，是离不开图片的点缀和美化的。图片是让新媒体平台的文案内容变得生动的一个重要武器，会影响到文章的阅读量。因此，当企业或个人利用图片给文章增色的时候，也可以通过一些方法给图片“化妆”，让图片更加有特色，吸引到更多的读者。

新媒体平台的编辑给图片“化妆”，可以通过多种方法使得原本单调的图片变得鲜活起来。那么，具体而言，有哪些方法可以让图片更加精美、更容易吸引眼球呢？下面为大家详细介绍两种方法。

1) 图片拍摄多加注意

新媒体平台使用的照片来源是多样的，有的新媒体平台使用的图片是企业或者个人自己拍摄的，有的是从专业的摄影师或者其他地方购买的，还有的是从其他渠道免费得到的。

对于自己拍摄图片这一类新媒体平台运营者来说，只要在拍摄图片时，注意拍照技巧的运用、拍摄场地布局以及照片比例布局等，就能使得图片达到理想的效果。如果对于摄影不是十分精通，也可以关注摄影类的新媒体平台账号进行了解和学习，比如“手机摄影构图大全”公众号。

2) 后期处理善用软件

新媒体平台运营者在拍完照片后如果对图片不是太满意，还可以选择借助后期的力量对图片进行美化处理。现在用于图片后期处理的软件有很多，我们可以根据自己的实际技能水平选择图片后期处理软件，通过软件让图片变得更加夺人眼球。常见的后期软件有 Lightroom、美图秀秀、光影魔术手、Adobe Photoshop 等。

一张图片有没有加后期，效果差距是非常大的，给读者带来的视觉效果也是截然不同的。如果使用一张没有经过任何后期处理的照片作为文章的陪衬，很有可能难以吸引读者的注意力，这个时候就需要对其进行精修和美化处理。

7.2.2 图片颜色，选择合适的色彩搭配

新媒体平台运营者想要让自己的图片吸引读者的眼球，那么所选图片的颜色搭配就要合理。色彩搭配是一门学问，图片的颜色搭配也需要仔细研究。

图片的颜色搭配合适就能够带给读者一种顺眼、耐看的感觉，从而提升其阅读体验，得到美的享受。对新媒体平台而言，一张图片的颜色搭配需要做到 3 点，即图片亮丽、夺人眼球；图片色彩与文章内容基调相符；图片色彩最好不要杂乱无章。

很多读者在阅读文章的时候都希望能有一个轻松、愉快的氛围，不愿在压抑的环

境下阅读，而色彩明亮的图片就不会给读者一种压抑、沉闷的感觉。

至于图片颜色与文章内容基调是否相符，也是在图片的细节处理中需要注意的问题。新媒体平台上的文案图片处理也是如此。如果公众号推送的内容是比较悲沉、严谨的，那就可以选择与内容相适应的颜色的图片，比如偏于深色系的图片。如果这个时候使用太过跳跃的颜色，就会破坏文章的整体效果。

一般来说，大多数新媒体平台都会根据自己的固有风格或者推送的文章内容来决定图片的配色，其目的就是让读者记住自己，如图 7-10 所示。

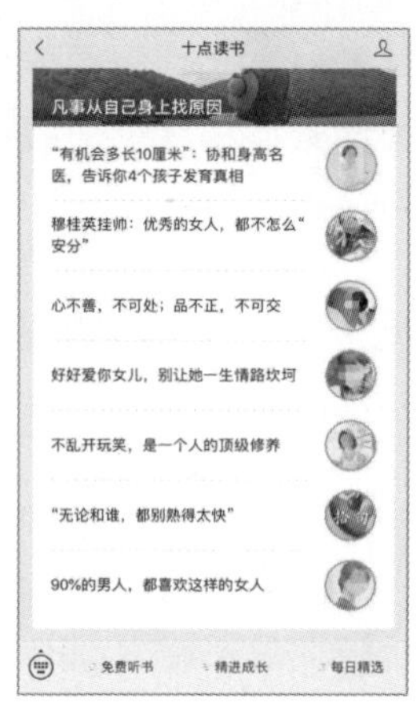

图 7-10　图片颜色的不同搭配

7.2.3　图片尺寸，大小适宜确保高清显示

图片除了需要注意颜色的选择之外，还应该选择合适的尺寸。因为一张合格、优秀的图片，不仅要协调、柔和，而且还要看得清，且尺寸大小符合读者的预期。

图片尺寸，实际上指的不仅仅是图片本身的尺寸(即像素)，同时还代表着排版中的图片展示。文案中的图片在排版中的尺寸大小一般都被限制在了固定的范围之内，不可能做太大的调整。因此，为了保持图片的清晰度，就必须保证图片本身的尺寸大小，以提高图片的分辨率，这是保证图片高清的较好选择。

然而，图片高清显示的容量大小又与读者点击阅读文章信息时的体验息息相关。因此，在保持图片的高分辨率、不影响观看、顺利上传以及能够快速打开的情况下，怎样处理图片容量大小就成了一个十分关键的问题。关于这一问题，我们可以通过两种方法来解决，具体如下。

1)　巧用 QQ 截图

在 QQ 中打开界面，用户在结合快捷键的情况下以合适的格式保存图像，即可得到普通大小的高清图片，具体步骤如下。

步骤01 打开 QQ，再打开一张需要修改尺寸的高清图片。按 Ctrl+Alt+A 组合键，将会在图上显示一个截图显示范围图标，如图 7-11 所示。

图 7-11　截图显示范围图标

步骤02 移动鼠标至图片的左上角，然后按住鼠标左键并进行拖曳，选择高清图片。在显示的浮动面板上，单击“保存”按钮，如图 7-12 所示，执行操作后，即可完成截图。

步骤03 弹出“另存为”对话框，在其中设置保存位置和文件名，单击“保存类型”右侧的下拉按钮，在弹出的下拉列表中选择 JPEG 格式，单击“保存”按钮，如图 7-13 所示，即可完成图片另存操作。

图 7-12　完成截图

图 7-13　图片保存

用户可以分别查看高清图片两种格式的图片容量大小，如图 7-14 所示。从图 7-14 中可以看出，运用 QQ 截图并以 JPEG 格式保存的图片，其大小和占用空间明显要比以原格式保存的图片小。

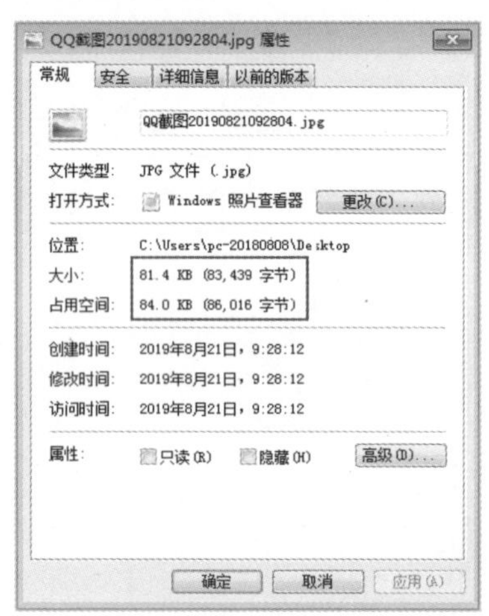

图 7-14　属性面板中显示的两种保存格式的图片容量大小

2)　善用画图工具

除了可以运用 QQ 截图把高清图片改为普通大小外，还可以通过画图工具来实现这一目标，具体步骤如下。

步骤 01　执行“开始” | “程序” | “附件” | “画图”操作，打开画图工具。在软件界面中，执行“画图” | “打开”命令，打开需要修改的高清图片，如图 7-15 所示。

图 7-15　打开需要修改的图片

步骤 02 执行“画图”｜“另存为”命令，在弹出的“另存为”窗格中选择“JPEG 图片”选项，如图 7-16 所示。

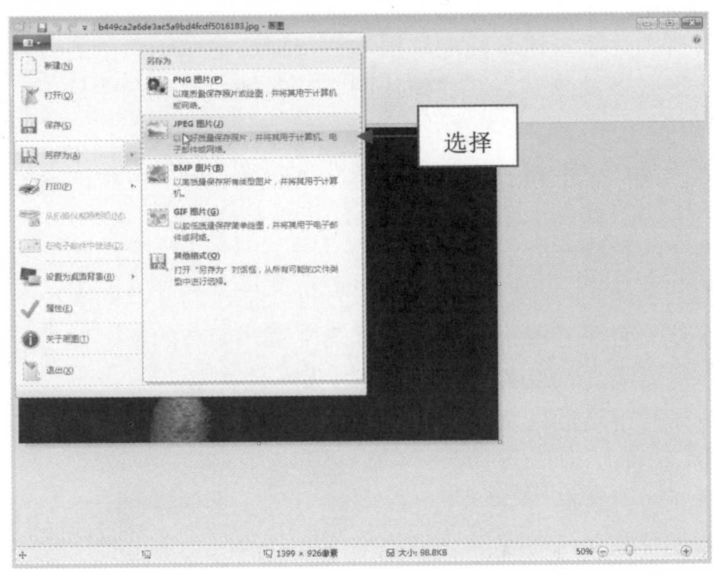

图 7-16　选择“JPEG 图片”选项

步骤 03 执行操作后，弹出“保存为”对话框，如图 7-17 所示，设置图片保存的位置和类型，单击“保存”按钮即可保存图片。

这样操作之后，通过查看属性可知，保存的图片比原图的大小和占用空间都要小得多。

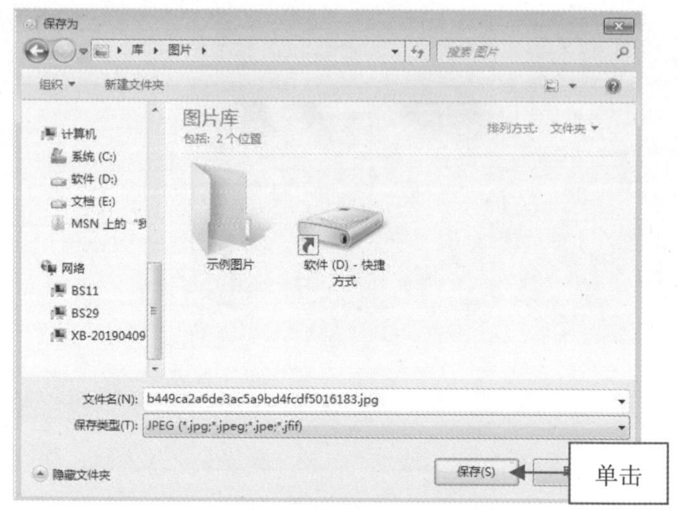

图 7-17 “保存为”对话框

7.2.4 图片数量，结合内容做完美搭配

对于如何安排图片数量这一问题，根本的依据还是在于文章的内容。不同的文章有不同的体例、形式以及侧重点，要想让图文完美搭配不是一件易事，那么，又应该如何设置图片呢？

关于图片的数量这一问题，大致可以从两方面来理解——新媒体平台推送图文的数量和文章排版配图数量。下面对这两个方面进行具体介绍。

1) 推送图文的数量

推送图文的数量是指一个新媒体平台账号每天推送的文章的多少。细心的读者会发现，有的新媒体平台账号每天会发送好几篇文章，而有的新媒体平台账号每天只会推送一篇文章，甚至隔几天或者隔一段时间才发一篇文章。

新媒体平台账号推送的图文越多，所用的封面就会越多；推送的图文越少，所用的封面也就越少。

2) 文章排版配图数量

每个新媒体平台账号都有属于自己的特色，有的在文章内容排版的时候会选择使用多图片的形式，有的则只会选择使用一张图片。这种文章内容多图片、少图片的排版方式会给读者带来不一样的阅读体验。

以微信公众号为例，首先从推送图文的多少来看，有的同一时间推送多则消息，有的则只会推送一则消息，甚至很久都不发消息。图 7-18 所示为“长沙校园”和

“大众点评”推送图文数量的对比展示。

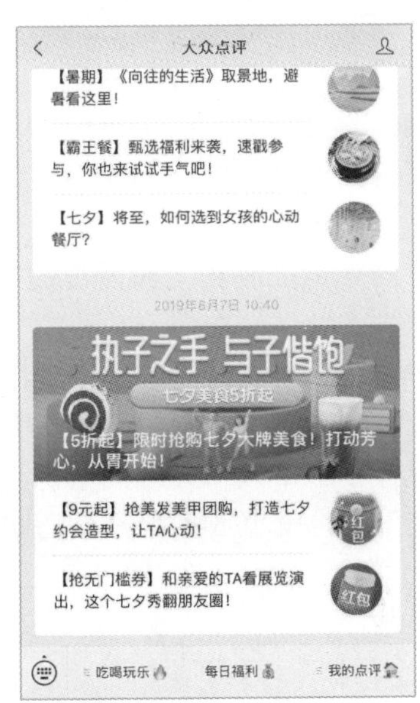

图 7-18 推送图文数量不同的微信公众号

7.2.5 图片容量，容量小加载速度快

文章中所使用的所有图片，都要经过仔细的斟酌，慎重考虑。以微信公众平台为例，我们在选择图片尺寸大小的时候，不是胡乱设置的，而是需要从不同的角度去考虑，具体如图 7-19 所示。

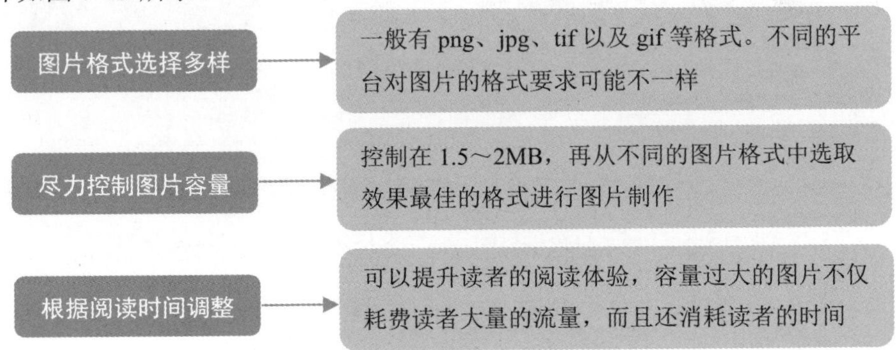

图 7-19 选择图片尺寸的考虑因素

例如，如果微信公众号平台定位的读者一般习惯晚上八九点阅读文章，而这个时间段基本上人们都是待在家里的，因此读者可以使用 Wi-Fi 打开微信公众号平台进行

阅读。

在这种情况下，既不用担心读者的流量耗费，也不用担心图片加载过慢，那么文章编辑就可以适当地将图片的容量放大一些，给读者提供最清晰的图片，让读者拥有最好的阅读体验。

但是如果读者微信公众号平台定位的读者大部分都是在早上七八点钟阅读文章，那么读者使用手机流量上网的可能性就比较大，这时候如果公众号发送文章的话，就需要将图片的容量控制在上面所说的 1.5～2MB，为读者节省流量的同时，也节省图片加载时间。

如图 7-20 所示，以“手机摄影构图大全”微信公众号为例，由于它是一个专门分享摄影技巧和经验的公众号，而且其粉丝、读者大多都是摄影爱好者，因此它的推送时间就选择了中午人们休息的时间。大部分读者这时候应该处在有无线网络的环境下，所以文章中也就置放了很多高清图片，以供读者欣赏、品味。

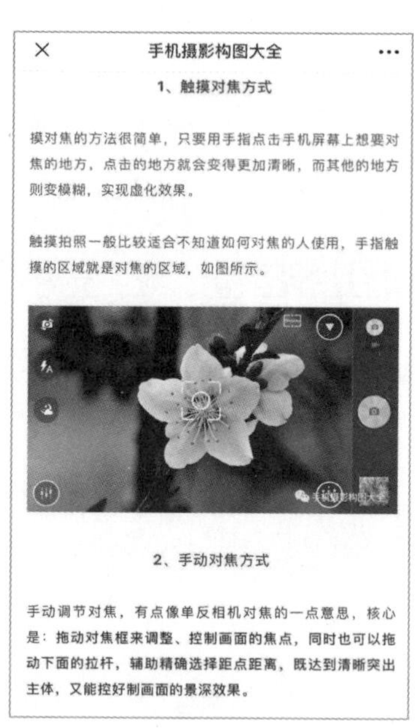

图 7-20 “手机摄影构图大全”微信公众号发布的文章图片

7.2.6 动图特效，让文章更加生动有趣

很多新媒体运营者在编辑文章的过程中，插入图片时都会采用 GIF 动图形式，这种动起来的图片确实能为新媒体平台吸引不少读者。GIF 格式的图片更加动感立体，相对于传统的静态图，它的表达能力会更强大。静态图片它只能定格某一瞬间，而一张动图则可以演示一个动作的整个过程，因此效果更好。

作为一种独特的图片格式，GIF 的好处是显而易见的，不论是单独来看，还是作为文章中的插图，它都能带给读者不一样的阅读体验。

动图的类型要与文章的内容相匹配。一般来说，技巧类的文章通常更需要动图的衬托和点缀，原因有两点：一是因为技巧类的文章本身比较冗长，如果文字表达不是特别生动的话，很容易让读者失去阅读的兴趣，因此动图的加入能够有效吸引读者的注意；二是因为技巧类的文章在讲解知识时，往往会涉及某个用文字难以生动表达的情况，这时候用一张动图来解释，难题就会迎刃而解。

以“木木老贼”微信公众号为例，它推送的文章内容就含有创意十足的动图，如图 7-21 所示。这个动图不仅包含了 GIF 图片的展示效果，还有表情包助阵，制作的难度系数有点高，但效果是显而易见的。

图 7-21 “木木老贼”微信公众号推送文章中的动图展示

7.2.7 长图文效果，重要信息读者一目了然

除了动图，长图文也是为文章内容加分的一种形式，以图片加文字的漫画形式描述内容，其发布的文章阅读量都非常高，很多著名的品牌企业也经常运用这种方式来宣传和推广自己的新品。

长图文是促使各种新媒体平台获得更多关注、吸引更多粉丝的一种好方法，其主要优势有三个方面，即图文融为一体，整体性强；相辅相成，促使内容更加生动形象；信息呈现更简洁，让读者一目了然。

长图文的形式在微信公众平台里屡见不鲜，有的微信公众号甚至将长图文当成了自己的固有模式和风格，并以此来吸引读者的和粉丝。如图 7-22 所示为果壳网推送的长图文消息。

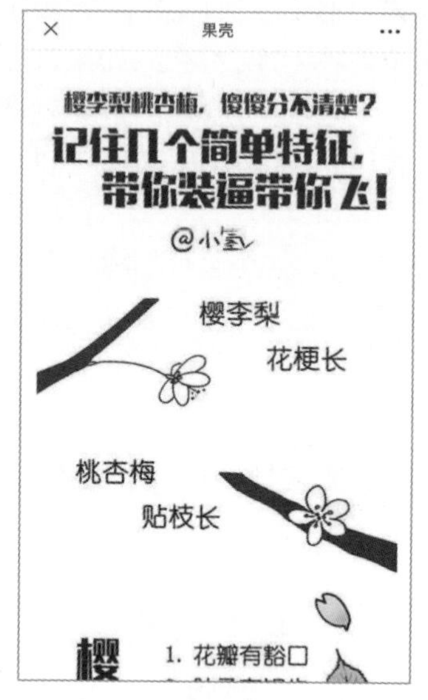

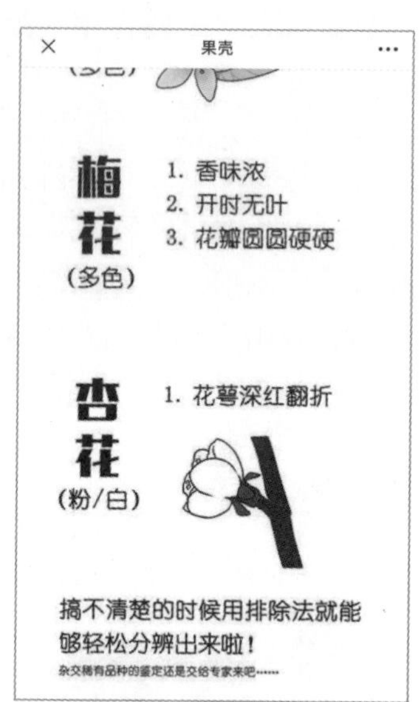

图 7-22　果壳网推送的长图文消息

7.3　图文排版：掌握各部分的版式元素

各新媒体平台运营者要想推送的文章获得较高的访问量，就不得不注重文章版面的美观性。要做好推送文章的排版，首先应弄清楚文章各部分所需要的版式元素，只有具备相应的版式元素，才能使推送的文章带给用户最佳的视觉效果与阅读体验。本节主要介绍文章各个部分所需的版式元素。

7.3.1　开头：积极引导读者关注

只有了解文章开头应具备的版式要素，才能使平台推送的文章在排版上具备科学性与美观性，从而让文章开头更吸引人。每个新媒体平台上的文章，运营者都会在文章的开头处放上图 7-23 所示的一段邀请读者关注平台的文字或者图片。这是为了让读者在点开文章的时候就能够点击关注新媒体平台，增加平台关注量。

对新媒体平台的各账号而言，在排版上也会注意把最能吸引读者关注的和最新推送的信息放在前面显眼的位置，抑或是宣传作者与企业信息等，如图 7-24 所示，以便引导读者关注和阅读，增强用户黏性。

图 7-23　文章开头排版的案例

图 7-24　平台账号首页的引导关注案例

7.3.2　中间：用分隔线区分内容

分隔线是在文章中将两个不同部分内容分隔开来的一条线。虽说它叫分隔线，但是它的形式不仅仅是线条这种形式，它还可以是图片或者其他的分隔符号，用户可以根据自身需要任意选择。

分隔线可用于文章的开头部分，也可用于文章的结尾部分。如图 7-25 所示，公众号“朝花惜拾服饰”和“屈臣氏官方订阅号”的文章都在正文中用了分隔线。

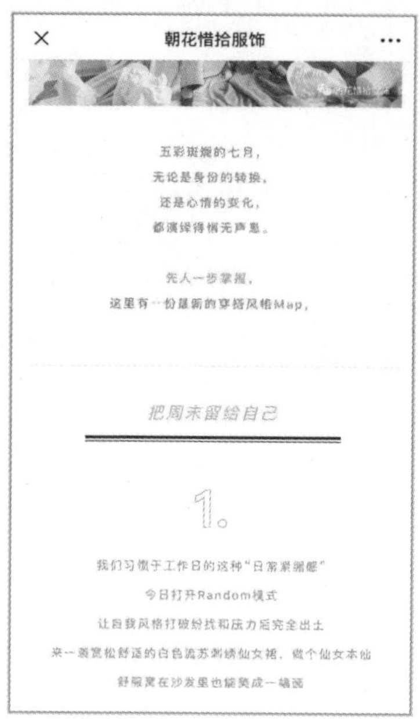

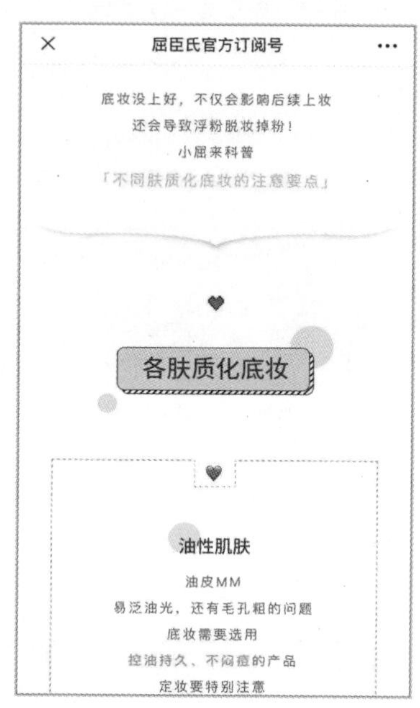

图 7-25　将分隔线用于文章中的案例

新媒体平台运营者可以借助分隔线将文章的内容分隔开，这样能给读者一种提醒功能，同时也能增加文章排版的舒适感，给读者带来更好的阅读体验。而对于微信公众平台提供的分隔线形式少的问题，商家可以借助其他的软件来设计更多的分隔线类型。

7.3.3　结尾：往期推文+阅读原文

很多新媒体平台会在文章结尾处的排版中留一个版面对平台上之前已经推送过的文章进行推荐，一般以“查看更多精彩文章”“更多原创文章”等方式来进行排版设置。

如图 7-26 所示为微信公众号的文章结尾排版设置。

还有的公众号拥有自己的网站，它们会在文章的最下面设置一个“阅读原文”的按钮。如图 7-27 所示，即可引导读者关注企业网站。

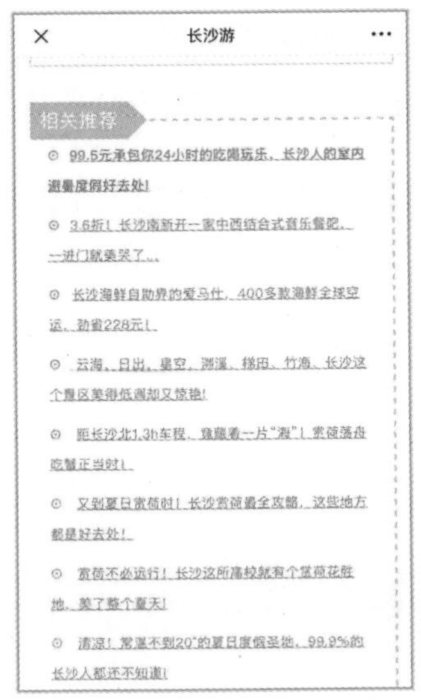

图 7-26　微信公众号文章结尾排版设置

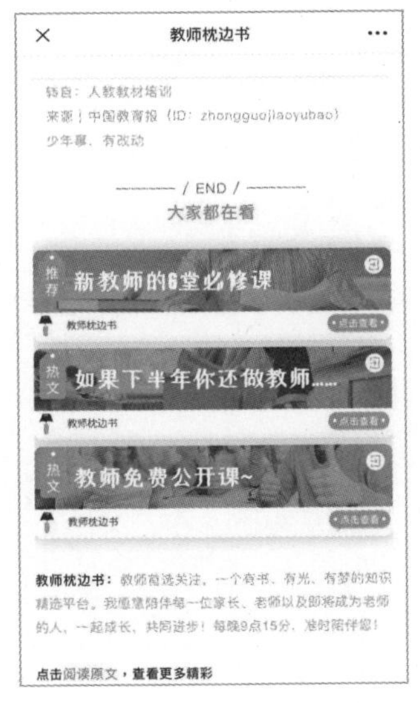

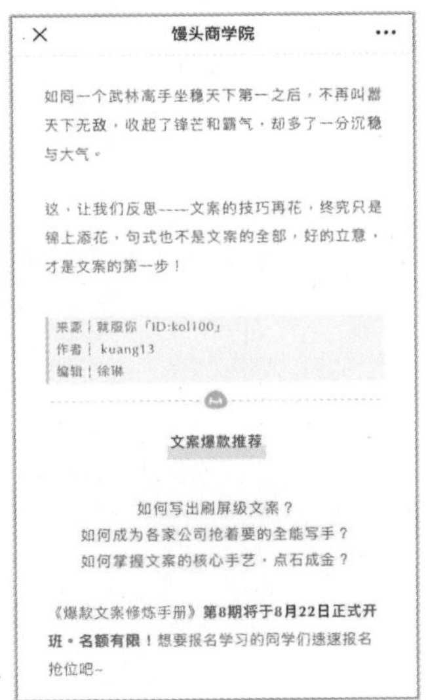

图 7-27　文章结尾排版设置“阅读原文”案例

7.3.4　文后：个性签名做好宣传

在新媒体平台中，个性签名在添加关注的时候尤为重要，会留下第一印象，所以要特别注意不要在个性签名里面直接列出产品广告，可以在个性签名里展示自己的优势和正能量。

只有做好个人签名的设计工作，才能使用户通过这一信息，了解该新媒体平台的基本情况，最终决定是否对该新媒体平台进行关注。归根结底，设计个性签名的最终目的是吸引粉丝。

如图 7-28 所示为“手机摄影构图大全”微信公众平台文案末尾的个性签名展示。

图 7-28　个性签名展示

第 8 章

工具应用：迅速提升你的文案创作水平

学前提示

各类新媒体平台的版式设计是否科学美观，对用户的视觉感受的好坏将产生重要影响，各种制图工具也能助我们提高制图效率。

本章主要介绍几种排版工具和制图工具，帮助大家掌握各种工具的用法，提升文案创作水平。

要点展示

- 排版工具，四种方式为文案打造视觉盛宴
- 动图制作，两种工具快速制作 GIF 动图
- 透明图片，六种工具轻松获取 PNG 素材

8.1 排版工具，四种方式为文案打造视觉盛宴

虽然新媒体文案的内容很精彩，但是排版混乱，就会让读者没有阅读欲望。所以一定要用好排版工具，给读者带来舒适的视觉体验。接下来就为大家详细介绍常用的排版工具，让大家可以轻松搞定新媒体文案内容编辑与排版。

8.1.1 秀米编辑器：简洁明了的操作流程

秀米编辑器是一款优秀的内容编辑器，其官网网址为 http://xiumi.us/，下面为大家介绍一下秀米编辑器的排版操作流程。

步骤01 进入秀米官方网站，登录秀米，在秀米主页上单击“我的秀米”按钮，如图 8-1 所示。

图 8-1 单击“我的秀米”按钮

步骤02 执行上述操作后，进入“我的图文”页面，单击“添加新的图文”按钮，如图 8-2 所示。

步骤03 执行上述操作后，通过加载即可进入相应的“图文模板”页面，如图 8-3 所示。

步骤04 单击模板左侧的“我的图库”按钮，即可进入相应的编辑页面，如图 8-4 所示。

步骤05 上传一张图片作为推送消息的封面，如图 8-5 所示。

图 8-2　单击“添加新的图文”按钮

图 8-3　进入相应的“图文模板”页面

图 8-4　进入“我的图库”页面

图 8-5　上传封面

步骤06　输入图文标题和描述，然后单击“图文模板”按钮进入“图文模板”页面，在该页面单击“请输入标题”按钮，如图 8-6 所示。

图 8-6　单击“请输入标题”按钮

步骤07　执行上述操作后，在界面右侧上传的封面下方的编辑栏中输入标题，如图 8-7 所示。

步骤08　输入文字内容，然后单击“我的图库”按钮，进入相应页面，在其中选择一张图片进行单击，即可完成图片的编辑操作，如图 8-8 所示。

图 8-7　输入标题

图 8-8　图片和文字的编辑

步骤 09 完成所有内容的编辑后，单击上方菜单栏中的“预览”按钮，如图 8-9 所示，即可对编辑的内容进行预览。

步骤 10 预览确认无误后，此时运营者只要❶单击顶部的按钮；❷在弹出的下拉菜单中选择“去同步多图文”选项，如图 8-10 所示。

步骤 11 进入“去同步多图文”页面，在页面左侧单击要同步的图文信息，执行操作后该图文信息会在页面中显示出来，如图 8-11 所示。

步骤 12 移动鼠标指针至页面上方的“同步到公众号”按钮上，在弹出的页面中，❶勾选要同步的公众号；❷单击“开始同步”按钮，如图 8-12 所示。

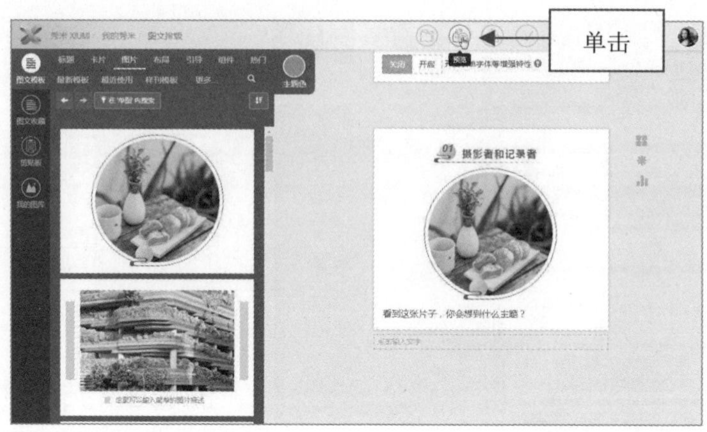

图 8-9　单击“预览”按钮

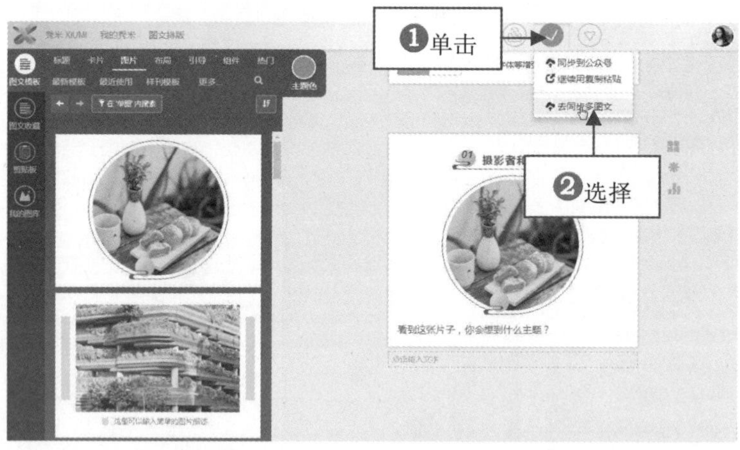

图 8-10　选择“去同步多图文”选项

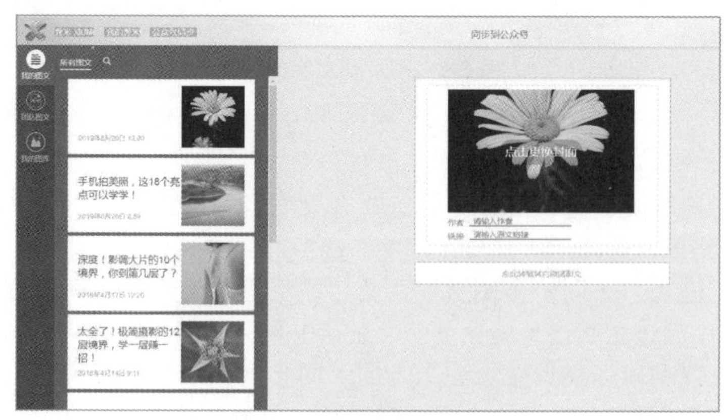

图 8-11　选择要同步的图文信息

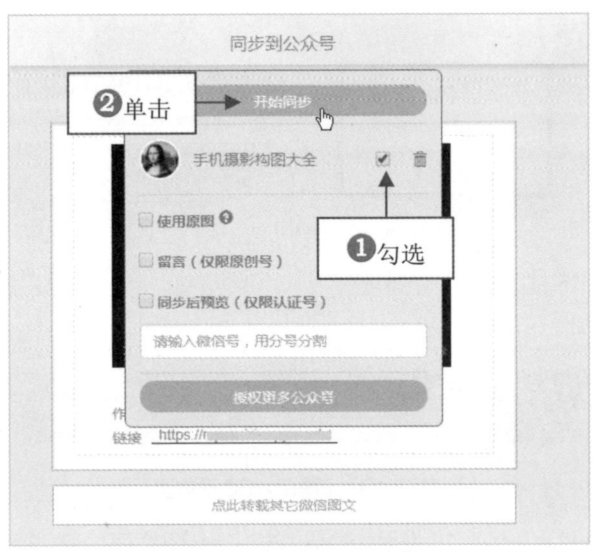

图 8-12　开始同步图文操作

步骤 13　然后出现相应的进度条，如图 8-13 所示，当进度条显示 100%时就已经成功地将图文消息同步到公众号了。

图 8-13　显示同步图文操作的进度条

8.1.2　i 排版编辑器：方便快捷的内容编辑

i 排版(官网 http://www.ipaiban.com/)是一款用于在线微信图文内容编辑的编辑软件，利用 i 排版编辑器进行编辑，有很大的排版优势，即减少工作量、操作更加方便快捷、支持随时随地发布微信文章。

i 排版编辑器是一款很不错的内容编辑器。如图 8-14 所示为 i 排版编辑器的首页。

图 8-14　i 排版编辑器首页

i 排版最突出的特色是可以设计签名，微信运营者可以将设计好的签名和二维码一起放在图文的最后。

8.1.3　135 编辑器：简单的长图文编辑

135 编辑器(http://www.135editor.com/)主要用于简单的长图文编辑，其主界面和秀米编辑器有点类似，如图 8-15 所示。

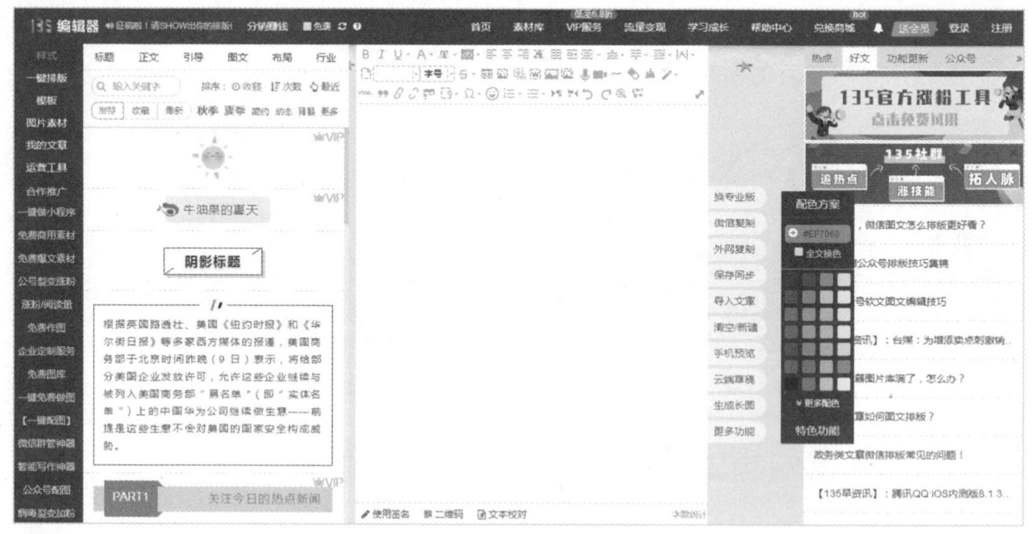

图 8-15　135 编辑器页面

如图 8-16 所示为两张微信公众平台的图文截图，一张是直接在微信公众平台后台对图文进行编辑的图文效果，另一张是利用 135 编辑器进行图文编辑的效果，大家可以将两张图进行对比，看看哪种效果更好。

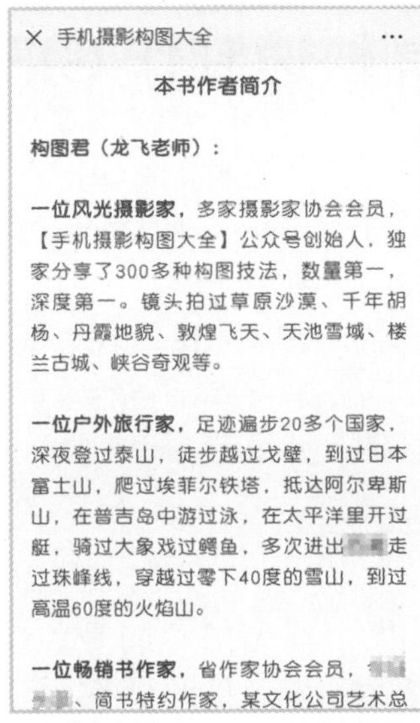

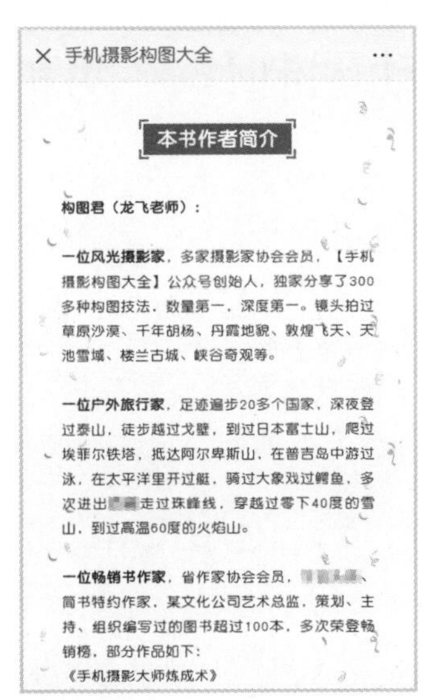

图 8-16　图文对比

8.1.4　96 编辑器：清新简洁+一键同步

96 编辑器主要为用户提供的是多图文编辑、一键同步的功能。它的页面也是非常清新简洁的。如图 8-17 所示为 96 编辑器的页面。

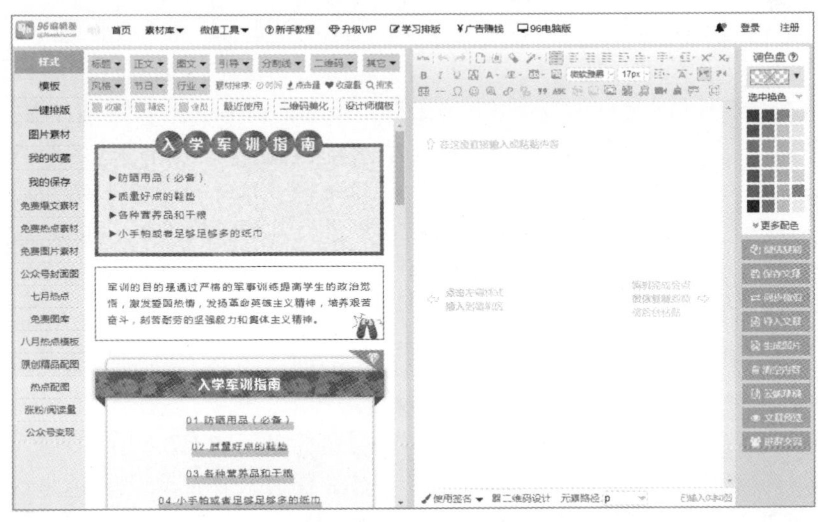

图 8-17　96 编辑器页面

96 编辑器页面简单，非常容易上手，没有太过复杂的操作，很多素材也都是免费的，实用性很强。

8.2 动图制作，两种工具快速制作 GIF 动图

有没有什么内容形式，比小视频更小，比普通图片更丰富？GIF 动态图就是其中一种形式，而且必不可少，GIF 动态图早已充斥了互联网，被大家玩得不亦乐乎，文章中的纯文字或静态图片，早已经不能表达大家心里所想。

在 GIF 动态图越来越普及的今天，我们如何快速获取 GIF 动图？又如何简单制作 GIF 动态图？下面笔者就给大家分享一些 GIF 动图素材库，当然，肯定不只是素材库，笔者还会告诉大家如何自己快速制作 GIF 动图，并推荐一些工具。

8.2.1 工具 1：使用 GIF 动图素材库

对于动图库，没什么好解释的，直接上货。首先推荐的是，GIF 搜索引擎 GIPHY。GIPHY 毫无疑问是目前最大的 GIF 搜索引擎，资源很多，各种流派各种风格全都有。特别是人民群众喜闻乐见的录屏 GIF，各种影视综艺、明星表情包、猫猫狗狗图应有尽有。有人甚至说，找 GIF 有 GIPHY 就够了。

其次，是 SOOGIF(soogif.com)。SOOGIF 是一个很好用的 GIF 工具，它支持在线 GIF 压缩、GIF 制作、GIF 裁剪，还有视频转 GIF 等功能。SOOGIF 也是一个强大的 GIF 动图素材库，提供搞笑、表情、美女、明星、热门事件 GIF 动图全搜索。还有 QQ、微信斗图神器。好玩的动图都可以直接找，搜索就可以。

Golden Wolf(goldenwolf.tv)。Golden Wolf，成立于 2013 年，风格多样，非常符合年轻人的口味。除了热情，他们最不缺的就是想象力和创意，强烈推荐！

接下来是 scorpion dagger(scorpiondagger.tumblr.com)。这个网站稍微有些重口味，各种恶搞，虽然里面动图量不多，但是质量都很高，重在精，笔者个人是非常喜欢的。

再说一个 rafael-varona(www.rafael-varona.com)，这是德国设计师 Rafael Varona 的插画作品，风格以小清新居多，作品带着一丝隐喻或故事。

另外，还有 Gifparanoia(www.gifparanoia.org)，大家也可以看看。这上面有数不尽的 GIF 图，属于比较难得的关于职场工作以及生活的，有这方面需求的可以在这个网站寻找素材。不会英文也没关系，打开就都是动图。

还有 MONO App(有品 GIF)，这个 App 里面设有专门的 GIF 动图专题，大量脑洞大开 GIF 素材能在专题里找到，并且还标注了 GIF 作者及作品名称。这是一个很好的途径，我们可以通过作者及作品名称自行在网上搜索组图，会有意想不到的效果。

当然，除了这些，还有一个超级大的动态图库：百度。百度图片里面可以根据关键词搜索很多的动态图，在百度搜索我们也可以找到很多的动态图网站。

8.2.2 工具2：自己快速录制GIF动图

除了到处去找动态图，我们也可以自己来制作GIF动态图，这样更符合我们心中所想的。特别是对于一些教程或者操作演示的图片，就需要自己录制GIF动图了。

这里主要分为3种：一是利用图片制作成动态图，二是利用视频截取制作成动态图，三是直接录制GIF动态图。我们可以用到以下工具：giftools、gif快手、Easy GIF Animator、Screen to Gif(GIF动画录制软件)、GifCam、Ulead GIF Animator GIF制作生成、Instagiffer(GIF动画制作工具)、QQ影音截取视频片段、抠抠视频秀/AnimateGif直接截取GIF，还有迅雷播放器，可以看视频直接GIF截图。

这些软件的作用方法都非常简单，花点时间尝试就能学会，电影搞笑截图、教程演示动图、配文字、录制GIF图、合成动图等都可以通过这些软件制作完成。

8.3 透明图片，六种工具轻松获取PNG素材

长话短说，不管什么形式的内容创作，配图都是一个重中之重。找图片，俨然成为一个超级重要的事情。前文给大家推荐了高清优质的图片素材网站，但是，也有一些时候，因为内容需要，我们需要一些透明底的PNG图片。

用Photoshop抠图去背景，是一个大家都知道的方法，但是比较麻烦，并且费时间，下面笔者分享几个不错的PNG透明图片素材网站，方便省事。

8.3.1 工具1：PngImg

PngImg号称是全世界最大的PNG透明背景图库，目前网站上收集了大约45000张去背景图素材，都可以免费下载，并且允许非商业性使用。PngImg特色是以去背景的素材为主，主题分门别类，包括动植物、自然、水果、美食、交通工具、花卉、衣物配件、物件、卡通人物及电影明星、运动、电子产品、武器等，非常全面。网址：www.pngimg.com。

8.3.2 工具2：StickPNG

StickPNG网站所有图像都已经去背景，无须再次抠图，同时拥有多种流行的常用的分类资源，目前已有16000张透明PNG背景图像供免费下载。StickPNG图片多半是单一主题的物件，主题包括动物、电影、机器人、衣饰、漫画人物、电子产品、美食、家具、游戏、厨具、音乐明星等。网址：www.stickpng.com。

8.3.3 工具 3：PngPix

PngPix 也免费为大家提供透明的 PNG 图片，不仅有非常齐全的常用分类资源，也可以利用搜索直接进行查找。网址：www.pngpix.com。

8.3.4 工具 4：Freepengs

Freepengs 也是一个不错的免费提供透明 PNG 图片的素材网站，现有 7 万多张已经抠除背景的图片素材。网址：www.freepngs.com。

8.3.5 工具 5：PNG All

PNG All 这个免费 PNG 图片素材网站用起来也不错，素材类型丰富，加载速度也比较快，最方便的一点是首页上直接就做好了很清晰的分类，一目了然。网址：http://www.pngall.com/。

8.3.6 工具 6：觅元素

觅元素上面也提供了海量的免抠图图片素材，都可以快速下载，最重要的是这是个中文网站，而缺点是普通用户每天只能下载 5 张，可以和上面的网站交替使用。网址：www.51yuansu.com。

第 9 章

新品上市：这些文案让产品销量翻倍

学前提示

一篇文案仅仅内容优质、针对人群精确是远远不够的，想让产品的销量翻倍，还需要掌握一定的文案写作技巧以及方法。

本章将从新品取名技巧、文案宣传方法、降低用户损失感的方式以及让产品更受用户青睐的方法四个方面具体介绍。

要点展示

- 新品的取名技巧，五大要点要掌握
- 宣传文案，五种方法激发消费者购买欲望
- 提升价值，七种方式降低用户的损失感
- 神仙操作，三个方法让产品更受用户青睐

9.1 新品的取名技巧，五大要点要掌握

经常有人问笔者品牌名怎么取，给品牌取名的方法有很多，但是到最后，还是考验“说服”的能力。

最终定品牌名的一般都是老板或者甲方公司，哪会让你一个执行人直接就把名字给定了呢？所以最后没有那么多云里雾里的品牌营销理论，只要能说服老板，说得到位、谈得开心，结果也就基本定了。

但是，不管怎么说，给品牌取个好名字是至关重要的。就像给狗狗取名字一样，相当重要，可能影响你的人生，也可能影响它的“狗生”。你想想看，好好一条狗狗，取个什么旺财、铁蛋，带出去给别人介绍，别人怎么看你？这人不行，格调太低，怎么给狗取这么一个名字，水平太低了。要是被公司领导知道了，心想这人能力不行，狗的名字都没取好，怎能把品牌大事交给他，那不得坏事啊！

你再想想你给它取这个名字，狗狗怎么想？人类朋友每次看到它都要取笑一把，出去逛个街，其他狗狗们看到都是铁蛋、铁蛋地叫，它一点面子都没有，整个“狗生”都是阴暗的。所以，给狗狗取个好名字真的至关重要。同样的，给品牌取个好名字也至关重要！

不管你们信不信，反正笔者信了。所以，大家既然都问了，笔者自然也得说道说道。虽然没取过价值几个亿的品牌名，但也绕过了不少品牌名的误区，笔者将在这里分享给大家。

简单来讲，在笔者看来，品牌名其实就是品牌符号之一。既然是品牌符号，那就需要够简短，简单通俗，朗朗上口，方便传播。如果能做到“过目不忘，耳熟能详”，那就更棒了。不管是品牌命名，还是产品命名，首先要考虑的就是一定要降低品牌营销成本。

那这里笔者首先就建议大家记住品牌取名的四个原则：降低识别成本、降低认知成本、降低传播成本以及降低使用成本。实际上给品牌取名说难也难，说简单也很简单，你的品牌名要是能满足这几个原则，在笔者看来已经相当好了。

给品牌取名的时候一定要时刻记住这四个原则，否则就是跟钱过不去，现在犯了错，那以后就得花大价钱去弥补。

9.1.1 取名简单，通俗易懂

品牌名字要够简单，一定要通俗易懂，符合用户的认知，方便理解和记忆，不要太复杂，打字都得半天。千万别造一些大家闻所未闻的字。

有些企业就是喜欢把名字玩出各种花样。但很遗憾，这不是创意，而是无端的增

加品牌名的营销成本。西贝莜面村当初就是担心认识成本高，传播起来难，所以也是用“you”来代表“莜”。多聪明的一个举动！不知道节省了多少营销成本。不要把一些废话和无关紧要的字放在品牌名里，那多的不只是字，更是白花花的银子。

名字最好要有明确的意义指向，一组无意义的词组合在一起在记忆和认知上要明显弱于一组有意义的词。

9.1.2 口口相传，便于传播

传播，传播，最重要的还是传。品牌名一定要便于传播，符合大家的说话习惯，这必定会省一大笔推广费用。如果读着拗口，搜起来也麻烦，说给别人听还得解释半天是哪几个字，这样的名字，客户是需要多有耐心，才会耐着性子帮你推荐？

最好是当你说出这个品牌名的时候，别人一下子就能理解，还能很快地写出来，说给他的朋友听。其实这个很简单，随便找几个人，告诉他们准备好的品牌名，看看他们是不是一下子就能知道是哪几个字。如果每个字都要问是哪个字，想想看，光介绍成本就有多高。

9.1.3 最好不要使用英文名

品牌名最好不要用英文名，也不要中英混搭。在国内，没有什么特殊情况，或者你已经是很知名的英文品牌，否则你想做品牌，笔者建议还是用中文名吧。

很多人觉得用英文名就高大上国际化，在笔者看来纯属自嗨。什么叫国际化？品牌业务延伸到了很多国家，每个国家都有相应语言版本的产品。在海外有英语版产品，在国内有中文版产品，这才叫国际化。都没出过国门，取个英文名就国际化了吗？微信有国际版，也有国内版，但国内版也没有用英文名。

还有很多国外大品牌，到中国了以后也要取个中文名。他们也知道只有本土化，才更利于品牌识别和传播，这都是在节约营销成本。你也别拿 iPhone 举例，首先它可是超级品牌，而且在国内，笔者听到更多的还是“苹果”。

9.1.4 品牌名要能区分行业和品类

品牌名需要能区分行业和品类，如果一看品牌名就知道是什么行业，是做什么类目的更好，如果品牌名本身不能看出品类，最好品牌营销时能加上品类。

比如百度以前就是推百度搜索，小米是推小米手机，海尔是推海尔冰箱，美的是推美的空调等。要知道，品牌的存在，主要目的之一就是区分其他品牌，这主要也是为了以上四个原则，因为品牌前期需要很快让那些不管是看的人还是听到的人，马上就知道你是干什么的。

如果需要解释半天才明白是干什么的，那又得花一大笔钱来解释。等到你的品牌大到别人都熟知的时候，就可以去掉后面的品类了，而现在已经成熟的那些大品牌也确实是这么做的。如果品牌名前期没有区分出行业和品类，确实会增大营销推广难度，相当于一开始就给自己打造了一个坚硬的高门槛，后面需要花大价钱慢慢地把这个门槛砸掉。

9.1.5 品牌背后要有故事和意义

品牌名背后的意义是一定要说的，笔者觉得这个没必要太较劲儿，可大多数企业就是喜欢使劲琢磨名字后面的意义，其实用户关心这个吗？

谁能告诉我，谷歌这个名字背后的意义是什么？苹果背后的意义是什么？小米、百度背后的意义是什么？笔者相信就算是这些企业的内部员工都不一定说得出来。

我们说你有情怀挺好，想做内涵也可以。但其实有了名字之后，至于这是什么意思，跟企业文化精神有多大关系，背后有怎样的故事等，还不是你说了算，对不对？笔者相信老板们都有这个演讲能力。而这一点普通大众能知道就知道，不能知道也没关系，重点是把品牌理念推广出去，而不是所谓品牌名背后的意义。

很多人喜欢弄一些品牌取名技巧，其实哪有那么多技巧，比如苹果、脸书、百度、腾讯、小米等品牌名，都用了非常多的技巧吗？不见得。有时候我们取品牌名真的需要抛开技巧，放开一点，不要被条条框框约束。

你可能会说：“一个卖手机的干吗取名叫小米；一个做搜索的，怎么取名叫百度，这之间有什么关系？”甚至可以假设，如果当初是你在给这些品牌取名，你会选“苹果”“小米”“360”吗？你可能会直接淘汰，笔者可能也不会选，这很有趣。

所以说，取品牌名真的是有很多随机性和偶然性存在，喜欢、第一感觉好就用吧！关键是要时刻记住：降低识别成本、降低认知成本、降低传播成本、降低使用成本。名字只要不出现太大问题，后面的营销才是关键，如果不能降低营销成本，你所谓的“好名字”也很难推广出去。

9.2 宣传文案，五种方法激发消费者购买欲望

尤金•舒瓦兹在《创新广告》中说道：文案无法创造购买商品的欲望，只能唤起原本就存在于百万人心中的希望、梦想、恐惧或者渴望，然后将这些“原本就存在的渴望”导向特定商品。

简而言之，文案不创造购买欲，但是会激发购买欲。结合《爆款文案》作者关建明老师提到的感官占领、恐惧诉求、认知对比、使用场景、畅销、顾客证言六个理论，笔者归纳了五种激发消费者购买欲望的方法，下面将分别给大家分享。

9.2.1 感官占领，文案要有画面感

人类所有直观的体验和感受都是先由我们的感官去感知的，我们用眼睛去看，用鼻子去闻，用耳朵去听，用嘴巴去尝，用身体去触碰。那么如何能调动顾客的感官？最直接的方法就是站在顾客视角，具象化地告诉顾客，使用这个产品时他的感官都会有什么样的体验，并让这些体验变成具有画面感的文字。

咱们看看《舌尖上的中国》的文案是如何写的：**稻花鱼去内脏，在灶上摆放整齐，用微弱的炭火熏烤一夜，现在需要借助空气和风的力量，风干与发酵，将共同制造出特殊的风味，糯米布满菌丝，霉菌产生的各种酶，使淀粉水解成糖，最终得到爽口的酸甜。甜米混合盐和辣椒，一同塞进鱼腹中，稻花鱼可以直接吃，也适合蒸或油炸，不管用哪种做法，都盖不住腌鱼和糯米造就的迷人酸甜。**

为什么当年舌尖上的中国一直获得好评，成为许多人的下饭节目？除了画面的精美外，还有这些文案旁白的加持。文案所要激发的概念，当它们能在头脑中产生清晰的视觉意象也就是画面感时，最容易让人产生印象。

那么如何能够激发这种感官，就是要通过具体形象的表述方法。当你说脆的时候，“薄脆”一个词并不能让人感同身受，但是“神奇的牛轧糖葱香米饼，一口咬下54层”，你脑袋里就有画面感了，让你的视觉和味觉产生联动。当形容床垫质量好，一句“选材矜贵”无法具体体现，而用“平均30只羊的产绒量仅够做一张床垫”就会具象很多。

9.2.2 恐惧诉求，科学地吓唬消费者

首先我们要清楚，人们会恐惧什么？简而言之，恐惧的源头就是害怕失去。失去健康、名声、地位、生命、金钱、朋友、已经得到的东西。但是知道了产品对应的用户痛点，我们还要塑造产品的使用场景、严重后果以及对应合理的解决方案。2016年南孚推出了一款轻巧型的充电宝，当时的充电宝市场已经饱和了。而这款充电宝的最大亮点就是轻巧，基于此南孚利用漫画的形式给消费者设置了三个痛苦场景。

下班后约会、晚上聚会、逛街一天的时候要带着笨重的充电宝。而如果不解决，不购买，你就会继续拿着大块头的充电宝受罪。这两步首先打动了消费者。对于恐惧诉求的使用，大家主要可以参考省事型、预防型和治疗型这三种。

1) 省事型

神州专车的恐惧诉求=车里一个怪叔叔(痛苦场景)(格式)+心存侥幸，身处险境(严重后果)。

2) 预防型

“别让你的孩子输在起跑线上”是一个典型的案例；有道翻译官：我伶牙俐齿谈笑风生，却被美国海关问得一声不吭——2017年第一季度提成36万元的猪场销售

Lily；我日敲千行代码，却被新宿地铁站绕成路人甲——专研人工智能的西二旗程序员 Adam。

3) 治疗型

“得了灰指甲(痛苦场景)，一个传染俩(严重后果)，问我怎么办，马上用亮甲！”最后，在使用恐惧诉求的时候，一定要注意降低决策成本和执行难度。要给对方一个足够简单、容易执行的解决方案。同时要注意在唤起恐惧的过程中，威胁的易遭受性往往比严重性要更关键，因为大多数人都是无远虑而有近忧。

9.2.3 社会认同，打造繁荣和流行

《影响力》书中提到“社会认同原理”，指的是，人在群体中行为往往会受到他人影响，甚至会根据周围人的反应作出相应的反应。有一个关于从众心理的非常有趣的视频：一个诊所里，一群人除了一个紫衣女孩之外，依照事先安排好的，听到“嘀”声就会站起来。等到几轮之后，紫衣妹子也会自觉地听到“嘀”声站起来。而当这群人都走完了之后，紫衣妹子听到“嘀”声还是会自觉地站起来。

科学家认为，这种内化的群体行为就是我们所称的社会学习，从我们很小的时候，当我们看到团体成员做某件事情的时候，大脑会因为我们跟从了他们的脚步而奖励我们。就像被测试者说的：当我不去从众时，我感觉被排挤了，而从众会让我自在很多。

从众心理还有一种降低损失的自我暗示，如果不从众，感觉会损失什么。比如就餐时，大家都会认为门店外排队长的肯定好吃，淘宝里“按销量排行”在前面的商品性价比一定最高，纸质书的“畅销多少万册”会让你更愿意掏钱。

当你身处于大企业时，则可以列出自己的销量、用户量、好评量等数据，这样就能让读者更想去购买。比如香飘飘奶茶，连续 5 年，成交量遥遥领先，围起来可绕地球 10 圈；拼多多，3 亿人都在拼的购物 App；注册会员突破一亿的唯品会等。

但是如果是在中小企业，直接列出销量数据，就会很寒酸。那么可以尝试突出描述某一次或几次的畅销现象，同样能给读者这样的畅销错觉。

9.2.4 购买合理化，让消费者理直气壮

购买合理化简而言之就是为自己的购买找个合理的借口，当我们告诉读者，这个产品不是为了享受，而是为了以下这四件事情的时候，会更容易激发他的购买欲。

(1) 补偿自己：如果一个人觉得自己已经为别人付出很多了，或者为了某一个目标付出了太多，他就会想要“补偿”一下自己。比如：**吃点好的，很有必要(三全水饺)；女人更年要静心(静心口服液)**。也可以是精神上的关怀，去慰藉消费者的心理。比如京东小金库的《你不必成功》：**你不必把这杯白酒干了，喝到胃穿孔，也不会获**

得帮助，不会获得尊重。你不必放弃玩音乐，不必出专辑，也不必放弃工作，不必介意成为一个带着奶瓶的朋克。你不必背负那么多，你不必成功。

(2) 激励自己：主要是求上进，为了能力提升、人脉拓展、事业发展等。比如脉脉的海报文案抓住了职场人的几大痛点，介绍下载脉脉就能够帮助自己获得成长，这是为了激励自己：**我是梅仁礼，公司小、人脉少、拓展难，还好有脉脉，精准锁定合作伙伴，现在我的公司风生水起，来脉脉介绍自己，机遇人脉主动找你。**

(3) 补偿或者感恩别人：如果一个人觉得别人为了他付出很多，而自己对应付出却很少，那他就会产生对别人的愧疚感，想要做出一些补偿别人的行为。比如确保孩子健康成长、有美好前途；比如回报自己的父母、亲朋好友。

经济学里有一个有趣的效应，人在买东西的时候，总给自己找借口说，这个是为家人付费，然后就会更容易完成购买。比如：**想留你在身边，更想你拥有全世界——招商银行番茄炒蛋刷屏广告；就算是家人，也要继续当恋人——明基投影仪；让妈妈开心的礼物，开了又开——苹果。**

(4) 追求健康：保持健康，增强体质，减少疾病风险，消除患病痛苦。这些既是人类生存的基本物质需求，也不断进阶衍生永无止境的欲望。比如：**每天一杯奶，强壮中国人——伊利；爱心妈妈，呵护全家——舒肤佳。**

9.2.5 尊重需求，自我实现

在马斯洛需求理论里，尊重需求属于较高层次的需求，如成就、信心、名声、地位、被他人尊重和晋升机会等。尊重需求既包括对成就或自我价值的个人感觉，也包括他人对自己的认可与尊重。

好的文案就是得激发出消费者的好胜心和美好愿景，好胜心不仅是要胜过别人，还要胜过自己，当拥有我们的产品之后，你会变美，变聪明，变强大，变得更有魅力。比如人头马的文案：一生，活出不止一生。这是说喝人头马的人都是生活丰富多彩的。再如，前程无忧的一组招聘海报：**你做着喝 5 杯啤的，8 两白的，10 杯洋的才算给老领导面子的活儿，我前程无忧。你们做着早 9 点上班晚 10 点下班每周休 1 天的活儿，我们前程无忧。**

9.3 提升价值，七种方式降低用户的损失感

用户选择起来非常容易，利弊直接一对比就出来了，要么用更少的成本就能获得同等回报，要么用同样的成本就能获得更大回报，这谁都会选。但是，现实中许多场景并没有这么容易判断，比如“新品带来的价值上升，成本也提高”，这个时候用户就会比较纠结，在享受更好的价值时，也会损失更多的成本，太难选择了。

并且，这种情况用户的心底会有强烈躁动情绪，会去考虑各种可能的损失，因为比起收获，人们对损失更加敏感，在造成损失时产生的痛苦远大于获得收益时带来的快乐。结果，为了规避损失，很多人也就放弃选择了，还是用之前的产品吧！

那么到底如何解决这种新品难以抉择的问题呢？答：让产品也变成以上易于营销的场景！也就是去提高产品价值感，同时降低成本损失感，让产品的利弊对比更明显，让用户直接就可以作选择。

怎么做呢？接下来笔者给大家几个建议。

9.3.1 突出用户可感知的价值

绝大多数购买场景中，用户都不会去深入调研一个产品，他们仅凭一些表象或感觉就会作出判断，往往事实这个东西反而没那么重要，我们直接感知到的价值决定了我们最终的判断。

所以说，如果你的产品用户压根就没能感知到它的价值，那就没然后了；相反如果突出了产品可感知到的价值，那用户选择的概率会更大。从某种程度上来说，用户买的就是这种能够感知到的价值感。

绝大部分营销里面，在引导人们进行决策时，创造这种产品价值感知往往比产品事实更重要。比如小米体重秤就是利用精准数据来让用户感知到产品价值，从而赢得他们的青睐。常用体重秤的人最大的烦恼就是担心秤测量不精确，对于减肥的人来说，每天都要上秤几次，分毫必究。当一款秤可以精确到 100g(市面上多数的秤都是200g)，能做到喝杯水都能感知，这就是可感知价值，你会不会心动呢？

9.3.2 玩转促销降低成本损失感

对于营销来说，促销毫无疑问是一个重要手段，也能大大降低用户的成本损失感。如何合理评估和运用促销策略是每个营销人都要好好学习的，不可能每次都是打折打折打折，降价降价降价。

除了打折，还有秒杀、补贴、免单、满减满赠满返、买减买赠、搭售、好评晒图、试用、抽奖、送积分、团购、预售、众筹、跨界联合、阶梯价格、定金膨胀等各种组合手段。

不仅如此，促销不只是在做价格上的吸引，更是在制造稀缺和紧迫感。不论是时间、数量、价格，还是人群上的限制，都会让用户更愿意快速去做选择。比如截止日期、抢购、仅限、前 500 名、秒杀等。

9.3.3 打造产品高阶附加值

附加值最简单的理解就是“人无我有，人有我优”，在产品的销售上总是比别人多点什么，比如包装更精美、送一个精致礼品、提供超诱人赠品、送一个头衔称号、提供超预期体验等，给用户带来更多惊喜感，强化产品被选择的筹码。

大家平时见到很多知识付费平台卖课，还送核心内部资料，光这一个附加值就不知道得吸引多少人。另外，一个产品，我们可以从它最基本的产品特征，到产品功能价值，再到更高层面价值进行分层分析，就像一层一层的梯子往上爬。

因为你在一层层思考产品价值和卖点的时候会发现，产品除了实用功能价值外，还可能具备身份价值、社交价值、精神价值、文化价值等高阶价值。这些都是实现产品和用户的匹配，并构建与对手竞争壁垒的关键。

并不是每个产品都有社交、精神、情感上的价值体现，如果你的产品能做好这一点，打造出产品高阶附加值，那就更能获得先机。比如“为发烧而生”“自律给我自由”“你本来就很美”“男士一生仅能定制一枚”等。

2017 年，网易云音乐与农夫山泉展开跨界合作，精选出了 30 条用户乐评，并印制在了 4 亿瓶农夫山泉饮用天然水瓶身上。当用户扫描瓶身上黑胶唱片图案后，手机界面会自动出现一个沉浸式的星空场景，点击其中出现的星球就会弹出随机乐评，文艺范儿十足。明明只是一瓶水，却成了很多年轻人的社交工具，并产生共鸣。

9.3.4 跨类别对比产品优势

网上有一个流传很久的卖杯子的故事：一个杯子到底能卖多少钱？仅仅当一只普通的杯子，那就只能卖 3 元一个；如果将它做成今年最流行款式的杯子，作为流行符号可以卖 20 元一个；如果你猛然发现这只杯子的材料竟然是磁性材料做的，那可以挖掘出保健功能，卖 80 元一个；如果这个杯子被带到太空去转了一圈，你把它作为收藏品就可以卖 2000 元一个了。

所以，一个杯子定义为不同的类别，或者说给杯子转换不同的价值，就会产生不同的营销结果。同样，每一类产品都有它对应的价值属性和归类，我们可以通过营销手段使之发生转换，使产品跨越固有类别，产生区别于同归类的价值。

比如蜜饯本是个小得可怜的品类，叶茂中在把“溜溜梅”策划成“没事就吃溜溜梅”之后，从原来的小零食归类，猛然一转换，成了打发时间的消遣品归类，这才有了之后上十亿元的市场规模。

香飘飘由奶茶这个类别，也转换成了“小饿小困，喝点香飘飘”，这个时候它的价值定位变成是能够缓解你疲倦劳累、增加饱腹感的功能型产品。一个类别的转换，让香飘飘开创了更多的消费场景，不再局限于冬季畅销奶茶，不管你是在上班、运动，还是熬夜追剧，都有可能小饿小困，只要你觉得饿了困了，就可能有了消费场景，而且对比其他饱腹产品，它显得很便宜。

这样关于产品类别转换的还有很多，DR 钻戒，有着男士凭身份证一生仅能定制一枚的规定，转换成爱情的象征，你可以说是无价；美拍，由一个拍照工具变成一个美颜神器，同类产品没法比；热门爆文，由文章本身的内容阅读价值转换成了社交价值。同样的产品，转换价值类别后就完全不一样了，拉开了与同类竞争产品的距离。

同理，你也可以为你的产品找到新的价值归类，在这个归类之下，你和其他类似产品都不是一类了，还怎么横向对比？比如一个杯子卖几百元钱确实很贵，但 Swell bottle 把它转换成了高级装饰品，这个时候不是和普通杯子比，感觉就不那么贵了，作为装饰品这个价格就很正常。

9.3.5 利用用户过去的经验，激发用户痛点

广告无法创造购买商品的欲望，只能唤起原本就存在于百万人心中的希望、梦想、恐惧或者渴望，然后将这些“原本就存在的渴望”导向特定产品。

当你想要让用户接受一个收益模糊而又有损失的新产品，可以想办法利用用户过去的经验来让他自己作出选择。如果一个人觉得自己已经在同样的事情上失败过一次，就会因为不想失败第二次而产生行动，没人会喜欢在同一个地方摔倒两次。

基于这个用户痛点，就要激发用户不想在同一个地方，摔倒两次的感受。你可以问自己这三个问题。

(1) 用户过去在类似的情景下，做过什么错误的选择？或者经历过什么样的失败呢？

(2) 用户过去在类似的情景下，做过什么正确选择取得了成功？(比如“十年前你果断放胆抓住淘宝机会，现在也能抓住微商机会。”)

(3) 你的产品能让用户避免什么错误或者能帮用户继续作出什么正确的选择？

当你想清楚这些问题，就可以着手将用户引导向选择你的产品，选择即意味着避免再次失败。

9.3.6 让用户关注重心从价格转移

前面已经说到，当用户面对多个同类型产品，已经确定要购买，但还在对比选择购买哪一个的时候，提高价值感，并降低成本损失感能帮他更容易判断利弊，作出决策。这种情况下，价格肯定是影响用户选择的最大阻碍之一。

一旦用户觉得太贵，可能会直接跳过对于产品价值的评估，或者无意识就降低了对这个产品的兴趣，最终放弃选择。那么，我们要做的就是去有效地减少用户对于产品的这种价格排斥，让他将关注重心转移到其他地方，比如：

(1) 塑造内行形象——你买贵的，因为你是内行，懂的人都是这么选择。

(2) 打击动机——你买贵的，因为那个便宜的不能帮你达到想要的目标。

(3) 利用群体——你要买贵的，不仅因为不该买的人都买了，也因为同类人都

买了。

(4) 转移归类——你要买贵的，因为这个归类下它并不贵，这也就是前面说的跨类别对比。

(5) 拉近目标距离——你要买贵的，因为你已经非常努力，是时候犒劳一下自己了。

(6) 转移消费——你要买贵的，因为要用它去做更有意义的事——提升自己、培养孩子、回报父母……

9.3.7 替用户做好对比与价值分析

既然用户现在正在对比几家的产品，与其让他自己到处去寻找对比资料，倒不如我们主动替他作出专业的对比。再者，一个产品单独放在用户的面前，他是很难感觉到价值的；但如果跟其他产品放到一起对比，那区别就非常明显了。

不过，你永远不知道用户会去对比什么，也不知道他会从找到的资料中得出什么结论。毕竟，他也不懂。所以，这也更说明了主动替用户做好专业对比的重要性，主动权在自己手中怎么都比在对手那里强。

每个产品都有它的核心卖点和关键价值点，我们可以列出产品的各项对比维度，然后把这些项拿出来和同行制造各种对比，“有技巧”的利用强项对比来适当抬高自己，突出优劣感，就像田忌赛马一样。

麦当劳在法国一个仅有 6700 人的小镇 Brioude 的公路旁边竖起了一个户外广告牌，他们竖了两块广告。开车从这条路走过的时候，会看到一短一长两个广告牌，短的上面提示的是“只要再走上 5 公里，就能吃上麦当劳了”。而另一块上面他们竟然是在给汉堡王打广告，上面写着“走 258 公里就能吃到汉堡王了”，还在广告牌上认真标出了去汉堡王的详细路线。

大家看出来没有，坏透了，去麦当劳只要再走 5 公里，而去汉堡王要走 258 公里。这就是暗示麦当劳分店多，对比起来汉堡王没那么多分店。这一对比下，麦当劳马上就突出了自己的优势。

不过之后机智的汉堡王也没有完全败下阵来，他们在热度正高的时候借力打力，给麦当劳广告出了一个续集：一对情侣开车路过广告牌，然后来到麦当劳要了一大杯咖啡，对服务员说“因为还有很长的路要走”。他们在告诉大家，麦当劳仅仅是一个中转站而已，汉堡王才是最终目的地。

总而言之，新品上市不是通过各种渠道投放大量广告，把新品推到用户面前就完事了。我们需要的结果是——用户选择。

营销就是打通产品和用户的关系，首先我们需要充分了解产品价值、对手以及产品处在的不同消费场景，然后去分析产品不被选择的原因，多去反思和尝试，没有什么会给你答案，除了市场。

李奥·贝纳说——我们希望消费者说：“这真是个好产品”，而不是说：“这真是个好广告”。笔者补充一句：这个世界上，从来没有什么一分钱一分货的好产品，用户眼中的好产品从来都是可感知到的价值与综合成本之间的博弈。

9.4 神仙操作，三个方法让产品更受用户青睐

做营销的人都知道，在新用户获取成本居高不下的今天，老用户的培养是营销的核心。有人甚至说开发一个新用户的成本是培养老用户的 10 倍，对于有些行业甚至更高。

为什么大家都喜欢忠诚的老用户？因为老用户对产品和品牌认可度高，转化成本低；老用户也是品牌用户池的根基所在，是品牌的护城河，也更愿意和品牌一起成长；同时老用户是品牌天然的传播者，能够用更低的营销成本带来更多新用户。

一个品牌在发展过程中如果只有新用户的开拓，没有良好的老用户经营管理，长久不了，而且会越做越难做。当然，老用户的培养是一个长久的工作，需要搭建完善的管理运营体系，慢慢经营才会开花结果。

在此之前，有一个问题亟待营销人去解决：用户一开始非常喜欢我们的产品，但一段时间后却不再用了！如果是产品不行，用户用一段时间感觉被坑了，当然不会再用，笔者也没辙。但偏偏产品是好产品，的的确确能给用户带来价值，帮助解决问题，所以他们才会一开始就非常喜欢，觉得这个产品特别棒。问题出在哪儿？为什么觉得产品很好最终还是放弃使用了呢？

既然不是产品利益问题，那一定有其他原因，比如习惯过往方式；比如不想改变；比如感觉不到自己变化；比如使用新产品的动力不足，不想花费额外精力等。这种情况下，继续说产品怎么好，意义不大。就像大部分人都认同多跑步多运动是对的，有益身体健康，可能偶尔心血来潮去跑几次，但慢慢也就不了了之了。你无法通过一直强调多运动很重要、跑步有益身体健康来解决这个问题。

怎么办呢？笔者给大家推荐三个思考方向，让用户更愿意持续选择你。

9.4.1 创造短期激励

如果老板交给你一个项目，以下哪种说法会让你更拼命地完成好项目？“这个项目做好对你未来发展很有帮助，甚至将来成为 CEO”“这个项目做好你可以马上获得 50000 元项目奖金”，笔者认为是第二个。

每个人的每一次行动都需要有激励，而且相对于未来不可衡量的利益，我们更喜欢短期可见的激励，这会让我们的行动更有动力。马上得到 300 元或一年后得到 600 元，你会怎么选？我想大部分人都会选择马上得到 300 元。

因为一年后得到 600 元虽然是更明智之举，但它并不能即时获得，而马上能得到的 300 元却是显而易见的，就在眼前，价值感更加明显。所以，有时候你的产品真的很好，但需要长时间使用才能看到带来的长期效果，并非立马见效。大多数用户可能会放弃使用，转向去选择那些他们觉得"见效更快"的产品，哪怕这些产品确实没你的好。

这个时候，你需要给用户创造短期激励，满足他们的"短期利益"偏好。比如趣头条作为一款新生代内容资讯 App，2016 年 6 月后在 10 个月时间内就实现了用户从 0 到 600W+的爆发增长。2018 年 9 月就正式挂牌纳斯达克交易所。发展速度之快，令人咋舌。趣头条一个非常核心的成功关键点就在于给用户创造短期激励。

他们一直主打"看趣头条赚点零花钱"，每天看看新闻，可以获得现金奖励；各种活动送不停，宝箱、福利等奖励让阅读变得更有价值；邀请好友一起看也可以赚钱等，总之处处是现金奖励，对于他们主攻的下沉市场人群来说，非常具有激励性和诱惑。

因为阅读资讯早就有今日头条这样的庞然大物了，想要用户去看你的头条很难，而阅读资讯还能赚钱就不一样了，这是一个比阅读娱乐八卦更加短期的激励，会让你迅速完成任务。

再如滴滴、饿了么、美团等当时的大规模补贴计划也是一样的道理，要想用户改变过往习惯转向去一直使用你的产品，光有"便利性"这一个利益肯定是不够的。这个时候加上一个马上可见的短期利益："乘客打一次车立减 10 元，司机拉一次客立得 10 元补贴"，马上就能带来强大的改变能力，而一旦用户形成了习惯，就不需要补贴这种短期激励了，可以换成其他激励。

当然，驱使我们马上行动的不是短期激励本身，而是短期激励带来的小惊喜。钱是激励的一种，仅仅是其中一种而已，而且现在效果相对越来越弱，比如 5 元钱让别人扫码都没人扫，最关键是用户在使用产品过程中能够获得超出预期的惊喜。

牙膏是个特别好的例子，现在刷牙已经是我们必不可少的生活习惯，一天不刷都难受。其实早期牙膏刚出来的时候是没有任何味道的，之后白速得牙膏创始人霍普金斯在牙膏成分中加入了柠檬酸、薄荷油等物质，人们在刷完牙之后会有让人舒服的香味，而这种感觉让人们觉得口腔确实变得更干净了。所以最后他的牙膏也卖得越来越好。

现在，每天刷完牙清新的香气也成了口腔清洁的标志，如果刷完牙吐出一口气没有香味，我们会觉得是不是没有洗干净，或者用的牙膏不行，对吧？这种"香味"就是牙膏带来的短期激励，相比于刷牙能清洁口腔这个长期利益更加容易被感知到。

总之，每个人的每一次行动都需要有短期激励，而激励是给用户带来惊喜。且如果激励是一成不变的那不叫惊喜，它会随着时间的推移而丧失吸引力。思考"多变的惊喜"是维系用户长期兴趣的关键。

9.4.2 提供反馈或进度

经济学里有一个著名的复利效应。说的是原本基数很小的一个数值，通过一个简单的数学公式运算，每一次都会在上一次的基础上，按一定的比例增长，在执行若干次之后，会形成爆发式增长，带来巨大效果。

虽说复利效应被用在各行各业，但是它有个重大缺陷，导致很多人享受不到它带来的巨额回报。因为在复利效应里，它一开始的增效是非常低的，甚至低到感觉不到它在增长。只是随着时间的推移，在无数次的重复后，它才会急速增长，带来神奇的效果。所以为什么很多人会中途放弃？因为他在投入了很多之后，得不到反馈，感受不到事情的发展进度，所以就终止了行动。

同理，用户的任何一次行动和改变，都是投入了时间、精力、金钱等大量成本，如果他得不到任何反馈，不知道自己做得怎么样，不知道自己做到哪个程度了，也不知道给自己带来了什么效果，你凭什么让他继续坚持？你说："别急，坚持就会胜利，后面你会得到巨额回报！"

人都喜欢掌控感，对于看不见摸不着的东西没有任何信心，充满怀疑，你的产品再好他们也很难坚持下去。这个时候，你需要给用户提供反馈/进度，想办法让他们看到过去付出带来的效果，让他们知道自己做到什么进度了，已经达到了什么程度，带来了哪些具体的改变，还有哪些地方需要改进等。

比如以前笔者喜欢玩网络游戏，当时最大的动力可能就是游戏角色的等级经验进度条了，每天就想着怎么打怪升级，一有时间就上线练级。

为什么？因为几乎所有网络游戏最棒的一点就是，实时反馈和进度做得特别好。我的每一个动作，都会得到实时的反馈。只要有付出，马上就能实时看到反馈。我知道我的所有任务进行到哪个阶段了，也知道下一步该做什么。比如练级一天，我知道经验值又多了多少；佩戴一颗宝石，角色敏捷值+1；爆出一把神器，力量值+100；打死一个 Boss，我知道又完成了一个副本，下一个目标是什么。

再如健身品牌 keep 的很多产品都是把"提供反馈/进度"用得炉火纯青，难怪一直受到用户的青睐。比如 keep 家用智能跑步机，不仅完美适配 keep 专业跑步课程，最关键是同步记录跑步数据，分析跑步效果，并且会在跑步机上实时给你反馈进度，效果可见更易坚持。那些专业的数据反馈，简直让人欲罢不能，你永远不会觉得自己的运动没有结果。

有一款智能体脂秤也是一样的道理，同步你身体的 15 项专业数据，让反馈实时进行。而它们的文案就是："记住你每一次努力和每一次改变，让身体数据和运营数据在一起。"

9.4.3 塑造危机感

如果利益还不能促使用户去行动，那危机可能会让他主动动起来。恐惧、害怕是人性最大的弱点，而学会害怕是人类自我保护的一种本能，我们的祖先，因为害怕猛兽与黑夜，于是发现并延续了火种；因为害怕饥饿，于是开始学习种植粮食，驯养家畜。

恐惧是人类适应环境的必然结果，促使人行动的一个持续原动力。人们在面对同等的收益和损失时，会更加令人难以忍受损失，我们更在意损失带来的不快乐。如果不做某个事就会失去一些喜爱的东西，那我们更愿意行动起来，进行自我保护。

比如我们经常会在网上看到这样的话：“10 年前错过了淘宝，8 年前错过了微博，5 年前错过了公众号，现在你还要错过小程序吗？”它就是给用户塑造一种危机感，让用户明白再不改变可能就要被淘汰了。

如果你的产品很好，但用户就是不能坚持使用下去，那可以试图给他塑造一点危机感，激起用户自我保护本能，这往往非常有效。一句“你 out 了，连抖音都不会玩”，可能会让很多人下载抖音 App，甚至迫使自己学会玩。那么如何给用户一点点“危机感”呢？以下 3 点一定要特别注意。

(1) 危机严重性——该危机如果真的发生，到底有多严重？会带来多大的损失和伤害？

(2) 危机易遭受性——该危机发生的可能性高不高？仅仅严重还是不行，需要说明“危机很有可能发生”，这才会激发真正的危机感。

(3) 危机的解决方案——你的解决方案是否可以有效降低这种危机？而且实施起来是否很容易做到？如果消费者认为你的方案并不能消除威胁，或者执行起来太难了，那就是一场空。

总之，就是先说明面临的严重危机，然后一定要说明这种威胁很容易发生，眼前的威胁才能真正带来危机感，而对应靠谱的方案才能让人马上进行自我保护。

本章的内容就说到这里。简单概括就是：创造短期激励，给用户带来惊喜；提供反馈/进度，让用户感知行动带来的实时变化；塑造危机感，激发自我保护本能——让用户更愿意持续行动起来！

第 10 章

广告文案：突出产品亮点增强视觉冲击

学前提示

在新媒体文案的写作中，广告文案也是非常重要的一个模块。写好广告文案，能突出产品的亮点，提高营销效果。

本章主要从品牌宣传、广告语的写法、广告文案的策划等几个方面进行详细的分析。

要点展示

- 品牌广告宣传，掌握这两个要点
- 自带传播性的广告语，应该怎么写？
- 如何策划出一份惊艳的广告文案？
- 做好这五个步骤，人人都能写出让老板满意的广告文案

10.1 品牌广告宣传，掌握这两个要点

广告文案传奇人物约瑟夫•休格曼是笔者非常佩服的一位文案大神，他的著作《文案训练手册》不仅实操性强，而且干货非常多。在书里，休格曼有一个很短的观点，他没有重点去说，却一直让笔者印象深刻，也更加佩服他的文案智慧。

他是这么说的：复杂的产品要简单说明，简单的产品要复杂说明。这句话说的是在写产品介绍营销文案时的一个写作原则，就是当你销售一种非常简单、消费者非常熟悉的产品时，你应该使用一种更为复杂的描述方法；而当你销售一种较为复杂、消费者相对陌生的产品时，你应该用一种简单的表达方法。

休格曼通过无数成功案例验证了这个原则的有效性，至少他用起来是得心应手的。比如他曾经销售过一种烟雾报警器。那时，它是一种常见的大家都很熟悉的普通家用产品，对消费者来说是一个非常简单的产品。但是休格曼在写这个产品广告的时候，他写了一个关于烟雾探测器内部运作的故事，甚至还详细解释了精度测量器电路是怎样判定房间中是否有烟雾的，反正整个文案看起来非常严谨复杂。

结果，虽然这个品牌的烟雾报警器比当时市场的平均价格贵了 10 美元，却依然获得了很好的销量。还有在当时电脑刚出来的时候，休格曼向他的顾客解释电脑，只是简单地介绍了电脑能为他们做什么，并且重点介绍了电脑的简便性。因为当时消费者才刚刚开始接触电脑，觉得很复杂，而用非常简练和基本的术语来解释电脑，避免了把本身复杂的东西复杂化，最终促成了购买。

你得承认并相信，这个方法是有效的，而且还可能得到意想不到的奇效。关键是，很多文案大咖也喜欢用这招来介绍产品。

10.1.1 怎么写好品牌广告宣传的文案？

要想写好广告文案，首先我们从两个方面来说。

1) 复杂的产品要简单说明

当你销售一种较为复杂、消费者相对陌生的产品时，你应该用一种简单的表达方法。为什么？因为产品本身都很复杂了，消费者很难去理解，这种情况下再去进行更复杂的解释，不是添乱吗？

要知道，消费者对陌生的东西是天生没有安全感并抵触的，别去制造认知阻碍，这样会造成距离感。对于复杂产品，如果想让消费者快速理解、建立认知并获得使用联想，就可以选择简单化的说明。比如把复杂的东西高度概括和提炼，或者把复杂的东西情感化、形象化、人格化、熟悉化、感性化。

当年第一代 iPhone 问世，没人知道“智能手机”是什么，因为这在当时还是一

个完全未知的概念，智能手机对于普通消费者来说太难理解了。不过乔布斯大神不是一般人，他当时在发布会上是这么说的："iPhone=1 个大屏 iPod+1 个手机+1 个上网浏览器。"

本来如此复杂的一个智能产品，这么一句话就解释了，虽然并没有说尽第一代 iPhone 的所有，但是至少消费者很快理解了产品的强大，大家都觉得这可真厉害！

再来看看方太，也是深谙此道，大量的广告片文案都是把复杂的东西简单形象化。比如为了突出自家油烟机强大的吸油烟效果，他们并不是各种解说产品工艺、顶级技术、强大功率等。而是所有的一切围绕一句话——四面八方不跑烟，然后结合一系列创意视频、海报、文案，从此奠定强大吸油烟效果的产品心智地位。好了，说完复杂的简单化，再来看看简单的复杂化。

2) 简单的产品要复杂说明

同样，当你销售一种非常简单、消费者非常熟悉的产品时，这个时候你应该使用一种更为复杂的描述方法。为什么？说白了，就是担心简单过头，降低了消费者对于产品价值的感知。

"这么简单个东西，还敢卖我 500 元，你当我傻吗！"想想看，消费者心理本身是很复杂的，一方面复杂的产品会让他很苦恼，另一方面太简单的产品他又担心是不是不值得，还是不放心。

这种情况下，就可以选择复杂化的说明，比如用更多篇幅去讲产品的理念、产品的精神映射、产品的故事、产品的设计、产品的工艺流程、产品的产地、产品背后的人物故事、产品的某个技术板块等。这样，不仅能让消费者对这个简单产品有更多维度的了解，还有助于打造产品的差异化。更重要的是，在认知上消费者的产品价值感知会更强。

在天猫超级品类日水品类专场上，天猫拍着了一支关于水的故事。谁都知道，水是一个特别简单纯粹的东西，怎么吸引大家的兴趣呢？天猫通过对"基本款"概念进行阐述，并且引申到在日常生活中水的重要性，没有说教的痕迹，却让人能悟出一些生活的哲理。真是太讲究了！

2010 年，青番茄图书馆为宜家写的斯德哥尔摩装饰台座产品文案，也是将简单的产品复杂化呈现，让产品有了更深刻的意义：**人们总是变着法子收集光，人们设计房屋的朝向，设计一天内能最大限度接收日照的角度、设计窗子的大小、设计帘子的厚薄、设计黑夜时需要的灯光，人们还设计各种灯具和烛台，悬顶的、壁挂的、坐台的，其实人们最想设计的，是光的温暖以及光带给生命的希望。**

说到复杂化描述的深度爱好者，还有许舜英是必须要说的。她之前为 Stella Luna(轻奢时尚鞋履品牌)所写的这则文案，简直是让一双鞋达到了"鞋生"巅峰。大家可以感受下：**工艺是时尚的灵魂，设计师的创作不过是一幅美丽的遐想，如果缺少三维空间的诠释能力，鞋跟高度只是虚荣的数字，了解人体工学和航太力学才能成功**

制造一种性感。没有经过细腻的几何逻辑推演，再迷人的线条也无法构造出流动的魅力。只有不断实验材质与配色的新的可能性，才能说出更进化的美学语言。真正让女人沉溺的鞋子，绝不只是外表，还有一种穿上了就不想脱下的欲望。是热情是知识是细节是极致工艺精神，让一双鞋子拥有了时尚的灵魂。

总而言之，在消费者本身非常熟悉、产品也很简单时，你可以用更复杂的描述方法赋予它更多价值感。而当消费者对一个相对复杂的产品一筹莫展时，别再强行让他理解，可以用一种简单的提炼和手法让他更快地建立认知。

10.1.2 好的广告应该是吸引消费者多看一分钟

有人发给笔者一个花生广告，并说可能是我见过最好吃的花生。笔者不以为然，但从头看到尾之后，全程惊讶脸，并一口气看了三遍，不得不承认，这可能真的是我见过的最好吃的花生。

这支创意广告是由一家叫“星期三比较好”的广告公司制作，整个广告由 12 个小片段组成，展示手法算得上过分简单，表达方式也是极其直接。通过不同的场景不断重复强化品牌认知，从而达到洗脑效果。特别是各种冲突、反差、颠覆、悬疑场景用得炉火纯青，吸血鬼、香港僵尸、外星人、怪兽，甚至连表情包都出来作妖。

看完之后满脑子全是“连××都爱吃的花生，黄飞红麻辣花生”，人的本质是复读机，为什么黄飞红广告就不讨厌呢？上次看到智威汤逊中国区数字长吴庆彬说：**“没有人喜欢看广告，但他们会被好的内容吸引，好的广告应该是吸引消费者多看一分钟，而不是去打断消费者的时间。”**很明显，黄飞红花生广告留住了笔者。

虽然这也是一个不断重复广告语的视频，但显然比铂爵旅拍、Boss 直聘这些广告要有意思得多，既劈开脑海，让品牌进入消费者的心里，让他们知道原来还有这个花生品牌；又不至于招人烦，甚至让人想迫切知道下个场景是什么，我看你还能怎么玩。这些年重复洗脑类的广告很多，很多人会非常厌烦，觉得这些广告不高大上，但仔细想想有多少品牌从开始到结束，消费者都不知道它是干什么的？90%以上品牌都需要先让用户知道它是什么。如果广告能快速建立用户认知，还非常好玩、有趣、有料，那么“高大上”就是个伪命题。

黄飞红之前应该没有做大规模推广，它现在要的是建立品牌印象和认知，不来点光怪陆离的大招怎么行？所以笔者认为这个广告干得漂亮，可能之后这种风格还会继续延续。一个广告的声量和影响毕竟有限，品牌印象和认知的建立需要持续的冲击。

不过笔者倒是挺期待，说不定，之后会出现这样的场景片段：复仇者联盟 4 里的各路英雄正和灭霸碰面，超燃 BGM 响起，场面连呼吸都困难，这时灭霸突然从兜里掏出一包黄飞红麻辣花生，至于出现的旁白文案，相信你应该知道了。

10.2 自带传播性的广告语，应该怎么写？

一句自带传播性的广告语怎么写？说法有很多，方式也并不统一。笔者比较喜欢华杉的观点：广告语一定要低成本，还能朗朗上口，不仅要一看就明白，关键还要一听就明白；传播的本质不是“传播”，是“播传”，要发动消费者替我们传播，只有播没有传，那就没用。

简单来说就是十二字方针：“一目了然，一见如故，不胫而走。”一看就很有画面感对不对？它不是一句没有任何作用、纯粹好听的话，而是消费者看到、听到后有冲动，想行动，包含精准品牌/产品利益；消费者看完后随时能想起、能运用，愿意去说给别人听，替我们做传播；员工自己会随时把它挂在嘴边，愿意去说去用；除了传播，除了调性，它还能占领消费者心智。

总而言之，华杉老师认为：广告语不是说一句话给消费者听，而是设计一句话让消费者去传给他身边的人。它不仅是一句我要说的话，而是结合品牌和产品，替消费者设计一句他要说的话。

可能大家会有疑问：这样的广告语怎么和现在看到的很多社交媒体上的品牌广告文案不太一样？的确不太一样，现在在社交媒体海量传播的广告主要是靠系列走心文案打动消费者，形成病毒式扩散。它是不固定的，可能同一个品牌下次刷屏的又是一批不同的文案。比如江小白、网易、杜蕾斯、小蓝杯等，都是比较典型的案例，相信大家近几年也是经常被这些品牌或走心、或扎心、或搞笑的系列广告刷频。

例如网易云音乐去年与杭港地铁合作打造了一辆乐评专列，把精选出来的用户乐评作为广告贴满了杭州地铁 1 号线。这个广告的策略就是贴近生活中的片段和场景，用网友的感性乐评打动、感染用户。它是通过一系列广告内容带动大规模社交媒体传播，进而积累品牌好感度。

这样的广告，每次都需要大量多次的内容创造，不断翻新花样，玩的是创意和新颖度。而且大量的文案会让它的广告内容不统一，不易于记住品牌核心卖点，更多的是增加品牌曝光，社会化传播品牌调性。

笔者说的广告语，文案定位要求更精准，首先是要刺激用户需求，然后才带来传播，且不是大规模社交媒体传播，而是消费者口口相传。比如：**困了累了喝红牛；今年过节不收礼，收礼只收脑白金；洗洗更健康；海澜之家，男人的衣柜；汇仁牌肾宝，他好我也好；有了肯德基，生活好滋味。**

很明显，这两种传播性广告各有利弊。一个群攻，一个单攻；一个是社会化大规模传播，一个是小范围口口相传，更多的是用户在进行推荐产品或品牌的时候会用。大规模扩散当然好，但是对于品牌利益，它不够聚焦，创作成本高；小范围推荐虽然曝光少，但品牌利益聚焦，营销性更强，且使用成本低。

总之，不管是哪一种形式的二次传播，都有它各自的功能，二者都是属于传播的范畴，没有绝对的好坏。现在社交化传播类的广告越来越多，同质化异常严重，各家拼创意已经拼得人仰马翻。而相反，聚焦利益的精准传播性广告是越来越少，这个时候不妨掉过头来集中于一个点发力，未尝不可。比如：**经常用脑，多喝 6 个核桃；58 同城，一个神奇的网站；充电 5 分钟，通话 2 小时。**

对于这种口口相传式的广告语，有一个不错的小方法，在想好这个广告语后可以对它做一个理解测试：召集一批人来看来读这句广告语，然后各自写下自己心中的理解。如果你找来的是同事，大家给出的理解都不一样，那就相当于内部战略思想都不太统一，可能之后每个人的发力方向都不一样，浪费资源成本。如果你找来的是用户，大家给出的理解也都不一样，甚至和你想表达的都不一样，那营销成本也太高了，因为解释不过来。

除此之外，一个最重要的原则就是要降低广告语营销成本，主要就是降低认知记忆成本、降低传达扩散成本。

10.2.1　降低认知记忆成本，让人一看就懂

降低认知记忆成本，简单来说就是一看就懂，易识记。除了包含品牌/产品利益点、通用化、口语化、场景化、精练化等基本要求外，降低认知记忆成本要特别注意一个点，即前文说过的避免“知识的诅咒”。

因此，想要降低认知记忆成本，切勿站在自我视角去写，不仅如此，还要不断召集一批批的人来看来听这句广告语，将“知识的诅咒”抹杀。

比如“去屑实力派，当然海飞丝”这句战略性广告语，应该是口口相传无数次了。不仅完全和产品利益结合了起来，最关键的是它表达得非常清楚，就跟顺口溜一样，完全没有认知成本，一看就能懂，非常好记。

10.2.2　降低传达扩散成本，乐于介绍给别人

降低传达扩散成本，则是看一眼就说得出，而且乐于介绍给别人。要知道，消费者是不善于总结的，就算他觉得你的产品好，也很难总结出一句话告诉别人。想要传播扩散就要总结出一句话，让消费者告诉别人的时候来使用。这个时候也需要特别注意一点：信息的精准传达。

你的广告语传播出去了，确实认知和记忆成本都很低，消费者一看就懂。但是传达的信息不精准，他抓不到关键点，那还怎么传播扩散？从品牌和产品角度看，所有人总是希望广告包含一大堆内容，巴不得把所有内容都塞到广告里面去，就怕自己的卖点没有列举完，感觉不说出十几二十个产品优势都不能算大品牌。

但实际上广告要说的点不能太多，消费者一次性能接受的点也不可能那么多。能

把一个点传达出去，就已经很了不起了。我们只需要用消费者的语言，或者塑造消费者的场景，或者打动消费者的情感。

往往就是一个点，它揭示了品牌的核心精髓，并能够强有力地打动消费者，这样才能促进扩散。比如“瓜子二手车直卖网，没有中间商赚差价”这句广告语，在笔者看来应该是这几年帮消费者总结产品卖点最好的广告之一了，无限降低了它的广告成本不说，就是靠这一个点，拼着命去死磕、去打动消费者，从而打开市场。

总而言之，江小白品牌总监叶明曾说：不能产生二次传播的广告都是耍流氓。不管是哪一种形式的广告语，都得有一定的传播与扩散，也都有其功效。笔者讲的这种广告语，它不是说一句话给消费者听，也不是自说自话，而是结合品牌和产品，替消费者设计一句他要推荐品牌/产品时说的话。

10.3 如何策划出一份惊艳的广告文案？

笔者曾经看到以色列最大连锁书店 Steimatzky Books 的一则广告，非常有趣：他们围绕“一本好书，是你最好的陪伴”的主题，在广告里让《唐吉诃德》《魔戒》《斯大林》《福尔摩斯》、*The Monk Who Sold His Ferrari*、*pippi* 这些书中的主角就睡在读者身旁。

很好的广告，不同的人在睡前读着不同的书，虽然最后都睡去，但身边好书中的角色却始终在一旁陪伴，不曾离开。本来是一个很常见的读书主题，通过这样的表现手法马上就活灵活现，令人印象深刻，唤起人们读书的热情。

10.3.1 对产品使用场景进行夸张，让人震撼

不得不说，利用夸张场景的商业广告形式，非常能抓眼球，总是能很快吸引到我，我个人也是非常喜欢。之前笔者说过：消费者首先要看你的广告，你才能发挥广告的作用。

在产品推广过程中，除了梳理出产品卖点，准确地向用户传达信息的同时，如何抓住消费者的眼球是一个至关重要的问题。而且在抓住眼球的同时，还要让消费者快速理解、建立认知、马上获取产品强大卖点，并获得使用联想，产生购买欲望。

一系列问题下来，不可谓不难。而为产品构建一个极端场景就是一个非常不错的方法，即在广告中展示某一个体验/服务场景，在这个场景下发挥想象力让你的产品效果惊人。

这其中，夸张手法就是笔者非常推荐的一个表现方式。产品的夸张手法就是抓住产品的某些典型特征加以巧妙夸张，使广告画面冲击力暴增，给用户更直观性的信息展现，在视觉上刺激着用户，在内容上表现了产品特性，让用户对于产品信息的表达

一目了然，产生兴趣，并最终促成用户购买产品。

10.3.2 对产品进行夸张，增强视觉冲击力

夸张手法是一种相当吸引人且有冲击力的广告方式，因为它把产品给用户的利益点以及感兴趣的点进行了放大，让他们马上就明白。不过，虽说是夸张，需要想象力。但想象需要从产品出发，而不是天马行空不知所以。夸张的手法也必须依靠具体清晰的表达方式来完成，确保用户能清晰直观地感知到。

我们每一个人都更习惯于用固有的认知和熟悉的事物去理解和判断新事物，比如对广告的理解。所以利用用户熟悉的事物来进行夸张表现，会让创意出人意料而又在情理之中，不至于让用户看不懂你的夸张表现。

在做营销策划的时候，不妨多考虑一下夸张手法的表现形式，这绝对是一个不错的方法。首先，找到产品的关键特征、核心功能、关键诉求点、使用场景等，全部提取出来。这是一定要做的，如果不了解产品，创意就是脱节的。

然后，把产品要表现点的功能、形态、诉求点、特性、用途、场景、意义等方面进行刻意的放大或缩小，寻找用户熟知的事物，以一种强烈视觉冲击的表达方式进行夸张，对创意信息进行突出。

比如对产品功能进行夸张，重点是突出产品的某个功能，加强加强再加强。Wonderbra 线下平面广告：模特穿上 Wonderbra 内衣之后，产品功能超强，好到把玻璃都要撑破了。

还有对品牌诉求进行夸张，这个非常多，想想产品能带来什么益处，核心诉求是什么，且不用的话有什么坏处。然后进行趣味的放大。

好运达足部按摩器广告：将专业、舒适的产品诉求，直接通过夸大画面传达给了消费者；博朗剃须刀广告：通过蝙蝠侠、蜘蛛侠、超人这种夸张造型，突出剃须刀的灵巧、锋利；联邦快递广告：火灾出现的时候，联邦快递把消防车给快递来了，充满了戏剧性，也同样是突出了服务速度快。

总而言之，使用夸张手法的创意广告，不仅更能引起用户的注意，也能有效传达产品价值。之前国际营销学教授 Jacob Goldenberg 团队就发现在 200 例国际创意大赛的获奖作品中，有 89%都可以归入六个创意模板，而夸张手法就是其中之一。

建议每一个营销策划人都可以去结合自身产品，多尝试这种夸张手法。而且要夸张就狠狠夸，不要夸得不痛不痒，反而让消费者觉得这是个无聊的王婆卖瓜。

我们要夸张就拿出想象力来使劲夸张，要消费者一眼就知道你是在夸张会更好，通过出人意料而又在情理之中的幽默夸张让看的人哈哈大笑，在看似大胆荒诞的画面中感知产品价值，而且印象深刻，兴趣大增。

10.3.3 快速上手讲故事的方法，你确定不试一试？

“Sorry soldier，shoes sold in pairs.”这段文字是笔者很早就看到的一句话，一直印象深刻。虽然是只有六个英文单词组成的一段话，但讲述了一个悲伤的故事。意思是：“对不起，士兵，我们的鞋子是按双出售的。”

拍案叫绝！你看，多好的故事，过目不忘，感染力惊人。好的故事总是天然带有兴趣和情绪的钩子，不管是看的人还是听到的人都容易被勾到。关键是，我们每一个人都爱听故事。

畅销书《故事》作者罗伯特·麦基认为：故事天然受到人类心智的关注，它们能把信息包裹在故事中，一旦观众在那一瞬间将自己的感觉与主角联系起来，怀疑就会消失不见。

特别是在现在这个年代，所有人都在说要讲故事，产品要讲故事、销售要讲故事、文案要讲故事、品牌要讲故事。它是吸引用户最有效的方式之一。对于广告营销，广告的本质可以说是沟通，讲故事就是一种很高明的沟通策略。

产品是死的，而故事是有生命的。当产品被故事包装之后，它就能以巧妙的形式吸引眼球，并承载着故事走进用户，引起共鸣和认同，从而消解用户对于产品的排斥感，让产品有更大概率留存于用户记忆中，或者实现购买转化。

CP+B 广告公司创始人博古斯基就将产品上市营销分为四种类型，可见他对故事营销的重视：产品没有故事，营销也没有故事；产品没有故事，营销编了一个故事；产品有故事，营销讲的是另外一个故事；产品有故事，营销把它唱成了一首歌。

那我们可以怎么去讲故事呢？说这个话题的不少见，有很多分析得特别好，有高度也很有深度，笔者就不拔高了，往低的说。开门见山直接开始：一般来说，讲故事基本上要问七个问题。首先是角色，然后就是目标、阻碍、努力、结果、转折、结局这几个过程。

故事路径可以是：**目标→阻碍→努力→结果→转折→结局**。还可以是：**目标→阻碍→转折→结局**；**目标→阻碍→努力→转折→结局**；**目标→努力→转折→结局**；**目标→阻碍→结果→转折→结局**。这些都可以，只是一定要注意：你的故事首先要有明确的角色和目标，然后一定要有转折。

首先是角色，一个故事一定是有角色的，哪怕是一片叶子，它也是角色。一切的故事推进和细节铺垫都应该围绕着角色去构建，去达成故事想要表达的概念。然后是转折，就是故事里要制造反对、制造矛盾、制造冲突，这是故事戏剧化特征的核心，转折点是把故事推向一次次高潮的关键。

总之，没有转折的故事，平淡无奇，用户读起来也很难调动情绪，只有一转再转才能将用户真正带入故事，甚至产生共鸣，他会完全被你的故事所感染。不信，你看马云每次演讲就知道了，前半段你会感觉人生真是多灾多难啊，后面你会觉得热血沸腾，坐都坐不住，心想我也要像他一样……

总而言之，讲故事是一种传达信息、传递价值、表达观念的沟通策略。既然是沟通，先想想讲这个故事沟通的目的和主题是什么？你想给用户传达什么？再想想你的故事表达出了产品/品牌与听故事的人的联系了吗？

另外，好故事需要有穿透力，能让人有心理起伏，紧跟故事节奏。而制造转折就是穿透力的力量来源，不痛不痒的东西叫事实，那不叫故事，更不是好故事。

10.3.4 用好"参照物"，绝对让你的广告文案效果倍增

有一个很有趣的现象：我们买东西的时候，经常会因为一个 10 元钱的商品能不能再优惠 1 元钱，跟商家你来我往推半天太极。而对于一个 10000 元的商品能否再优惠 50 元，我们好像并不是太在意。这就很有意思，50 元明明和 1 元有 50 倍的差距，我们却更看重那个 1 元钱。

很简单，因为我们在大脑里当时在乎的其实不是钱本身的数额，而是通过把优惠额和原价作对比，来判断它的价值。相对于 10 元，1 元就是它的 1/10，它是有价值的；而相对 10000 元，50 元仅仅只占到 1/200，这个时候 50 元看起来价值又好像就没那么多了。相对于钱本身是多少，这个时候它的相对值明显更影响抉择。

所以，任何东西都是相对的，关键在于参照物，这也是一个强大的营销底层逻辑。人在判断事物价值的时候，天生就喜欢去对比，而"参照物"在很大程度上直接决定了我们最终的决策。参照物不一样，没有改变事物本身，却改变了人的认知。

消费者在对某个东西建立认知或进行价值判断的时候，如果你没提供参照物，那么他会按照过往固有的经验和认知去对比，很明显这是不受你控制的，弊大于利。但是如果你提供了合适的参照物，他就更会基于眼前的参照物去作对比，从而达到你预期的效果。

比如你去商店买一个杯子，标价是 99 元，你可能会觉得怎么这么贵，杯子一般不就是 30 元左右吗？还是算了吧！如果你看到的是"原价 300，周年特价 99 元"，那结果可能就不一样了，300 元成了你眼前的参照物，这样一对比，99 元好像也挺值。这种现在遍地都是的"原价和现价"广告，看起来平平无奇，却是笔者见过最强大的营销文案了。它同样利用了人类最原始的对比本能，增加了参照物。

再如中国台湾文案天后李欣频，在写枯燥无趣的销售型促销广告时，也喜欢借用参照物开发脑洞。比如，在《脑力决胜论》中，李欣频就巧妙地把产品精神利益变成参照物。实物的高价，对比获取精神补给的廉价，强烈的反差对比出要推销的书的价值：1000 元买不到一副眼镜，却可以买到比尔•盖茨的眼光；1000 元买不到几次心理医生，却可以买到一辈子受用的 EQ 智慧；1000 元请不到一位趋势顾问，却可以买

到爆米花报告的未来商机。

一个好的参照物，能让消费者快速地对产品建立认知，能不断强化你想突出的关键目标项，达成最终目的。人天生就喜欢对比，这属于原始本能，对比能让我们更快地作出决策，而参照物起到了至关重要的作用。综上，用好了参照物这个妙招，绝对让你的广告文案效果倍增。所以，在你做广告文案的时候，请记住这三个字：参照物。

10.3.5 广告要有“自筛功能”

文案是坐在键盘后面的销售人员。一切广告，都是为了引导用户作出改变。既然是“销售人员”，有两点值得我们深思：

(1) 销售离不开产品、渠道、人这三个点。产品本身是很难改变的，渠道其实也是在分析人群属性，所以最终的关键还是人。

(2) 销售想强行说服每个人太难，且越来越难，更多的是找到对的人增加接触与沟通。

通过广告说服去改变人的认知很难，而找到对的人，营销就相对简单了。所以，好的广告文案一定是能帮产品筛选出“合适”的人。总的来说，离开策略去看广告，它什么都不是，你只是在欣赏美与丑！

老辣的销售有一双火眼金睛，一眼看过去就能知道谁是最可能的目标客户，笔者就经常被很多销售员忽视。但是文案人不行，文案人不能跑到市场长期锻炼这项技术，只能通过洞察，用广告文案对用户进行筛选，留下想要的目标人群。这与文采无关，是基于策略。

也就是说，广告会基于某个目标人群策略进行表达，它的目的是要接触和吸引到策略内的人群，最终达到营销效果。至于其他人群，你可能看不懂，甚至可能会鄙视，没关系，你就是要被“筛选掉”的人。

举个最常见的例子：诈骗短信。诈骗短信大家应该都收到过，短信内容看一眼你都觉得非常弱智，就这样的水准还好意思出来骗人？但骗子真的变蠢了吗？把短信内容加工得更有深度更有伎俩很难吗？还是这些骗子没那个水准？当然不是，能骗人的人，他能蠢到哪里去！

骗子短信之所以这样做也是有策略的，想想看，这么弱智的短信都相信的人，下一步接触和骗起钱来是不是就简单多了，大大降低了后续的运作成本。而如果骗子费尽心思编辑短信吸引了一批正常人上钩，那下一步接触和行骗也要相应地精心布置，后续每一步运作成本都变得极高，不划算。

弱智的短信本就是骗子“筛选”目标人群的手段。事实上，骗子群发这种弱智短信就是一种低成本营销操作，找对人很重要。至于高级的目标人群，他们也会有更高级的手段去筛选。所以，骗子不傻，他只是用不同的手段来筛选对应的目标。

同样，你看到很多低俗无趣的广告，看不懂的广告，无感的广告，不要马上说它不行，可以去分析一下它的策略、它的广告背景、它的目标人群，看看它是不是有可能在筛选人群。一个你认为很水的广告，还继续在市场上轮番轰炸，力度不减反增，品牌商傻吗？

那么多大的品牌，在不排除内部可能存在一些问题的情况下，整体而言，他们不傻。你认为很差劲的广告，他们却还在不停地投，那就说明效果是符合预期目标的，这也是他们低成本筛选用户的方式，看完这些广告还点击链接或上官网咨询的人，转化率无疑是很高的。也不用花很多钱就把“你”筛选出来了。

总的来说，广告的这种筛选功能，至少有两个目的：一是对不同的人进行一次筛选，找到既定策略对应的目标人群；二是降低广告后续的营销成本，毕竟把梳子卖给和尚真的很难。

广告圈大咖人物陈绍团团长曾给凯迪拉克 SRX 做了一个广告，反馈挺好的：**只见巅峰峭壁，高耸云天，鹰击长空，山风劲遒，深涧飞流，百丈云梯，山道延绵，不见应酬、红绿灯和股市行情**。但是有人就说了，我看不懂啊，卖个车简直不知所云。说实话，笔者看了也没什么感觉。但再想想，这组文案的策略要“筛选”出来的根本不是笔者，笔者已经被筛掉了。就算笔者感兴趣又怎么样？笔者又不是他们要的目标人群。

有次，笔者走在路上，迎面过来一位拿着传单的美少女，用略带夸张的语气对我说：“帅哥，你这么帅，这么有气质，如果再健身，那还了得，有兴趣了解一下吗？”要换作之前，应该是这样的：先把传单伸手拿出来，然后声音响起：“帅哥，健身了解一下？”你看，线下健身机构扫街也在用话术筛选客户了。

所以，任何一个策略都应该考虑是不是可以区分筛选目标对象，而不是一味地满足不相干的人，更不要为了满足所有人而改变策略。

10.4　做好这五个步骤，人人都能写出让老板满意的广告文案

每年过年前后都会有两拨做年度计划的高潮，像年度营销计划、运营计划、活动计划等都是高频类型。笔者也看了一些各种板块的工作计划，或者叫规划。

有一些做得很漂亮，不过整体来讲真的存在很大问题，甚至有的根本谈不上计划之说，老板满意才怪。写方案是一个必备的重要技能，希望这一节能对大家做各种方案计划有正确引导。

首先，切记：计划不是对方向和愿望的罗列，也不是做任务列表，更不是写个目

标清单。但这种清单罗列式的计划方案一直都是最常见的，一逮一个准，大家也乐于去做这种方案。非常快速地把各种高大上的目标以及想做的事进行罗列，看起来未来一片美好，前景一片光明，再搭配一些时髦词汇，比如“制造声量”“品效合一”“强势引流”“强化社交 DNA”“引爆全网”“KOL 转发”等。

写得激情澎湃，指引江山，感觉人生已经到达了巅峰；看得也热血沸腾，对未来充满憧憬。这种计划最大的缺陷就是：看似振奋人心，实则没有针对具体问题，更没有解决任何问题。

那应该怎么去做计划呢？在此之前，我们得先搞清楚什么叫计划。在笔者看来，计划是实现清晰目标的具体路径，本质就是要解决问题。在这一前提下，做计划就是为某个具体问题定制可实施的解决方案，并通过规划一系列行动举措来达成目标。这其中最基本的组成部分主要包括但不限于：**背景分析——目标设定——实现策略——具体措施——人员分工——资源预算规划。**

10.4.1 背景分析：做计划不能脱离现状

前面说了，做计划其实就是要解决问题，那问题从哪来呢？我们需要对行业、对公司、对未来发展、对产品等有个清晰的分析之后，才能找到当前存在的问题以及下一年的突破口。

对背景分析越多，找到的问题也就越具体，这样制作出来的计划才有方向，且有理有据。制作计划千万不要脱离所处的现状，想到哪儿是哪儿。要知道，创意不难，难的是如何把创意和具体问题结合起来解决问题。

10.4.2 目标设定：用 SMART 原则检验目录

在有了要解决的问题后，接下来一定要设定具体目标。只有先有了那个“终”，我们才知道该怎么“始”，下一步该怎么做，一切后续行动举措都是为达成这个目标而做。

这个目标其实是大家平时最爱写的，笔者就简单说四点。

(1) 所有目标设定的前提应该是基于前面的背景分析以及顺应公司的战略的。

(2) 目标一般分为主动目标和被动目标。被动目标是公司/领导安排给你的任务或业绩目标。而主动目标则是你自己想去完成的事项。不管是主动目标还是被动目标，都需要聚焦。

(3) 大目标要分解成小目标，通过逐个完成小目标来最终达成大目标。

(4) 你的任何一个美好的目标都需要遵循一定的标准，可以用 SMART 原则进行优化，也就是你的目标需要是 Specific(具体明确的)、Measurable(可衡量的)、Attainable(可达成的)、Relevant(相关的)、Time-bound(有时间节点的)。

10.4.3　实现策略：让每一个行动更为具体

一个问题的解决，一个目标的实现，一定会有对应的整体策略进行支撑。比如KOL 策略、IP 化内容策略、品效合一策略、线上+线下广告轰炸策略、产品升级策略等。目标的设定是为了让一切行动方向一致，而策略的构思是为了让每一个行动更加具体，做到有的放矢。

10.4.4　具体措施与分工：落实好每个人负责的任务

下一步，你就需要对策略的实施进行行动分解。也就是将通过哪几个维度、用哪些手段、在什么时间达成哪个阶段目标，并且把每一个实施任务分配到部门或人。每个人面对的不再是一个庞大且困难的大目标，而是对应板块可操作的熟悉任务。

让每一个分解出来的小目标，在大策略的前提下都有具体的、可达成的、有负责人的手段。这样下来，整个解决问题的路径就比较清晰了，而不是只有空空荡荡的大目标。

10.4.5　资源预算规划：需要多少资金和资源的支持

在所有的计划做完后，我们一方面对现有资源和预算做规划，另外，还需要“装可怜”，也就是表明达成目的有哪些困难和顾虑，需要得到什么支持。比如人员支持、资金支持、资源支持等。

别藏着掖着不说，也不能玩英雄主义，企业检验一个人的标准始终是看结果，不花钱、不要人、不用资源并不能成为你的战功。当做完了以上这些最基本的组成部分之后，一个计划才算是完整的、有效的解决方案，而不是高谈阔论。如果规划不科学，弄不好就是整天白忙活。

总而言之，计划应该是解决方案，是解决问题的过程，而不是目标清单。做计划除了是做详细规划，更是深度思考与自我审视的过程。

第 11 章

激发用户：用文案快速取得用户的信任

学前提示

文案人利用好文案，可以快速赢取消费者的信任，从而提高产品的销量以及获取流量。

本章主要从如何获取消费者信任、强化用户认知以及激发用户行动欲望这三个方面来进行具体分析。

要点展示

- 如何用文案快速赢得消费者信任？
- 如何强化用户认知，让用户记住你？
- 一个让你学会激发用户行动欲望的模型

11.1 如何用文案快速赢得消费者信任？

奥美大神奥格威有一句话："消费者不是低能儿，她们是你的妻女。若是你以为一句简单的口号和几个枯燥的形容词就能够诱使她们买你的东西，那你就太低估她们的智商了，她们需要你给她们提供全部信息。"

我们天生不相信广告，特别是随着朋友圈微商的泛滥，大家对广告的信任度更加低。如果说激发购买欲望是给顾客购买找到感性依据，那么赢得读者的信任，就需要文案给顾客呈上一个理性证据。笔者这里总结了四个赢得读者信任的实用方法。

11.1.1 权威转嫁，塑造权威的高地位

做好权威转嫁，一是塑造权威的高地位，在行业举足轻重，所有人都希望得到他的认可。二是描述权威的高标准，一般人无法获得，得之不易。

"没想稻"这个品牌在这一点上就深谙此道，它是一个卖五常大米的品牌，专门请来香港食神戴龙(高地位)为品牌站台，赌王曾经花 5000 元港币就是为了吃一口他做的炒饭(高标准)。

"没想稻"借戴龙的权威之口说出"在这一碗米饭里面，我看到了真心"，赢得了消费者的信任。并且，他愿意用"没想稻"五常大米做一次黯然销魂饭，再一次让消费者对"没想稻"的品牌增加了信任度。2016 年 10 月，"没想稻"上线众筹，短短 6 小时就卖了 12 万斤。

11.1.2 事实证明，取得消费者的信任

笔者之前在一家生产钢化膜的公司上过班，为了验证钢化膜能够有效防止碎屏。就拍过用锤子砸贴了膜的手机这样的实验。所以，如果你的产品有这样或者那样的优势，如何才能够让消费者相信呢？用事实来证明是个不错的方法。

河南睢县的一名丝袜销售经理，为了展示丝袜质量，他把八岁儿子装进丝袜里面，提起来猛"duang~"，视频一下子传播出去了，效果非常好。他的丝袜销量也一下子翻了几倍。

11.1.3 顾客证言，赢得老百姓口碑

金杯银杯不如老百姓的口碑。我们会根据豆瓣的评分决定是否去看这场电影；我们会被微博里的水军带节奏而影响对事情本身的判断；我们会因为卖家秀长草或者拔草。

所以你看，其他消费者的选择会对我们的决定产生多大的影响。收集客户证言不难，难的是**挑选的证言必须要集中顾客的核心需求**。很多顾客证言大多都是“我以前有某某烦恼，自从用了这款产品，问题解决了，我很开心！”很像朋友圈的微商体，刚看第一句，就知道是广告了。一流证言文案=**破解更大焦虑+树立幸福榜样+激发向往憧憬。**

比如奥斯汀轿车：“我用驾驶奥斯汀轿车省下的钱，送儿子到格罗顿学校念书。”文案的前半段是说一名外交官最近换了奥斯汀轿车，他们家用车一直非常频繁，一次晚饭的时候，他琢磨出“我用驾驶奥斯汀轿车省下的钱，送儿子到格罗顿学校念书”，并且仔细的算了一笔账，用真实的数据体现了奥斯汀轿车的省油性能。

虽然奥斯汀这个品牌已经消失了，但当时奥格威的广告取得了很大的反响，甚至惊动了《时代》周刊和格罗顿学校的校长。奥格威的证言文案，厉害之处就在于他独特的消费者心理洞察。他没有着重去写这车子性能如何好，而是从节省、孩子教育这个角度出发，非常符合一个中年男人的真实心理状态。

笔者个人认为写顾客证言，一定要多模仿消费者的说话语境，不同的消费者，说话的风格不同。另外，还可以巧妙地写一些负面评价，使其更加真实可信。

11.1.4 化解顾虑，让消费者了解产品

即便消费者对你的产品已经非常动心了，但是在完成最后购买时你的消费者还是会担心这三类问题。

(1) 产品：产品收到后不满意怎么办？(能否退货)，坏了怎么办？(是否保修)。

(2) 服务：邮费、安装费谁来承担(是否包邮，是否有运费险)，是否能送货上门？

(3) 隐私：购买一些隐私产品时，送货会不会被人发现？

这些都需要提前就告诉消费者，他了解得越多，就越能建立对你的信任。大众甲壳虫汽车有一篇文案，将化解客户顾虑这一点写得淋漓尽致：

这辆甲壳虫没通过测试。仪器板上杂物箱的镀铬装饰板有轻微损伤，这是一定要更换的。或许你根本不会注意到这些细微之处，但是检查员科特克朗诺一定会。我们在沃尔夫斯堡的工厂中有 3389 名工作人员，他们唯一的任务就是：在生产过程中的每一阶段检验甲壳虫(我们每天生产 3000 辆甲壳虫，而检查员比生产的车还要多)。大众甲壳虫汽车常因肉眼所看不出的表面擦痕而被淘汰。最后的检查更是苛刻到了极点！大众甲壳虫的检查员们把每辆车像流水一样送上检查台，接受 189 处检验，再冲向自动刹车点，在这一过程中，被淘汰率是 2%，50 辆车总有一辆被淘汰！对一切细节如此全神贯注的结果是，大众甲壳虫车比其他车子耐用，却不需要太多保养(这也意味着大众甲壳虫车比其他车更保值)。我们剔除了酸涩的柠檬(不合格的车)，给您留下了甘甜的李子(十全十美的车)。

文案中着重强调了车辆出场检查的苛刻、检查员的人数多、检查步骤繁杂、检查标准之高等，其实就是为了给消费者化解购买时担心车辆质量不符合标准的顾虑。看完，真的很放心！

11.2 如何强化用户认知，让用户记住你？

公司要上新品了，马上要做营销推广，项目负责人把你叫过去，跟你说了一通这个产品如何牛、上线如何的重要、老板是如何重视、它包含了公司多少心血等，总之一句话，一定要把销量做好。

接下来，我们绞尽脑汁、费尽心思做好用户分析、整理好产品卖点、做好定价、铺好各个推广渠道之后，把产品推出去，然后是不是就万事大吉了呢？好像还差点什么！文案！再去看看你的产品包装文案！消费者能获取到你的产品卖点吗？是他想要的吗？他看完你的文案能对你的产品建立认知吗？你说的一大段的介绍，他信吗？他会想下单购买吗？等等。

笔者在看了很多高销量的营销文案之后发现，这些产品都非常重视文案的输出，都会采用很多不同的文案方法，但是这几个实用技巧，大家都很喜欢用。

11.2.1 卖点要集中，而且要放大

“不要试图把一个产品的多个卖点同时推向消费者”，这是很多国内外文案实践者给我们的一条中肯建议。一篇产品文案，如果仅仅是产品卖点的一个个罗列，一方面目标过于分散，另一方面消费者根本看不过来，也完全记不住。

“你这都说的什么？你想表达什么？”所以说，你总是觉得你的产品卖点很多，每个卖点都很好。但是在文案中，还是要做到卖点集中，突出核心关键卖点，其他卖点可以说，但一定是协同。

你也可以对不同的人群或者在不同的场景推不同的核心卖点，每次只推一个，集中突破。同时，卖点集中，其实就是针对某个人群的卖点要集中，那么这个人群也要集中。你的文案，最好锁定好精准目标人群说出打动他的卖点，哪怕是说出只有他们听得懂的话也没关系。

11.2.2 减少用户的认知阻碍，快速理解产品

当你的目标人群集中了，卖点也够清晰够集中了，接下来就需要快速让消费者对你的产品建立认知。没人会愿意买根本不知道是什么的产品。因为风险太高了。

有一个非常实用的快速建立消费者认知的方法，那就是利用认知基模！什么叫基模呢？基模是人与生俱来的行为模式之一，它是我们的认知中所有知识的一个海量的

集合。

举个例子：西柚是柑橘科属的亚热带水果，簇生成串，皮薄且软。果肉分瓣，颜色呈淡黄色到珊瑚红，从多汁到微干，从香甜可口到酸味扑鼻。如果你不是很了解西柚，那么现在请你闭上眼睛，根据上面的介绍想想西柚长什么模样。我估计你很可能完全想象不出来。

那我们再换一种介绍试试：西柚是一种小型的柚子，形似葡萄，皮如柑橘薄且软。怎么样？这个时候你脑袋里是不是已经出现一个西柚的轮廓了？看到了这个介绍，你就知道了，西柚是和普通柚子形象差不多的，只不过是个头比较小，像葡萄的形状，而且它的皮是像柑橘一样又薄又软。在这里，“小柚子”“葡萄”“柑橘”这些你已知熟悉的概念就是我们说的“基模”。

美国著名学者曾提出过“可得性偏差”，意思是：因为受记忆力或知识的限制，我们在做判断的时候，总是利用自己熟悉或者容易想象的信息。换句话说，我们习惯于用固有的认知结构去解释和理解新事物。对于产品，我们也是习惯于用过去固有的认知去理解。

对于一个完全不具备背景知识的人来说，大量的描述性语言让人完全抓不到头脑。这个时候，一个最常用的做法是：利用对方已有的认知基模，来解释未知事物，这样理解起来就容易多了。

我们在做产品介绍或文案的时候，不妨也想想自己的产品特征、卖点、功能等和用户熟知的东西有哪些关联。这绝对是一个不错的方法。首先，找到产品的特征和核心功能，全部提取出来，这个是一定要做的，否则你都不了解自己的产品，根本无法进行关联。然后，寻找用户已知对象，与已知对象建立认知关联。

用户更容易记住对他有意义的或者是以前熟知的东西，而且倾向于看到他想看到的东西，越贴近自己的经验就越觉得安全，同时也越容易接受。用户在对产品本身建立充分认知和理解后，才能对你的各种优势以及卖点真正产生兴趣，进而才会更愿意掏钱！

11.2.3 用简洁的短句说，提升思绪清晰度

一连串长段文字会让行文呆板，而且可能一开始就造成了“认知沟通障碍”，直接就让读者没了兴趣。而多用短句会让叙述紧凑，产生不错的张力，让读者思绪更清晰，互动性更强。

“Keep it simple and stupid”意思是将产品设计得越简单、越傻瓜化越好。这个原则在写文案时也同样适用，想让自己的信息被更多的用户接收和记忆，它就必须足够简短和直接。很多文案在开头的时候，每个句子都很短，易于阅读，这样读者自然而然就会去阅读下一句。

如果你没有非常强的文字把控能力以及场景描绘的能力，那在文章开始的时候就

尽量别太长。句子要短，意思要清晰，节奏要快。

11.3 一个让你学会激发用户行动欲望的模型

为什么有的产品、活动、广告推出来后，用户一看到就想使用、参加、行动？而你的东西做好了，用户却总是不会按你预期的去做。产品不使用，活动不参加，广告看了没反应。我们都希望用户会按照我们的预期去行动，但是，梦想总是很美好，现实太残酷。

那如何让你的用户马上就行动起来，参加你的活动、打开你的公众号、加入你的社群、刷你的抖音视频、购买你的产品等？笔者要和大家分享的方法就非常适合这个话题，它就是福格行为模型(BJ　Fogg’s behavior model)。

福格行为模型是一个用来探寻用户行为的很好途径，它认为要让一个行为发生，必须同时具备三个元素：动机、能力和触发器。也就是说，只有当一个人有足够的动机，有能力去做到，而且有能触发用户行动的触发器时，一个行为才最终可能发生。

下面笔者就主要从动机、能力和触发器三个方面并结合具体的案例，来和大家一起聊聊，如何让用户马上行动起来。

11.3.1 动机：挖掘用户痛点，努力寻找用户动机！

动机就是用户因期待某种回报而去行动的最直接原因，比如看病吃药就是期待早点好起来，免除疾病带来的痛苦。这是关键的一步，用户对你的产品不感兴趣，对你的公众号不感兴趣，对你期望他们完成的行动完全没有动机，那还谈什么行动起来？我们常说洞察用户需求，挖掘用户痛点，其实就是在努力寻找用户动机！

用户期望借助你的产品实现怎样的目的？用户为什么要参加你的活动？他基于什么理由去打开并关注你的公众号？我们可以从八个方向去激活用户动机，即**找乐子、免痛苦、找希望、免恐惧、找归属、免偏见、找福利、免焦虑。**

另外，人生来就有八种强烈的原始欲望，这几个欲望会直接影响我们的行动决策，它们是我们能利用起来的最好动机。

(1) 避免劳累，享受舒适愉悦的生活。

(2) 享受食物和饮料。

(3) 免于恐惧、痛苦和危险。

(4) 充满魅力，寻求性伴侣。

(5) 永葆青春，保持健康活力。

(6) 与人攀比，获得更多优势。

(7) 照顾和保护自己的家人及所爱的人。

(8) 获得社会认同，被尊重。

所以，想要用户马上行动起来，首先你就要提供用户需求的某种回报，满足他们的“动机”，激活人的某些“需求”“痛点”或“兴趣”。

11.3.2 能力：告诉用户行动起来很容易！

有了动机，用户也未必会去行动。比如戒烟，动机从来都有，但是行动总是迟迟缺席。想要提高用户某个行为的发生率，还有一点一定不能少，就是确保用户有足够的能力去做到，整个过程可以复杂，而每一个环节需要简单易行。

人都是习惯于待在舒适区的，不愿意冒险，不愿意改变，也不愿意跳出固有思维。所以哪怕你的产品、活动或某个广告号召很值得去尝试，但是如果改变或行动起来不那么容易，门槛太高，那可能很多人都会放弃。从动机到行动之间，用户自我改变要付出的成本，从来都是一座并不容易翻越的高山。

这个成本往往不仅仅是金钱成本，还有形象成本、行动成本、学习成本、健康成本、决策成本等。

有团队做过一个果酱实验，他们向消费者提供一场果酱试吃活动：实验分为两组，一组有 6 款果酱可以试吃，另一组有 24 款果酱可以试吃，试吃之后，所有果酱都可以任意搭配购买，并且低于市场价格。结果，6 款果酱的组，有 30%的试吃者选择了购买；而 24 款果酱的组，只有 3%的人最终选择了购买。

原因很简单，低决策成本造就了高的行动数量。24 款果酱看似更加诱人，但其实无形之中给消费者增加了选择和决策成本，选择起来很难，又想要这个又想要那个，最后干脆放弃了购买。

所以说，要跨越行动门槛，把动机最终转化成行动，我们要做的就是让用户更有能力，降低他们总体行动成本，让他们能更便利地动起来。而且除了提供足够的动机，我们还要告诉用户“行动起来其实很容易”“轻松就能做好”等，并让他们感知到。当然，成本和能力从来都不是单独存在的，用户能付出多大成本，还取决于你给的诱惑有多大。

11.3.3 触发：促使用户马上行动的诱因！

有了动机和能力，下面就缺一个对的时机了。触发就是指促使用户马上行动的诱因。比如你感冒了，有了动机你可能也不会去买药，但当你看到一条新闻说最近感冒可能得××疾病的时候，你马上就会去买药吃药了。

这条新闻就是触发器。我们需要弄清楚用户在何时何地更会使用这个产品？什么样的情绪会促使他们行动？什么样的文案能打动他们？什么样的结果是他们不愿看到的？什么样的场景会刺激他们等。

简单来讲，就是要有一个行动触发器，更近一步激发人的某些“需求”“痛点”或“兴趣”。这个触发又分为外部触发和内部触发。

外部触发即我们直接就看到、听到或感受到的那些刺激或提示语，比如：“走过路过不要错过！”“今日全场两折”。内部触发主要为心理上的，在某个场景下，用户的核心痛点被再次激起或放大。我们经常讲的人性弱点、情绪以及各种心理学原理都是这种。

那么，有哪些方式可以很好地完成触发或暗示呢？之前看公众号“少加点班”的号主李少加对此有非常好的见解，具有很好的指导意义，分享给大家。大量科学实验显示，几乎所有行为习惯的“暗示”都可以归为以下四类：情境、时间、情绪、前奏行为。

(1) 情境，即用户所处的具体而生动的场景、环境。通常来说，我们从用户使用产品的典型情境出发，可以找到激发用户行动的第一步：用户暗示语。比如喜马拉雅FM的：路上堵车，听喜马拉雅。

(2) 时间，即适合使用产品的特定时间。比如，“罗辑思维”微信公众号之前早上六点的一条语音。又比如十点读书，光名字就非常清晰地进行暗示了。

(3) 情绪，即触发用户使用产品时的心情状态，尤其适合感性化的产品。比如直播类产品：“煲剧累、游戏贵，不如直播迷人醉。”

(4) 前奏行为，即做完一件事情后紧接着很可能会做的事。比如你正在运营一款刷牙后用的产品，就可以以“刷牙”作为“暗示”。如：“刷牙后漱口，弥补刷不到的缺陷”。

总之，你要做的就是要去洞察那些可能完成内部触发的情绪和心理，然后利用外部触发来刺激用户付诸行动。

11.3.4 案例1：学习型社群，为什么受欢迎？

现在有很多学习型社群，比如“7天改变自己”“14天阅读计划”“21天英语能力养成”等之类的社群，非常受欢迎，而且百试不爽。对应的“福格行为模型”如下。

动机：克服自身懒惰的习惯，同时解决用户的成长焦虑，和一群有共同特点的人一起进步，让自己免于焦虑，找希望。

能力：行动起来不难，只需进群或交付一定成长金，就有专业老师及一群人共同完成。金钱成本、学习成本、行动成本都很低。

触发：只需要7天、有大咖授课、前100个半价、学完包就业、还有证书等都是触发器。

11.3.5 案例 2：公众号运营，如何促进打开率？

说到公众号运营，图文打开率一直是个生死攸关的大问题。题好文一半，这个说法在这个碎片化时代，应该是得到了充分的验证。那如何单从图文标题上去促进用户点开标题呢？这个对应“福格行为模型”如下。

动机：用户希望解除疑惑/满足好奇心、寻找利益、获得好处、查看新闻、获得情感慰藉、学习实用技能、寻找认同、关心热点等。

能力：点击标题本身就是一个成本很低的事情，同时还要降低用户的理解成本，不然看不懂也就不点击标题了。

触发：与动机对应，让用户点开标题的触发器就是：制造悬念好奇、与“我”相关、反常识开脑洞、突出利益、营造紧迫气氛、强调稀缺性、利用大 V 背书、标题前后添加修饰词、暗示危险、表达情绪等。

11.3.6 案例 3：日本电饭锅，打造卖点特色

电饭煲在日本刚刚诞生时，主打“便捷”这个卖点，但是销量不佳。之后调查发现，原因在于家庭主妇觉得使用电饭煲非常损害她勤劳的形象，婆婆会认为她在偷懒。后来，商家就主打让米饭更加健康的卖点，电饭煲才得到了普及。实际上电饭煲做饭未必更健康，但商家的策略帮助消费者绕过了形象成本。对应“福格行为模型”如下。

动机：想要更便捷地做饭，想买电饭锅。

能力：这个案例其实是没有改变金钱成本、学习成本之类的，而是帮助消费者降低了购买的形象成本，这是关键。

触发：打折促销、醒目的广告、做饭更便捷都是触发器。

11.3.7 案例 4：抖音，为什么让人刷到半夜？

为什么现在越来越多的年轻人爱上了刷抖音，没事就刷刷，动不动还刷到深更半夜不睡觉？这也可以对应“福格行为模型”。

动机：找乐子、找归属、避免焦虑劳累，享受舒适愉悦的生活、看看小哥哥小姐姐、发发自己的视频。

能力：抖音的操作是相当简单的，打开就能看，滑滑手指就能刷。

触发：晚上在床上睡不着、早上上班坐车无聊、一个爆款视频、一句“来了老弟”“好嗨哦”、一首流行的背景音乐、一个漂亮的小姐姐等都可能成为触发器。

总而言之，只有当一个人有足够的动机和能力，而且有能刺激用户行动的触发器时，一个行为才最有可能发生。如果你预期的某个动作，用户迟迟不去行动，不妨多从这几个角度去思考，列出你某个产品、活动的福格行为模型，然后着手解决。

第 12 章

运营技巧：持续提升文案阅读量的方法

学前提示

一篇文案如果仅仅内容优质、针对人群精确，是远远不够的，想让文案阅读量提高，还需要一定的运营技巧以及方法。

本章将具体阐述提升运营以及快速涨粉的方法。

要点展示

- 新媒体文案的四种类型，对症下药
- 通过文案，与公众号中的粉丝成为朋友
- 提升运营/营销转化率的万能方法
- 运营者最喜欢的三个快速涨粉的方法
- 运营进阶的四个动作

12.1 新媒体文案的四种类型，对症下药

文章打开率和分享率这两个指标一直升不上去，是做新媒体运营人的挥之不去的痛，打开率体现了选题和标题是否足够吸引人，这直接决定了用户是否点开文章；而分享率则体现了你的文章内容是否足够打动用户，这直接决定了文章的二次传播。

在你做公众号没方向的时候，如何结合这两个重要指标对文章做优化呢？除了看着数据发呆之外，我们还可以做点什么呢？

这就是笔者接下来要分享给大家的。不求直接解决大家的所有问题，只希望给大家带来一些帮助，促进一些提升。首先，基于公众号文章的打开率和分享率，一个公众号的所有推文无非是以下四种类型，即高打开率，高分享率；高打开率，低分享率；低打开率，高分享率；低打开率，低分享率。

我们可以根据公众号历史数据，计算出历史打开率和分享率的平均数据。以平均数据作为基准，就可以知道自己每篇文章属于哪一种类型。这样我们就能对症下药，有的放矢。

12.1.1 高打开率，高分享率

这种双高的情况，当然是最好、最理想的状态。这个时候我们除了为自己鼓掌之外，还需要认真总结。成功来之不易，一旦成功了，我们就需要去学习成功。

马上去分析这些“双高”的文章，从选题到标题、从排版到内容、从转发设置到情感表达，一处也不放过，归纳出技巧，然后放进自己的“军火库”，长期打磨积累，形成自己的系统知识。

12.1.2 低打开率，低分享率

这种双低的情况，肯定是每一个新媒体人最不愿意见到的。但是事情一旦发生，躲肯定是躲不了的，还不如好好吸取教训，争取下次能避免甚至完全不犯。

一个错误出现一次两次可能是由很多原因造成的，但如果每次都出现，而且还没有一点儿好转，那肯定就是你的问题。该怎么办呢？总结出失败的点，学会自检！每个人都喜欢看“成功案例”，但我们更应该复盘一下“失败案例”。

特别是这个年代，成功的契机千千万万，但是失败的原因总是那么多。如果我们能够一次次地在失败的时候找到问题所在，学会总结出失败的点，形成自检清单，那离成功就会越来越近。所以，每一个自媒体人都应该形成一份自己的文章自检清单。

在写文章时或者写完之后，都可以拿着你的问题清单，对照一下你的内容。你会发现，每次拿着这份自检清单，把要发的文章改过几次之后，会对文章越来越满意，

而且心里也会更有底气，不至于总是听天由命。这是失败给我们带来的一个很好的习惯。失败带来的不都是一无所有，它还给我们带来“财富”。

好了，上面我们说了文章“双高”“双低”的情况，下面笔者再说说剩下两种一高一低的情况，这种情况是更常见的，而且是急需优化的。

12.1.3 低打开率，高分享率

文章推送出去，分享率还挺高的，但是打开率很低，这种情况是最揪心的，因为辛辛苦苦做的几千字内容，质量得到了大家认可，但是却败在了十几个字的标题上。我们要做的就是让标题抓人眼球，如果一个标题不能在 3 秒内吸引别人点开，那么它将永远没有上场的机会。在这样一个注意力稀缺的时代，标题对于新媒体推文的重要性，不言而喻。

笔者在前文中已总结过写标题的方法，这里不再赘述，相信这些技巧方法能让你的标题多一些吸引力，提高文章标题的打开率，让高分享低打开的文章更上一层楼。总而言之，一个好的标题就是要让有价值的信息无阻碍传播。

12.1.4 高打开率，低分享率

最后一种情况是文章推送出去，打开率还挺高的，但是分享率很低。这种情况下，如果你文章本来就不行，只是标题党，那也无话可说。但是如果选题本身不错，也费尽了力气做内容，标题也取得恰到好处，最后却因为一些细节没做好，分享率很低，最终导致阅读量大打折扣，那就比较可惜了。

这个时候我们要解决的问题就是那些已经阅读文章的人为什么要分享你的文章？这就要用到《疯传》《社交比》里面重点提到的，互联网大 V 们都在用的“社交货币”。社交货币这个概念笔者之前讲过，简单地说，我们在微信上转发分享某一篇文章，在很大程度上都是基于社交货币，它是一种可以诱发传播的工具，也是分享的关键。每个人都需要有社交货币，而我们的文章要做的就是提供给他们。

12.2 通过文案，与公众号中的粉丝成为朋友

如果没能和用户建立更多的关系，仅仅是通过推文“你写他看”来连接用户，这种关系是很脆弱的。而且这种弱关系，用户取关起来也会更加没有“负担”，不得不防！下面笔者就 5 个方面和大家聊聊跟粉丝成为朋友的方法。

12.2.1 是否经常会有一些用户互动？

我们常说要让公众号更受青睐，除了优质内容之外，还可以更加看重用户互动，

你和粉丝产生更多交集。比如，有些文章结尾处有各种内容征集、新世相有晚祷时刻、槽边往事有禅定时刻、深夜发媸有话题讨论、蝉创意有各种投票等。

这都是他们在长期运营过程中摸索出来的用户互动形式，与自己的定位或业务相匹配，也是用户喜欢的，能够更好地增强公众号与粉丝的关系。

公众号互动形式其实很多，运营者可以在图文结尾处加一句走心的话或小思考；可以每天回答一个粉丝问题；可以征集读者故事，然后发布；可以发起各种有趣的投票；甚至还可以专门筹备粉丝节日等。

这些方法笔者向很多人推荐过，不仅能提高活跃度、降低取关率，甚至有的公众号的互动反而成了亮点，用户关注就是为了和公众号互动。

12.2.2 是否经常会给粉丝准备小礼物？

不一样的小礼物，或者时不时的小惊喜，都能够激起粉丝的高峰体验，让他对公众号有更好的记忆。之前笔者有提过一个关于高峰体验的原理：大多数时候，我们对某个事物的回忆，都是在一些关键时刻，而我们对这段体验的时间长短，稀疏平常的那些体验，基本都会忘记。

小礼物和制造惊喜一直都是在营销运营过程中，制造关键时刻的好方法，没有人能抵挡得住惊喜。但凡在相同体验过程中，感受到不一样的惊喜，用户总是会对你更加青睐。一个会给用户制造惊喜的品牌，总是让人喜欢。

比如公众号提前给读者准备好一些他们非常需要的东西，用户看完文章在后台回复对应关键词就可以获得。再如给读者准备一些书籍、工具包、粉丝优惠、红包口令、特权服务、会员等小惊喜，这都是在给公众号制造关键体验时刻，让粉丝更加青睐。

12.2.3 你的公众号是否有人格化塑造？

粉丝肯定更愿意和一个人交朋友，而不是和一台机器。既然是要和粉丝做朋友，那公众号首先就得有人格形象的塑造和输出。我们的公众号不是机器人，粉丝喜欢的也不可能是一个冷冰冰的账号，他们喜欢有血有肉有个性的活生生的人。所以，你的公众号是个怎样的人？它有自己的标签、个性、态度、价值观吗？有自己的顺口溜、喜欢干的事和小毛病吗？

12.2.4 你有专门建立社群维护粉丝吗？

如果说单纯维护粉丝关系，公众号肯定是敌不过社群的，之前笔者和一些自媒体人聊到这个问题，他们都认为，在专门运营粉丝群之后，取关率会降低很多。用户社群化，把自己和粉丝真正连接起来，这个连接产生的价值并不仅仅局限于用户维护，还有品牌传播、活动传播、产品调研、直接销售等。

这个社群可以是微信群，可以是知识星球，也可以是饭团，这些平台都可以很好地进行粉丝维护工作，让粉丝找到群体，有情感付出。

12.2.5　你有让粉丝为公众号投入更多吗？

人们在决定是否去做一件事情的时候，不仅会看这件事对自己有没有好处，还要看过去已经在这件事情上有过多少投入，比如时间、金钱、情感、精力等。“沉没成本”相信大家都听说过，一个人在某件事上付出投入得越多，越不容易放弃。但问题是，你的公众号除了让用户投入时间看文章外，还让他们投入过什么而更不愿意取关吗？

之前笔者说的征集用户观点，就是一种让用户投入的方法。除此之外，还可以让用户参与公众号或者社群的运营，让他们更有参与感，同时投入更多的精力和情感。比如帮助公众号审稿子，比如一起策划活动、一起想公众号选题、一起做公众号推广，比如参与公众号栏目的划分、参与发展方向的讨论等都可以。

12.3　提升运营/营销转化率的万能方法

之前，笔者说过我最喜欢的增长是可复制可持续的增长，它一般都会有三个关键过程：首先是小范围测试，低成本试错，也就是最小可行性验证，让 ROI 最大化；然后是把测试的最优结果整理为可执行的标准化流程，前面是样板，这里是形成规范；最后就是大规模复制，指数级增长。

这样的方法，屡试不爽，出错率低且效果好。在此过程中最关键的就是最小可行性验证，目的是要得到提升转化率最好的方案。一说到提升转化率，每个人都会有很多想法，比如设计美观、符合用户预期、打折、赠送礼品、限时限量等，方法很多，却不成体系。

那么有没有什么方法能帮助我们更科学精细地提升运营或营销转化率呢？首先，很多人一说到提升转化率就马上去风风火火地改这改那，这肯定不行。提升转化率需要精细化运营，不能完全不分析原因，不系统地去规划。

在找到一些能提升转化率的可能原因之后，还需要经过验证，所有未经验证的原因都不是真正的原因，没有验证，一切都是空谈。这里笔者给大家推荐一个提升运营/营销转化率的万能方法，主要分为四个步骤。

12.3.1　确定运营和营销要达到的目标

不管是做运营，还是做营销，都应该有一个明确的核心目标，这是最基本的，却也是最容易忽视的。因为人总是喜欢贪多，希望同时达成一堆目的。

想法是好的，但是作为运营人，一定要目标清晰。目标不清晰，转化流程就不清晰，你都不知道要提升什么，还谈什么提升转化率？说白了，你制定了什么运营目标，那就针对这个目标去提升转化率。切记，目标明确、目标清晰、目标聚焦。接下来才有下一步。

12.3.2 画出用户转化核心流程/关键步骤

画出用户转化核心流程，是笔者平常最喜欢干的事。可以这么说，画的不是流程，画的是灵感，在画的过程中会发现，可以玩创意的地方真的很多。这个环节很简单，但又很难。简单在于只需要罗列出用户在体验过程中的关键环节，而难又在于需要足够了解产品和服务、足够熟悉用户体验流程、足够洞察用户。

很多人有误解，觉得自己做营销做运营，对于这个用户转化流程了然于心，其实那只是自己觉得的。当你亲自动手去画的时候，会发现这就像是对你的一项考核，在画的过程中检验你对产品、服务和用户的理解。而且，会一边画，一边发现各种不同的问题。

在画出用户通向我们运营/营销目标的核心转化流程之后，你就会清晰地看到每一个用户的转化走向，他会在哪里开始决策。接下来就可以进行下一步了。

12.3.3 列出影响每一个步骤的关键影响因素

在用户转化流程的每一个环节，都会有一些影响这个环节转化率的关键影响因素。列出这些关键影响因素，更能有规划地去掌控全局，通过优化这些影响因素去提高每个环节的用户转化率。

在列出每一个环节的关键影响因素过程中，我们可以凭借经验，可以调研用户，可以内部讨论，可以分析竞品。这里笔者重点说一个方法：流程穿越法。

流程穿越就是你需要切换视角，假想自己就是目标用户，然后走一遍你所画的这个转化流程，并且感受每一个用户可能接触的点。你必须在目标用户的转化流程上，模拟、界定、选择如何影响用户的新内容、新方式和新介质，从而把控转化率。

当然，走一遍还不够，还要邀请行业大咖、专业人士、目标用户、核心用户等都来一次流程穿越。记录下那些会影响转化的关键影响因素。最终列出整个用户转化流程上的各个影响因素。

12.3.4 逐个验证并优化关键因素

经过上一个步骤后，你肯定列出了很多关键影响因素，然后就去投入所有资源开始优化吗？不能够，毕竟任何一个团队的人力和资源都是有限的，我们要的是得到提升转化率最好的方案。

所以，这里就回到了前文所说过的三个关键过程中的第一步：进行小范围测试，低成本试错，也就是最小可行性验证，让ROI最大化。那么，接下来就需要对这些影响因素验证，找到最能提升转化率的关键影响因素，然后才是重点优化提升整体转化率。不能仅凭感觉或者固有经验不断地做苦力，正确的方式应该是具有经验，反思观察，抽象概括，主动实践，如此往复。

总而言之，这几个步骤下来道理很简单，但是这种结构化逻辑思维大家一定得坚持用在实操中。特别是确定核心目标、画出转化流程、列出影响因素这三个步骤特别重要，笔者个人一直都要求自己以及其他人要养成这个习惯，看似简单的工作会让很多东西都更加清晰，一目了然，你会知道你下一个重点在哪里。思维养成了，遇事就不愁了。

12.4 运营者最喜欢的三个快速涨粉的方法

涨粉、涨粉、涨粉！这是一个赤裸裸的刚需，微信公众号运营总是逃不过这个苦难。而大多数运营者面临的问题是不知道如何涨粉，或者说没有很好的工具来做涨粉活动。

曾经江湖流传着一个传说：得粉丝者得天下。虽然现在言论不一，但是涨粉依旧是绝大多数运营者高度关心的话题。涨粉越来越难，单个粉丝获取成本越来越高，也成为大家的新共识。涨粉方法很多，也有一些是非常靠谱的。

比如做内容，靠爆文，这是大家梦寐以求的涨粉方式；比如做微信广告涨粉，特别是受资本青睐的公众号最喜欢这种涨粉方式；再如做互推的，大家互相帮助，抱团取暖；还有利用微信群涨粉、做视频涨粉、做地推、利用Wi-Fi涨粉、靠微信娃娃机涨粉、传统媒体涨粉等。不是说这些方法不好，而是它们的效果正在慢慢减弱，弱到运营者们已经等不了了。

绝大部分公众号没有爆文、没有那么多资本、没有海量的资源，不只是运营者等不了，老板也显得越来越不耐烦。江湖上慢慢出现一些能短期快速涨粉的方法，让大量备受涨粉煎熬的运营人获益。

经过很多同行验证，以及笔者的一些了解，目前一些快速涨粉的方法，主要包括这三个：公众号后台裂变、积分宝/任务宝裂变、微信群裂变。这三个方法都特别适合于垂直细分行业，传播效果好，吸粉迅速。下面笔者详细和大家探讨一下这三个涨粉方法。

12.4.1 公众号后台裂变

公众号后台裂变，在很多公众号都可以看到，就是在公众号后台回复关键词，转发朋友圈并截图发至后台完成任务，就可以得到相关需求的东西。涨粉路径为：

设计一个超诱惑性海报→分享到朋友圈/微信群等渠道→新用户看到海报扫码关注公众号→回复对应关键词→公众号后台提示用户要求转发海报→用户朋友圈转发海报，并截图发至后台→审核通过后发放所需东西→其他用户看到海报如此往复。

12.4.2 积分宝/任务宝裂变

积分宝和任务宝裂变，原理类似，都是利用裂变工具。比如微信任务宝/积分宝、醉赞等。它是通过让用户可以在公众号生成专属海报，然后转发到朋友圈，越多的用户通过专属海报关注公众号就越好。

只不过一个是完成新用户关注量任务，一个是新用户关注越多，积分就越高。然后让 1 变 10、10 变 100。具体涨粉路径为：

设计一个超诱惑性海报→分享到朋友圈/微信群等渠道→新用户看到海报关注公众号→公众号后台文案提示任务文案→按要求生成专属的任务海报→分享到朋友圈/微信群等渠道→其他新用户看到海报关注公众号→通过专属海报关注用户量达到一定数量后完成任务，公众号自动弹出领取链接→其他用户看到海报如此往复。

积分宝的涨粉路径也是同样的道理，区别是，通过专属海报关注的用户量越多，积分就越多。

12.4.3 微信群裂变

微信群裂变也是通过工具来完成的，这也是现在最受大家欢迎的一种方式。比如社群精灵、社群无界。它是通过诱惑性海报吸引用户进群，然后提示需要转发朋友圈并截图发至后台才能留在群里，获取相关需求的东西，这样就开始滚雪球。具体涨粉路径为：

设计一个超诱惑性海报→分享到朋友圈/微信群等渠道→新用户看到海报扫码进群→群内机器人自动@用户要求转发海报→用户朋友圈转发海报，并截图发至群内→群内机器人自动验证图片→验证通过，用户留在优质群→其他用户看到海报如此往复，群满 100 人(自定)后，海报上进群二维码自动替换新群→如果有需要，引导关注公众号。

知道这三个方法的涨粉套路和路径后，会发现它们的涨粉原理很类似，但又有一些不同的地方。

12.5 运营进阶的四个动作

毫无疑问，做新媒体运营，内容创作依然是核心竞争力。好的内容可能不会马上爆发，但它一定是你最具差异化的标志。不管什么内容，一定要言之有物，要能够洞察用户的核心需求，真正对他们有帮助，能吸引到他们。也就是我们常说的内容要有“情趣用品”(有情、有趣、有用、有品)。

笔者遇见过很多新媒体编辑，他们很会写内容，而且在被日复一日的摧残后，对选题已经很敏感。再加上一直以来都在与用户最近的一线作战，对用户的喜好也了然于心。但是，他们都少了一点运营思维，很多好的内容其实可以更进一步，运营手段会让这些内容发挥更大的势能。

在此笔者给大家推荐四个内容规划的动作，马上就能用，大家可以按需求参考。

12.5.1　栏目化

在笔者看来，未来内容的方向应该是，能不能持续稳定地标准化输出高品质内容，这是核心竞争力。而内容栏目化就是内容标准化的一个实用打法，效果显著。

什么叫栏目化？就是在规划内容的时候，有意识地把主题类似、选题相关的内容归为一类，策划栏目名称以及选题方向，固定栏目化运作，形成特定风格的内容集合。栏目化内容运作不只是在做内容，更是一种产品运营、品牌打法，它会让用户的阅读期待感更强，同时自己平台给用户的内容预期也会更清晰。

而且固定栏目一旦形成就会叠加内容的力量，打造出自己平台的更多内容符号，起到“四两拨千斤”的效用。比如说局座张召忠老爷子的公众号，他之前就有“局座时评”“张召忠说”“悄悄话”等主题栏目，现在有“趣闻”“图说”栏目。他的处理也非常简单，就是在对应文章前面加上局座时评第 68 期、张召忠说第 52 期、悄悄话第 111 期。

一个小小的改变，考验的是新媒体人对运营的理解深度。这样的栏目化内容运营其实很多，比如：36 氪推出的《8 点 1 氪》短新闻栏目、GQ 实验室推出的《GQ Daily》栏目、吴晓波频道推出的《财经日日评》栏目，还有视觉志推出的《七言》栏目、女神进化论推出的《30 秒知识点》栏目、大象公会推出的《混乱博物馆》栏目、深夜发媸推出的《明星时髦研究所》栏目等。

如果你还没有栏目化内容，笔者建议完全可以考虑，任何行业都有可做的栏目，情感的、资讯的、干货的、互动的，都可以。另外，新媒体内容栏目化，笔者认为还可以补一句：栏目产品化，产品品牌化。

一类内容对应的一个栏目就是一个产品，我们完全可以跳出来，用产品的思维来做这一个栏目，然后甚至发展为一个单独品牌的子账号。

12.5.2　系列化

内容系列化理解起来很简单，笔者直接举个例子。比如你要写“新媒体如何运营”为主题的文章，下面有两种方法，你认为用户会偏向关注哪个方法？

(1) 想到一个主题就写一篇，今天写一篇“新媒体标题如何写”，过两天又写一篇“掉粉怎么办”等，反正想到什么写什么。

(2) 针对这个主题提前做好内容框架，打造新媒体如何运营系列内容，包括：新媒体运营的趋势及常见渠道、新媒体如何细分定位、10W+选题如何切入、爆文标题有哪些套路、如何提升用户关注率、如何持续高效追热点、如何通过数据分析提升运营效果、目前常见的新媒体赚钱模式、新媒体高手必备运营神器、新媒体运营如何组建团队等。

笔者估计方法二的这种系列内容，更能吸引用户阅读和持续关注。对于用户而言，系列化的内容更加成体系，吸引更强烈，而且内容之间能够形成互补和升级，会不断完善自己的知识体系；对自己而言，系列化的内容能形成联动，有利于提升用户黏性，它也会和栏目化内容一样叠加每一篇内容的势能，形成一个完整的内容产品，增强内容竞争力。

如果你也想做系列化内容，但苦于不知道如何把内容系列化。笔者给你推荐一个方法：直接去参考市面上那些主流微课平台上不同课程的课程目录，这都是绝好的体系化内容，各行各业各个细分领域都有。

为什么我们每次看到别人推出的付费课程就忍不住参加？一方面是文案写得好，另一方面就是课程目录非常吸引人，不仅干货知识点多，而且非常体系化，这样系统的知识谁不想要？

最关键的是，这些课程目录上的每一个主题都是经过了千锤百炼和市场测试，最终打磨出来的，每一个小点其实已经是一个成熟的选题，一定要多多参考。站在高山上，你会看到更好的风景！

12.5.3 风格化

新媒体运营的风格化，与其说是一种内容思维，笔者觉得更是一种品牌思维，它给你提供了与其他账号的竞争壁垒。

现在同类新媒体账号越来越多，同质化问题已经越来越严重，不仅仅是类别的同质化，还有选题的同质化，乃至内容的同质化、视觉的同质化。但是，类别可以一样，选题可以一样，切入点可以一样，账号风格却很难一样。一个差不多的公众号，一篇差不多的文章，用户为什么选择关注你，而不是别人？

你的风格就是很关键的一个点。一方面，是你自己人格化属性，这是新媒体风格化的第一大要务。不用多说，把账号打造出人样来。现在的读者，特别是年轻化群体，除了内容对口，还特别重视内容是否是自己喜欢的风格类型，就像结交朋友一样，他们会找自己谈得来的人。

另一方面，是视觉上的风格化，从你的头图、头部设置、尾部布局、内容排版、色彩搭配等每一个方面形成自己特有的风格，几乎所有的大V也都这样做了。品牌认知和传播属于大众心理学范畴，在用户看你的公众号时，文字是需要转化成语言进入大脑，而视觉则是直接传达，能更快占领用户心智。

就像可口可乐的红色，一直都是它品牌战略的重要组成部分。而值得庆幸的是，这种风格化的打造不需要你花费很多精力，一点儿小的变化也会带来差异化，用心改变，一劳永逸。

12.5.4 互动化

最后，笔者说说新媒体的互动，不说别的，就谈新媒体内容尾部可以运营的互动。许多头部账号的互动，都是与自身定位或业务相匹配，也是用户喜欢参与的。看起来很小的互动，不仅让账号“动了起来”，也是运营趋于成熟的表现。想要和用户关系更近一步，一定得互动，动不起来就拿奖励刺激，慢慢建立起互动的氛围，比如：在结尾处每天一句走心的话；每天一个互动话题有奖征集；每天专门放上一篇文章的最佳评论；每天回答一个粉丝问得最多的问题(先征集)；每天一个谜语/提问/猜图等问题类互动，第二天公布；每天一句自己录的简短语音；每天一句经典文案，附上作者；每天征集一个粉丝疑问，大家留言出谋划策；隔几天征集一下读者故事，然后发布；甚至你都可以每天推荐一个核心粉丝的个人微信等。

这些方法在推文结尾处都可以形成固定板块，持续来玩。笔者向很多人推荐过，不仅提高了活跃度，还能增加粉丝关注的可能。甚至有的账号每天尾部的互动反而成了亮点，部分粉丝就冲着这个才关注的。互动不用多说，有时间一定要做。策划不是问题，没人参与不是问题，先动起来。

不过有一点需要注意，这种尾部的玩法和内容一定要和你本身定位或调性相符，不要八竿子打不着，适得其反！总之，我们在新媒体运营中一定要加入更具风格和特色的东西，固定栏目、系列化内容就是很好的切入点，一旦确定了玩法，就需要坚持风格，经常互动。没有长期的坚持输出，特色内容和风格是形成不了的。

不过，没什么东西是一直都有效的，我们需要不断去优化和迭代玩法，而且随着新媒体的发展，你自己的内容策略也会发生变化，在不变中求变更显得重要。

另外，一定要注意，任何一个动作的效果都是通过数据的变化来衡量，通过用户感受、通过同行对比来反映的。没有什么动作是一定有非凡效果的，只有测试过才知道！所以，干就对了！

第 13 章

优化推广：加强宣传力度打造爆款文案

学前提示

在新媒体文案中，除了写好文案内容、标题等之外，还需要加强宣传力度、优化搜索、预测关键词，这样才能打造出爆款文案，使文案排名靠前。

本章主要从优化搜索的方法和文案推广的宣传方式两个方面具体分析。

要点展示

- 优化搜索，九种方法使文案排名更加靠前
- 文案推广，五种宣传方式达到理想效果

13.1 优化搜索，九种方法使文案排名更加靠前

在互联网时代，各企业商家都想尽办法在搜索引擎上进行优化，提高自己的排名和点击量。那么，我们应该从哪些角度掌握优化搜索的技巧，才能使得文案的排名更加靠前，从而传播得更加广泛呢？本节将专门介绍九种优化搜索的方式，帮助大家提升文案阅读量。

13.1.1 网络关键词：利用好热门事件

基于互联网和移动互联网迅速发展环境下的大数据应用，网络上能搜集到无数个关键词，企业对于在新媒体平台上主要推广的文案，应该把握好网络关键词的推广。

因为网络上的关键词一般都是关于当时网民们所关注的热门事件，如果企业及时利用热门事件进行微信文案营销，把网络上的关键词融入其中，一定能引起很多网民们的注意，达到文案的较高境界。

一般我们可以利用搜狗浏览器的微信搜索进行关键词的认真挑选，它会把微信最新的订阅关键词和热点关键词显示出来，企业可以快捷地找到适合自己产品的新媒体平台关键词。

如果想通过热点推广产品，可以借助这些热门关键词来撰写文案内容。不过需要注意的是，不可生搬硬套，要软性植入，读起来没有违和感。

以“美白”一词为例，在搜狗搜索的微信页面进行搜索后，会出现如图 13-1 所示的页面。相关搜索的关键词会展示出来，比如“美白成分”“维 C 美白”“美白精华”等。

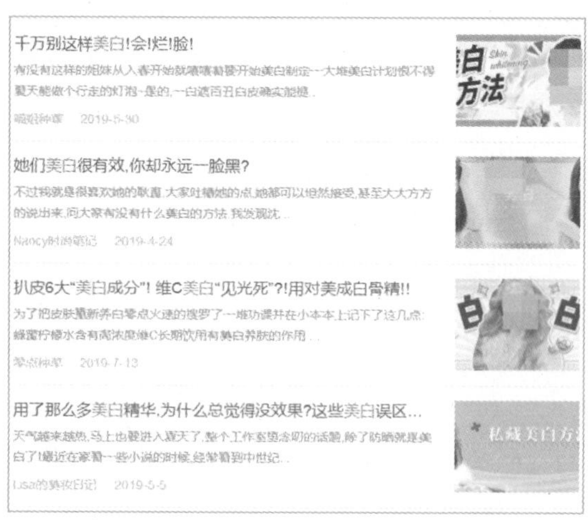

图 13-1 “美白”关键词的展示页面

13.1.2 文案关键词：文案中的关键词设置

文案可以恰当、完整地把商品信息展现在读者面前，能够起到正面描述与推广产品的作用。这不得不归功于新媒体文案中关键字的设置，如果文案中没有嵌入与产品信息相关的字眼，那么是很难起到推广和宣传作用的。下面以微信公众平台为例进行介绍。

在微信公众平台上，文案的关键词主要是针对微信上的文章。通过微信搜索，用关键词进行搜索定位，大家往往会选择打开在搜索排行榜前列的公众号和文章。

该如何计算关键词的搜索排名呢？企业可以利用 SEO(即搜索引擎优化)来搜取关键词搜索排名。SEO 是专门利用搜索引擎搜索规则，提高目前网站在有关搜索引擎内自然排名的方式。

那么，具体应该怎么做呢？主要分为外部优化和内部优化两个方面。内部优化包括保证链接的丰富性、添加链接、提升排名以及选择质量好的外部链接；外部优化包括文章、关键词以及摘要，保证文章的持续更新以及相关性链接、导航链接。

以“手机摄影构图大全”为例，图 13-2 所示为其微信公众平台推送文章内容的相关展示。我们可以看到它的标题、内容以及链接都设置了“构图”这一关键词，这是搜索引擎优化的表现。

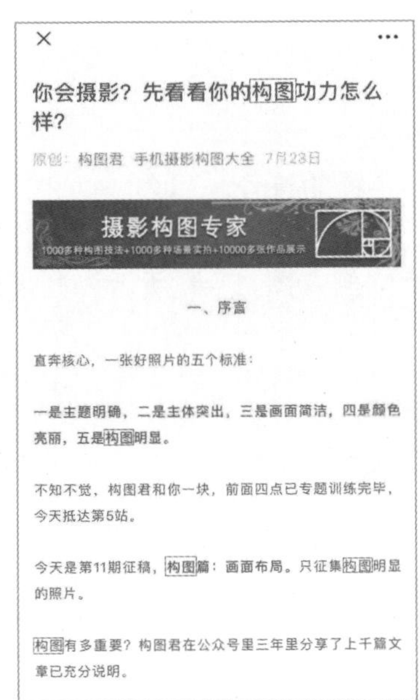

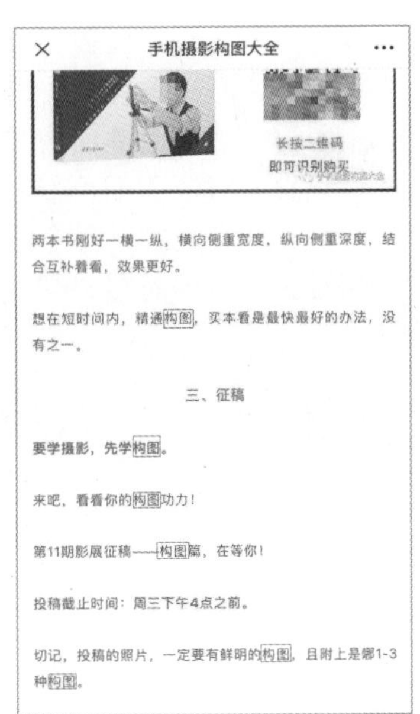

图 13-2 优化搜索引擎的案例展示

13.1.3 排名优化：九种技巧提升排名

以微信公众号为例，微信搜索的排名优化主要是对微信文章及公众号的排名做优化，优化的方法有很多，但是能够带来显著排名变化的优化方法却很少。不过，值得庆幸的是，还是有一些技巧可以让排名明显改观的。

根据笔者经验，在对排名进行优化的时候，有九种技巧可供学习参考，即：

(1) 对关键词设置加粗或斜体。

(2) 微信内容要有差异化、独立性。

(3) 原创的微信内容，忌多次转载。

(4) 在微信评论中加入关键词引导。

(5) 微信的图片名称中加入关键词。

(6) 微信内容关键词出现 3～5 个。

(7) 微信内容第一段和最后一段出现关键词。

(8) 微信内容自然地出现关键词，不能刻意为之。

(9) 内容围绕关键词展开，与公众号主题有关。

13.1.4 搜索优化：用符号提升关键词搜索

以微信公众号为例，用户在微信文章搜索中使用关键词搜索时，通常，搜索结果中有“()”“【】”等符号连接的关键词也会显示出来。因此，运营者在发布公众号文章时，可以采用符号连接关键词的方法提高排名。

在优化关键词搜索时，我们可能会遇到各种各样的符号，那么，这些符号对关键词分隔有哪些影响和意义呢？下面介绍六种标题中特殊的符号，如图 13-3 所示。

再来看运用【】”分隔符号设置标题的文章案例，图 13-4 所示为其推送文章标题中使用的符号。

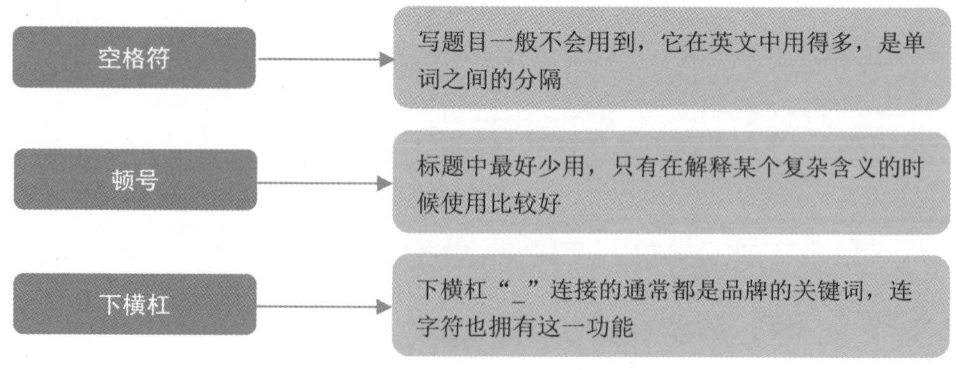

图 13-3 标题中的特殊符号

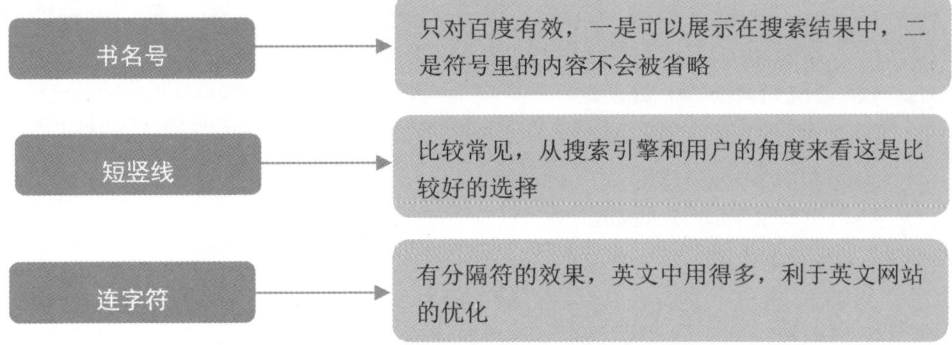

图 13-3 标题中的特殊符号(续)

图 13-4 “【】”分隔标题关键词的案例展示

从图 13-4 中可以看出，它特意用大括号将关键词分隔开来，目的就是搜索优化，提升文章的曝光率，让更多的读者看到这篇文章，从而购买产品。

13.1.5 应对方法：排名下降快找原因

关键词排名下降和上升是很正常的事情，比如，排名下降幅度在个位到十位之间，一般从连续记录的关键词排名数据汇总中可以看出哪些关键词下降了。若是大部分的关键词排名同时下降，优化人员该如何应对？

当关键词排名出现了明显的下降时，我们肯定不能坐视不理，而是要想出相应的对策来解决。以“手机摄影构图大全”为例，为了应对一段时间内排名下降的问题，它对相关的公众号进行了调查研究，得出了排名靠前的摄影类公众号的特征，即：

(1) 技巧分析详细，干货多。

(2) 配图十分精美，很养眼。

(3) 关键词设置多，且准确。

(4) 热点把握很准，会吸粉。

(5) 互动活动较多，有气氛。

为了弥补自己的不足，它对各大人气摄影公众号进行了考察，重点考察对象是“单反爱上摄影”，图 13-5 所示为其推送的相关内容。

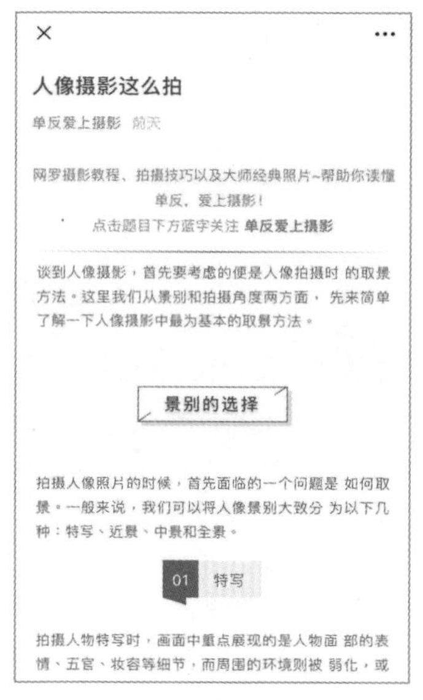

图 13-5 “单反爱上摄影”的推送内容

从图 13-5 中我们不难看出，这个手机摄影的公众号是非常具有自己特色的。在看到竞争对手的特色之后，“手机摄影构图大全”找到了自己能够脱颖而出的技巧，即“构图”。从“构图”出发，紧扣热点，采用更加精美的图片来作为陪衬，利用“构图技巧”和“深度构图”这两个关键词来充实文章内容。如此一来，就可以有效解决排名下降的问题了。

图 13-6 所示为“手机摄影构图大全”调整关键词后的搜索页面，不难看出，在微信搜索界面中，它的排名明显上升了。用绿色标示的字眼是关键词，同时也是读者找到文章的重要依据。

图 13-6 “手机摄影构图大全”的关键词搜索结果页面

13.1.6 明星热点：用娱乐消息做关键词

谈论八卦是人们生活中不可缺少的娱乐方式，不论是明星的服装搭配、妆容技巧，还是名人的花边新闻、结婚生子等消息，都能引起广大普通老百姓的热烈关注，而且还形成了“粉丝”这一固定的追星群体。以“全球音乐”在微信公众平台推送的一则文案为例，如图 13-7 所示，借助的就是明星效应。

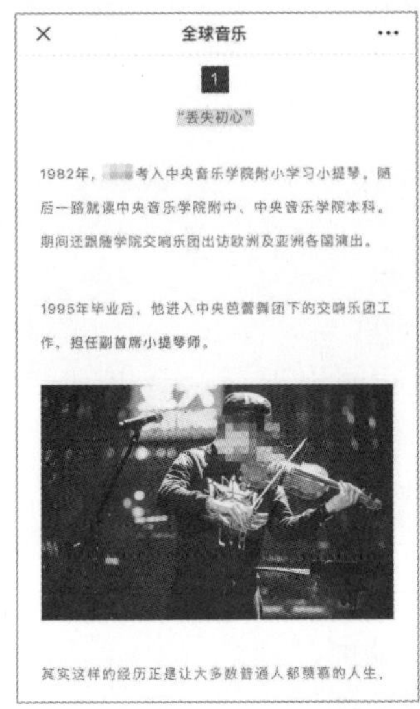

图 13-7 用明星八卦新闻做关键词的案例展示

因此，在设置文案关键词时，我们完全可以紧贴时尚热点，时刻关注八卦新闻，进而将娱乐与文案营销结合起来，达到理想的营销效果。

一般八卦新闻类的新媒体账号也比较容易吸引广大微信用户，如果想通过八卦新闻来选择关键词，需要注意八卦的选择方向，过于负面的明星八卦会引起明星粉丝的不满，也不利于正能量的传播，不利于新媒体账号的持续发展。

在借用时尚热点、明星八卦设置关键词时，为了达到吸引注意力的目的，需要掌握三个要点，即将八卦热点与软文内容融合、选择有热度且有价值的八卦以及避免言之不实，要有依据。

13.1.7 预测关键词：两大方面教你预测

许多关键词都会随着时间的变化而具有不稳定的升降趋势，因此，学会关键词的预测相当重要。这样的话，就能够随时对关键词进行调整，以争取获得更多阅读量，扩大文案的传播范围。

那么，我们要从哪些方面学习关键词的预测呢？笔者将从以下两个角度进行分析。

1. 季节和节日

关键词的季节性波动比较稳定，主要体现在季节和节日两个方面，如服装产品的季节关键词会包含四季名称，即春装、夏装等；节日关键词会包含节日名称，即春节服装、圣诞装等。

季节性的关键词预测还是比较容易的，我们除了可以从季节和节日名称上进行预测，还可以从以下几方面进行预测。

(1) 节日祝福，如新年快乐、元旦快乐。

(2) 节日促销，如春节大促销、大减价。

(3) 特定短语，如情人节送玫瑰、冬至吃饺子。

(4) 节日习俗，如摄影类可以围绕中秋月亮、端午粽子等。

2. 社会热点新闻

社会热点新闻是人们关注的重点，当社会新闻出现后，会出现一大波新的关键词，搜索量高的关键词就叫热点关键词。

因此，我们不仅要关注社会新闻，还要会预测热点，抢占最有利的时间预测出热点关键词。如此一来才能够得到流量、获得关注。下面笔者介绍一些预测热点关键词的方向。

(1) 从社会现象入手，找少见的社会现象和新闻。

(2) 从与众不同入手，找特别的社会现象或新闻。

(3) 从用户喜好入手，找大多数人感兴趣的社会新闻。

(4) 从用户共鸣入手，找大多数人都有过类似状况的新闻。

13.1.8　设置关键词：有效嵌入推送信息

在新媒体平台上，推送信息是平台运营的主要目的，而要把企业、商家信息精准地传达给目标消费者，就有必要把与信息相关的关键词作重点展示。其中，在文案标题中把关键词嵌入进去是比较有效的一种方法。

那么，在推送内容的标题中设置关键词时，我们应该怎么做呢？或者说，我们应该注意哪些问题呢？笔者将其主要方法总结为三点，即必须是整篇文章的核心、不可偏离文章内容的中心、主题要与平台定位相符合。

以“手机摄影构图大全”推送的文章标题为例，图 13-8 所示为《90%的人没用过，手机摄影这招好使！》和《要精通摄影，这两点你可明白？》两篇文章，其中都含有“摄影”这一关键词。

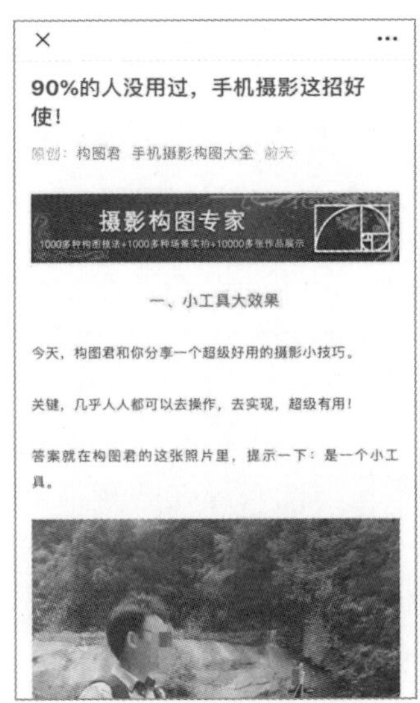

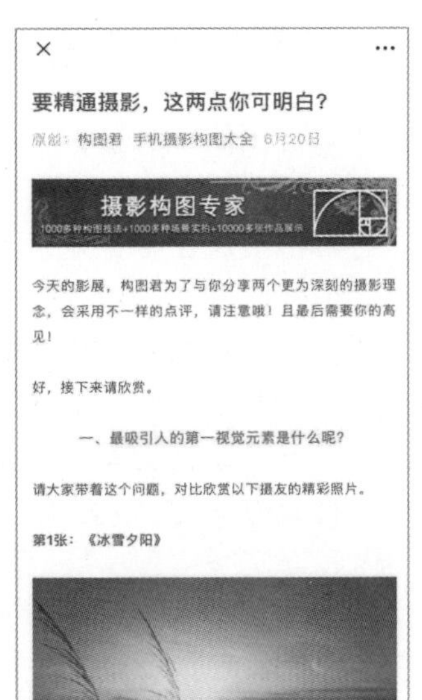

图 13-8　推送信息标题包含关键词的文案

在加入辅助关键词的情况下，在其他媒体平台中进行搜索时，可以让读者通过标题了解文案内容，又能精准地推送信息，即使改换了文案名称，也能进行查询。

13.1.9　互动频率：加强粉丝互动提升排名

在新媒体平台上，针对具体某一篇文案，粉丝互动频率主要体现在用户对该篇文章的评论数上，评论越多，文案的互动频率就越高，也间接地表明了新媒体平台的粉丝黏性越好。

那么，怎样才能提升平台和平台文案的粉丝互动频率呢？这一问题可以从以下四个方面着手。

(1) 及时解答粉丝的问题，与用户进行互动。

(2) 多组织一些相关的活动，让用户积极参与。

(3) 互动时避免使用无意义的语气词和附和话语等。

(4) 保证优质的内容，并在其中适度引导读者互动。

13.2 文案推广，五种宣传方式达到理想效果

虽然在撰写文案的时候已经考虑到了传播的问题，但还是要在后续的过程中对文案进行专门的推广，如此才能达到理想的传播效果。众多的营销推广技巧将在后面两章进行详细介绍，在此介绍五种比较特别的营销推广方法。

13.2.1 视频推广：传播速度更胜一筹

要想达到文案营销的理想效果，就需要借助传播速度快的推广方式，视频就是其中之一。

视频推广通常会出现在各大电商平台，诸如淘宝、京东等，而且微信、微博上也不乏通过视频营销推广的。视频作为一种更加新鲜、快捷的媒介，在推广的效果上往往更胜一筹，不仅生动形象、成本低、互动性强、吸引注意力，而且传播速度快，难以复制。

那么，在利用视频进行文案推广的时候，究竟应该怎么做呢？有哪些经验技巧可以借鉴呢？笔者将其方法总结为三点，即视频效果要保证是高清、将视频投放到不同的平台、视频内容与文案主题保持一致。

基于移动互联网和移动设备的逐渐成熟，短视频推广已经越来越火热，在各大新媒体平台呈现蔓延之势，在营销推广的市场中占据了一席之地。

13.2.2 @推广：借助名人扩大影响力

“@”在微博里的作用非常重要，企业可以在微博里巧用@，但不要滥用，有时候在博文里能“@”明星、媒体以及企业等。@推广，是微博之中比较有价值的推广方式之一，学会@推广，可以借助公众人物的粉丝扩大自己的影响力，从而更有力地推广产品和品牌。

如果企业在某个领域有一定知名度的话，那么可以@知名媒体和明星。如行业名人微博或企业微博，在有一定影响力的前提下，这些媒体或名人会考虑回复你的内容，从而借助他们的粉丝扩大自己的影响力。但大多数微博用户是不具备这个条件

的，普通微博用户可以选择@三类用户，即选择互粉的听众、平时经常转发你微博的朋友及粉丝中被关注人数最多的用户。

此外，在微博进行@推广的时候，也要注意一些相关的问题，具体的注意要点有三个，即找到符合自己产品定位的名人、避免胡乱@不可能互动的对象及最好是@产品的代言人或爱好者。

图 13-9 所示为“兰蔻”的@推广案例。

为了营造产品的热销氛围以及推广产品，“兰蔻”的官方微博账号在推送的消息中分别@了明星赵某和“唯品会”。

可以说，“兰蔻”的@推广是比较成功的，一方面涉及了比较出名的明星，吸引了人气；另一方面还通过赠送福利等方式让消费者关注自己的产品，从而提升产品的销量，聚集人气。

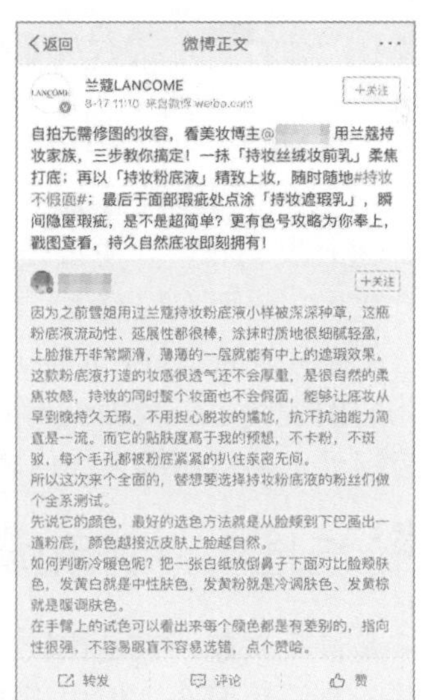

图 13-9　“兰蔻”的@推广案例

13.2.3　直播推广：前卫的营销方式

直播的优势数不胜数，不仅传统的视频网站开设了此项功能，还出现了专门的视频直播平台。从 2012 年起，视频直播就开始慢慢兴起，直到现在它还在以稳健的势头发展着。

直播推广的方式之所以能够被大众接受，是因为它具备别的推广方式所不具备的特色和亮点，边播边卖，可以提升商品转化率，提升产品影响力，降低营销成本，实时展现商品信息，更加真实可信。

那么，具体应该怎么推广呢？笔者在这里总结了三个直播推广的要点，如图 13-10

所示。

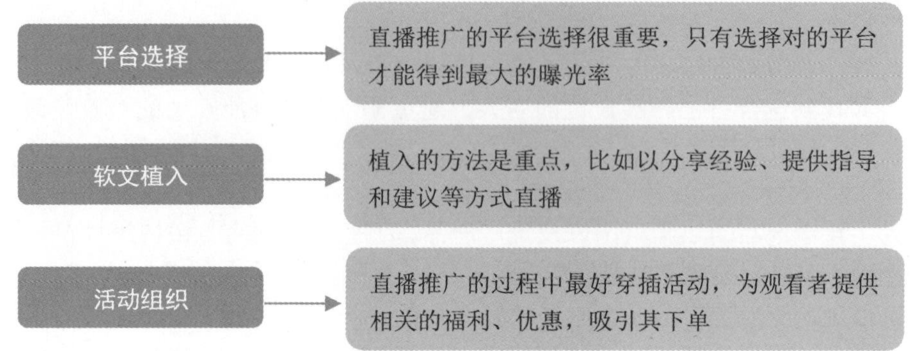

图 13-10 直播推广的方式

13.2.4 H5 推广：宣传便捷营销效果好

“H5”即 HTML5，也指一切用 H5 语言制作而成的数字产品，通俗点说，就相当于移动端的 PPT，常用于微信中。

通过 H5 进行文案推广，主要是借助其形式上的新颖和便捷，能够为读者带来非同一般的视觉效果，进而实现营销目的。

H5 推广有着明显的优势，即推广成本低、传播力度大以及宣传效果好，如果我们想充分利用它的优势，就要做到对其特点了解得十分透彻。与此同时，还要注意三个问题，即目标受众的范围要大、内容质量要命中需求、设计效果要比较精良。

13.2.5 论坛推广：利用炒帖吸引人气

论坛推广是最早兴起，也是比较成熟的网络推广手法之一，因为简单好上手、实用性强等优势一直沿用至今，但由于论坛推广比较耗费精力，而且还需要一定的文字功底，因此对于运营人员和创作者的要求比较高。

既然论坛推广这么麻烦，为什么人们还要选择这种方式营销推广呢？笔者总结了五点论坛推广的好处，即：

(1) 针对性比较强。

(2) 适用范围较广。

(3) 容易形成利润的转化。

(4) 增加品牌曝光率，提升知名度。

(5) 投入少，见效快，操作比较简单。

值得注意的是，利用论坛进行推广营销的时候，一定要对论坛进行有标准的挑选，具体的标准有：论坛要具备较高的权重、论坛本身要有价值和影响、论坛的内容最好与产品相关。

论坛推广看着很简单，但是想要做好、做出效果却是有难度的，很多人以为写篇文章不停地复制粘贴就行了，这是错误的想法。如何才能完成一次成功的论坛推广也是有着一定技巧和方法的。下面笔者就论坛推广总结了一些方法，如图 13-11 所示。

这样的推广方法不仅能够吸引众多目标受众的眼球，而且还能够勾起部分读者的购买欲望，让那些本来不感兴趣的读者成为品牌的忠实粉丝。

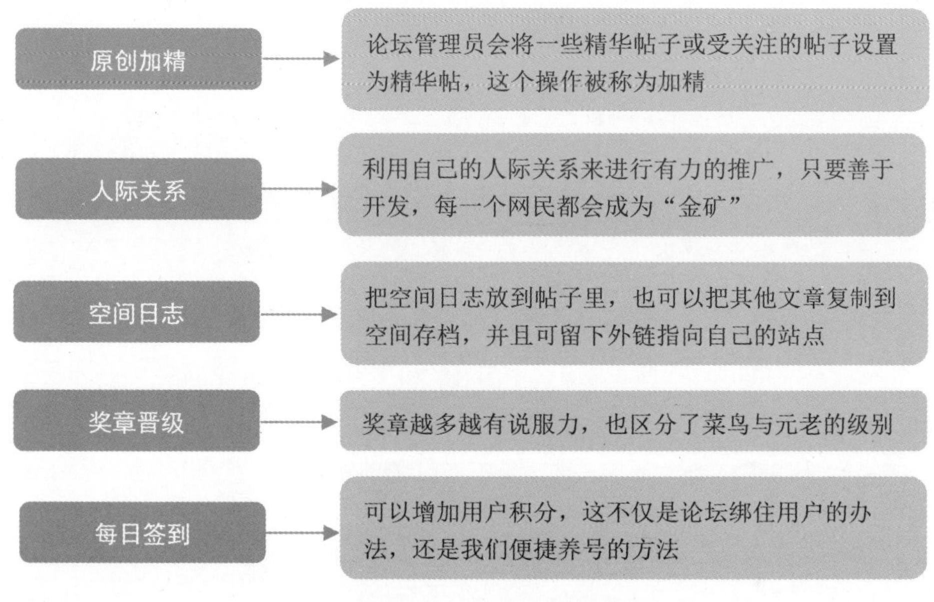

图 13-11　论坛推广的技巧

第 14 章

营销案例：通过节日文案提高产品销量

学前提示

与热点相关的话题能快速吸引用户的注意力，因此在文案中利用好定期而来的节日热点，能在很大程度上提高产品的销量。

本章将通过具体案例对 11 种节日文案和两种类型的优质文案进行详细的解读，帮助大家更好地编写文案。

要点展示

- 11 种节日文案，充分利用活动提高销量
- 两种优质文案，提高人气打造爆款活动
- 做营销，懂消费者需求很重要

14.1 11 种节日文案，充分利用活动提高销量

不管是做新媒体、市场营销，还是活动策划、文案创意等，都少不了热点的运用，用户也更喜欢阅读和谈论热点话题。定期而来的热点，每年都会刺激人们的神经。我们总是说借势追热点，其实很多时候完全不是追热点，而是做好所有准备等着热点出来。以下笔者将从 11 种节日的文案案例入手，向大家介绍如何充分利用节日提高产品的销量。

14.1.1 元宵节营销案例

元宵节，又称“上元节”或“灯节”，至今已有 2000 多年的历史，标志性的食物就是“汤圆”或“元宵”。作为新年第一个月圆之夜，按照传统习俗，人们在这一天会吃汤圆、点彩灯、猜灯谜以示庆贺，在元宵节的花灯里热闹一通，春节才算是正式落下帷幕。

角度玩法

每年元宵节，都是各大品牌大展拳脚的时候。除了各种促销活动，大家更多的还是从家喻户晓的传统习俗入手，但也不限于吃汤圆、猜灯谜等，更多的是结合自家品牌或产品的创意海报和互动 H5。

案例参考

华夏基金：胖萌元宵膨“涨”记

CubeRights 在元宵节时对立方为华夏基金打造了一支贱萌到忍不住想分享出来的 H5(指第五代 HTML，即“超文本标记语言”的英文缩写)。点击进入这个 H5，会有一个小女孩用温暖的声音勾起你对元宵的记忆和对家乡的思念。

但当你点击“品尝”按钮时，画风会陡然一转，真正的戏精开始登场表演，这里的元宵人设是一个逗趣萌物，并且精通六种方言，它会想办法用各种有趣的方言挑衅你。

14.1.2 愚人节营销案例

愚人节也是品牌们的必争之地，都等待着释放一整年的恶趣味。这一天，品牌们也不用担心用户投诉“骗人”，大家都以恶搞整蛊为主，适合一本正经地胡说八道。但要注意，愚人节整人要有底线，要保持品牌的格调。

角度玩法

(1) 很多品牌商都爱凑在愚人节这天来发一拨“假”广告，发布新产品吸引眼球，玩一把黑科技。通过一系列看起来很厉害的高科技去佐证，把假产品说得十分高大上，从而产生恶搞和愚人的效果。但观众并不会觉得被耍了，有些产品反而可以看

作是各家品牌对于产品未来美好的畅想，非常适合各种开脑洞活动。

(2) 生成各类假证书、各类假新闻诱发用户自动传播，其中要抓住的就是炫耀、窥秘等用户心理。

(3) 整蛊搞笑的产品页面和新闻。常用的方式有改 Logo、屏幕颠倒、碎屏效果、长图等。

(4) 假话真说，正话反说。成年人的生活不容易，愚人节更像是一个掩饰真话的借口，把那些平时不敢说的真心话当成玩笑说出来。

案例参考

(1) 如图 14-1 所示，为 360 的“全宇宙首款区块链体重秤”广告，即采用了角度玩法中的第一种。

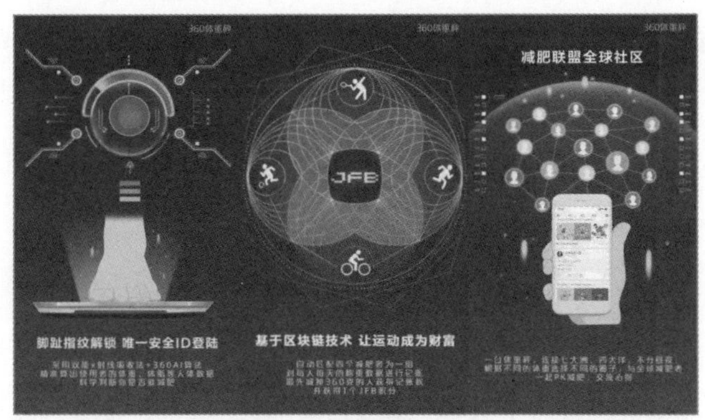

14-1　360 体重秤广告

(2) 如图 14-2 所示，为淘宝愚人节的广告，采用了角度玩法中第三种屏幕颠倒的方式，利用整蛊吸引用户。

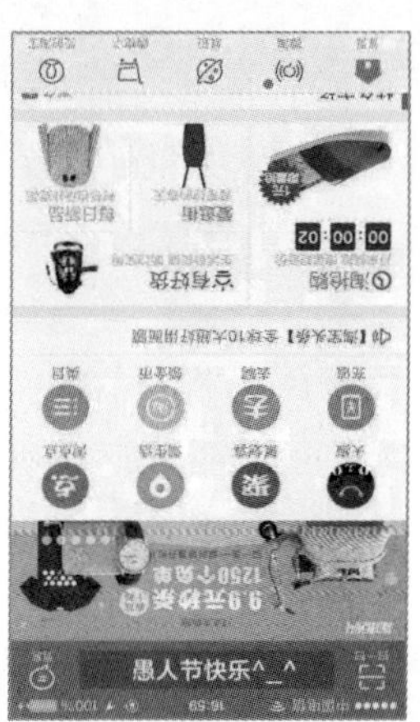

图 14-2　淘宝愚人节广告

14.1.3 清明节营销案例

清明节属于中国传统节日。

角度玩法

(1) 缅怀亲人、先烈祭祖、扫墓的图文&H5。

(2) 春游踏青，清明、春天、踏青、雨等元素的海报。

(3) 对大多数年轻人而言，过什么节不重要，关键是又到了假期，购物、出行以及各种促销活动接连不断，还是以图文、H5、小游戏、视频等为主，当然促销活动也需要符合三观和法律。

案例参考

网易新闻：查查你的“人生余额”H5，如图 14-3 所示，为网易新闻的广告图。这支走心的 H5，提出了“时间都去哪儿了”的问题，通过输入的出生日期、预期寿命和现在时间点，可以算出你这辈子还剩多少天、能做多少事、还值多少钱等，“人生余额”有限，你应该干点有价值的事情。

图 14-3 网易新闻的广告图

14.1.4 妇女节营销案例

3 月 8 日国际劳动妇女节，在中国又称“国际妇女节”“三八节”和“三八妇女节”。前一天 3 月 7 日是女生节，我们在此就一起讲了。

这几年在商家和品牌的造势中，妇女节摇身一变为“女王节”“蝴蝶节”等，变的是称呼，不变的是商家呼吁你“剁手”的小心思。

角度玩法

(1) 讨好女性、呵护女性、宠爱女性已经成为一种政治正确了，花样夸赞女性即可。

(2) 树立新时代女性价值观，与产品或者品牌结合，从而凸显品牌自身的个性和主张。

(3) 针对社会普遍对某部分女性的刻板印象或者评判标准，比如剩女、婚姻、年龄、学历等，为女性鸣不平。

(4) 满足少女心，男色营销。

案例参考

(1) 得到 App：高手的灵魂，都是雌雄同体，得到 App 的海报，涵盖了女人在不同的年龄段面临的不同问题：职场、恋爱、家庭、生活、孩子。鼓励更多的女性静心学习，充实灵魂，文案也非常出彩，如图 14-4 所示。

图 14-4　得到 App 海报图

(2) 哈根达斯：与妈妈共享甜蜜时刻，这个 H5 分别输入你和妈妈的生日后，会自动匹配出几幅从时间维度切入的图画，分别诉说着日常的母爱，文案简单温馨，最后引出哈根达斯门店的活动内容。虽然是针对母亲节，妇女节也同样可以参考，如图 14-5 所示。

图 14-5　哈根达斯 H5 图片

14.1.5 植树节营销案例

中国的植树节由凌道扬、韩安和裴义理等林学家于 1915 年倡议设立，最初将时间确定在每年清明节。1928 年，国民政府为纪念孙中山逝世三周年，将植树节改为 3 月 12 日。1979 年，第五届全国人大常委会第六次会议决定将每年的 3 月 12 日定为中国植树节。

角度玩法

(1) 有条件的单位可以组织一起植树，或者激励普通消费者购买相应价值的东西，企业就将认领一棵树，呼吁共同为环保事业做贡献，从而体现品牌的社会责任感。

(2) 与植树、树苗、种子、环保有关的元素都可以联系品牌做相关的海报、H5、游戏等，绿色营销在传播过程的核心在于“在营销的过程中传递绿色理念，而后与消费者发生关联”。

案例参考

H&M：旧衣回收，在被大众丢弃的纺织品和衣物中，可以重新利用的比例高达 95%。H&M 展开旧衣回收活动期间，在 H&M 任意门店参与此活动，将闲置纺织品带到当地的 H&M 门店，即可在下次购物时享受额外折扣。如图 14-6 所示，为 H&M 植树节的广告海报。

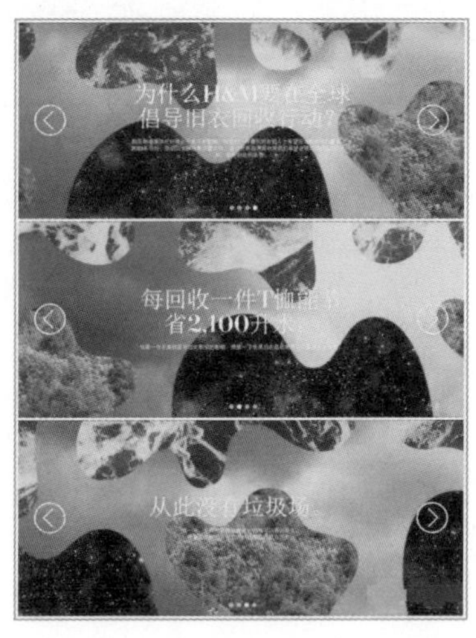

图 14-6 H&M 植树节广告海报

14.1.6 情人节营销案例

2 月 14 日是情人节，是西方国家的传统节日之一，起源于基督教，是一个关于爱、浪漫以及鲜花、巧克力、贺卡的节日。现在在国内，它可以说是在众多情人节里面最为突出的一个了，比中国正宗的七夕情人节还要火热。这一天，基本什么都跟情人节有点关系。

角度玩法

(1) 借势促销肯定是一大堆的，免费体验也都是常态，还有各种情侣组合套餐。比如可以购物送情侣礼品，可以送情侣代金券之类的。

(2) 可以 H5 做情侣证，还有情侣合照生成。或者拼默契获得奖励，或者测试两个人的恋爱指数，测试类 H5 在这一天非常吃香。

(3) 晒照狂魔，可以晒情侣照片，晒女友、晒男友、晒老公老婆等，对应的也可以做一些晒照 H5。

(4) 对于单身狗，除了撒狗粮，肯定少不了各种吐槽以及无泪的遗憾。怎么办？可以搞笑自黑，为单身人士做个表白 H5 也可以啊，匿名表白、实名表白等。

(5) 温馨煽情也少不了，结合品牌或产品特性表达爱意，制作感人场景视频，戳中泪点，引发传播。

(6) 对比互动，可以也来个情侣 3 年前、5 年前、10 年前的照片对比活动，怀念过去，增强感情。

(7) 搞笑调侃，征集情侣间的各种趣事、口头禅、习惯等。

案例参考

知乎大学×KnowYourself：你的恋爱力有多高？

这几年测试类 H5 已经成为品牌营销的实用利器，而在 2018 年的七夕营销中，测试类 H5 同样受到各大品牌的青睐。品牌将测试融入具体的场景中，通过精心设计的画面和交互让用户有代入感，从而调动用户参与的情感或情绪。

如图 14-7 所示，为知乎和 knowyourself 两个知识类平台的发问，将大家置于爱情的情境中，面对爱情中的种种问题你该如何解决？这样的发问还真挺有意思。

图 14-7 知乎与 knowyourself 平台的发问

14.1.7 劳动节营销案例

1886 年 5 月 1 日，芝加哥的 20 多万工人为了争取 8 小时工作制而举行大罢工，为了纪念这一伟大的工人运动，这一天被定为国际劳动节。以 2019 年为例，五一劳动节放假 4 天，小长假常规的打折促销活动肯定不会少。

角度玩法

(1) 996 工作制。早在 100 多年前，世界各国为了争取 8 小时工作制进行了罢工、游行、示威等艰苦卓绝的斗争，而如今 996 被认为是一种福气。最近关于 996 的讨论特别多，可以趁劳动节进行一些发散剖析、大胆吐槽。

(2) 致敬赞美行业内的劳动者、评选劳模、控诉加班、劳动法维权等。

(3) 将出游、促销、小长假等关键词与品牌关键词组合，进行头脑风暴，作为节日创意传播的立足点。

图文、H5、小游戏、海报、直播、微博、朋友圈、视频等所有的热点形式都可以做。怀旧的大字报设计在往年的海报中比较常见。

案例参考

(1) 五芳斋致敬，2018 年 5 月 1 日，五芳斋官方微博账号以间隔 15 分钟的速度，连发 100 条微博致敬裹粽员工，不仅呈现了品牌规模化的差异，也用“把劳动节还给劳动者”的立意展现了对每一位裹粽员工的关怀，提升了消费者对品牌的好感度。

(2) 人民日报：渐渐远去老行当 H5，鲸梦为《人民日报》做的 H5，致敬了那些渐渐远去的老行当——爆米花、磨剪子戗菜刀、钟表匠等，用户一边看场景一边猜行当，勾起了大家满满的童年回忆，最后生成专属的劳模奖状，引导用户转发，如图 14-8 所示。

图 14-8 人民日报劳动节 H5 图片

14.1.8 端午节营销案例

端午节，为每年农历五月初五，与春节、清明节、中秋节并称为中国民间的四大传统节日，端午节我们会吃粽子划龙舟，也是纪念屈原的节日。关键词：粽子、龙舟、祈福、屈原。

角度玩法

(1) 普及端午习俗知识，划龙舟、挂艾草、纪念屈原、包粽子、团圆，举行一些端午节的线下促销活动。

(2) 尽情联想与粽子相关的事物，含义联想、字音联想。比如万“粽”期待、“粽”香端午、万水千山“粽”是情、“粽”横四海、与“粽”不同、风情万“粽”等。

(3) 赛龙舟、送祝福、包粽子之类的H5小游戏。

案例参考

(1) 五芳斋端午小片《招待所》，王家卫风格的镜头语言，短片里将粽子比作一个宇宙，粽子的多个面就象征着不同的时空，但这些时空是有尽头的，尽头就在粽子几个面的交汇处。

时空交汇处被包裹成一个粽子，粽子的三面体是宇宙的边界，三面的交汇处也就是粽子的顶端，就是时光岭，这里有一个招待所，时空在这里折叠，于是各个时空的人汇聚在这里，发生了一个很现实的故事。

(2) 桂格：金粽子银粽子，网易为桂格麦片策划的一个故事类场景H5。以金斧子、银斧子为故事背景，将屈原设为河神的形象，让用户选择金粽子、银粽子，还是绿叶粽子，引出产品与活动信息，很有意思，如图14-9所示。

图14-9 桂格麦片端午H5图片

14.1.9 国庆节营销案例

国庆放假模式如何开启？是出门旅游看人，是回家团聚，是被红包砸中，还是在家休息，或者继续加班呢？

角度玩法

国庆节肯定是品牌们争相献宝、花式庆祝祖国生日的大好时机。当然长假必然少不了旅游，各种出游攻略、出游指南、出游吐槽、拍照技巧、旅游故事等。品牌可以发起旅游话题，出游感想、征集照片、送机票等活动。有人放假，就有人加班。也可以吐槽吐槽假期加班的那些事儿。

在这个节日，不管是海报、文章、H5 还是视频风格都可以偏向轻松幽默，或是偏向感染型。

案例参考

网易考拉 H5：十一，我删除了朋友圈去国外度假，怕的是朋友突然说，能帮我带个东西吗？带了自己麻烦，不带磨不开脸面。网易考拉的这个 H5 通过微信聊天的方式，将生活中同事、朋友的一些奇葩的求代购场景演绎出来，引发了用户的共鸣，如图 14-10 所示。

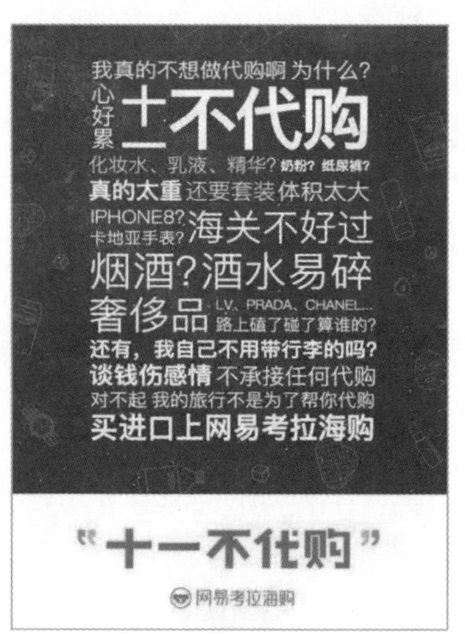

图 14-10 网易考拉国庆 H5 图片

14.1.10 圣诞节营销案例

圣诞节，为平安夜的第二天。在国内，这个节日现在也特别火，基本上这两个节日都是一起过，是每年最受欢迎的节日之一。在圣诞节这一天，圣诞老人都会送礼物，不妨把自己装扮成圣诞老人，为你的客户带去惊喜。

上到各大品牌，下到吃瓜群众，都在用各自的方式狂欢。特别是南瓜灯和奇形怪状的装扮，以及各种狂欢是必不可少的。

角度玩法

将自己的产品与圣诞元素进行融合。比如方太圣诞的广告，广告里爸爸扮演圣诞老人。但是与以往从烟囱进入不同，这次圣诞老人是从方太油烟机里爬出来的，还施展了一次爱的魔法，整个广告胜在营造的这个美好的童话世界里，充满浪漫温馨、亲情和爱意，更能打动消费者，如图 14-11 所示。

图 14-11 方太圣诞广告

再如，摩拜在圣诞节期间，用手机解锁摩拜单车，原本“嘀嘀嘀啪”的开锁声变成了熟悉的圣诞铃声，还曾在天津投放了一批带有雪花和圣诞树的圣诞单车。这些节日的小心机都受到了用户的好评。

14.1.11 除夕春节营销案例

不管何时，家永远是唯一的牵挂，回家过年是中国人的传统。每到春节临近，回家过年就成为大家关注和热议的话题。

角度玩法

这个时间，“家人”“团圆”“亲情”“回忆”是永恒不变的主题，有借此卖货的，有打折的。当然更多的是煽情或者好玩有趣的视频、H5 类型，触动用户。

案例参考

(1) 电影《小猪佩奇过大年》联合中国移动、丁香园、阿里影业推出了一支先导宣传片——《啥是佩奇》。

由知名广告导演张大鹏指导拍摄，讲述了留守老人李玉宝为了给城里生活的宝贝孙子送新年礼物，走遍全村只为得到一个问题的答案：啥是佩奇？到底啥是佩奇？城市和乡村、爷爷和孙子……观众的情绪被完全引爆，如图 14-12 所示，为《啥是佩奇》宣传片中片段截图。

图 14-12 《啥是佩奇》片段截图

(2) 京东：年货节创意海报，春节作为中国归乡团聚的日子，走煽情路线的广告是最多的。而京东换了个角度，以幽默、轻松的方式把自家产品与传统结合起来做春节营销。从产品品类来看，一直以来，大家对年货的认知都是烟酒茶糖、保健品，而京东通过“借势”老年货给大众强烈的记忆，给电脑、鼠标、运动手环等品类贴上新年货的标签，很值得借鉴。

如图 14-13 所示，为京东年货节创意海报。

14-13 京东年货节创意海报

14.2 两种优质文案，提高人气打造爆款活动

说完节日文案，我们再来看看两种在朋友圈刷屏的海报文案。在朋友圈做营销，光写好海报是远远不够的，还需要掌握其中一些“套路”，下面笔者将通过详细的案例进行分析。

14.2.1 一个朋友圈海报获得 9285 名用户，这个套路你需要吗？

笔者在朋友圈看到一则腾讯的线上课程海报，主要内容是特邀畅销书《互联网运营之道》《运营本源》作者金璞老师给运营人分享的一个运营体系课，其中还涉及一些 PPT、视频福利。原价 99.9 元，限时优惠特价 0 元，大家知道笔者看到这第一反应是什么吗？两个字：套路。

出现这种情况的时候，接下来一般会要求分享海报到朋友圈或微信群等渠道→用户朋友圈转发海报，并截图发至后台→审核通过后发放课程→其他用户看到海报之后反复操作；要求分享海报到朋友圈/微信群等渠道→完成平台设定的扫码关注量任务后，自动发出领取链接→其他用户看到海报后反复之前的操作；关注某个公众号或下载 App 才可获得免费。

笔者也饶有兴趣的扫码进去了，果然，玩的是知识裂变这种形式！这里不需要转发海报到朋友圈，但是需要分享给三个好友登录，才能得到免费的权限。他们自己开发的一个完善的裂变课程小程序，直接点击就可以完成分享，尽量降低了诱导分享的风险。到这里，笔者想扫码进来的人要么选择好友助力，要么就打退堂鼓了，没几个人会花 99.9 元购买。

至于不想分享给好友助力，策划者也早就想好了应对方法，那就是菜单福利。解锁成功后就可以进入社群，获得大咖课程原版 PPT+视频+文稿，还可以听直播答疑，想想还挺不错的。再想想，分享给三个好友好像也没太多行动成本，也不是太难，那就干吧！当三个人点击你的分享链接登录之后，就可以选择加入社群。

选择加入社群后会有一个群介绍，不仅是简单介绍了一个群规，让用户有一个好的预期，同时，也再一次强化了学员福利。在点击“我要入群”之后，就弹出了群二维码，扫码可以自动进入，不用群管一个个去拉，节省了人力运营成本。

那么，进群后如何获得这些福利呢？一般的形式会有：进群之后直接就可以获得福利链接；进群之后告知关注×××公众号回复××就可以获得福利；进群之后告知添加××客服为好友就可以获得福利；进群之后告知需要分享海报到朋友圈，然后截图到群里面验证后就可以获得福利等。

笔者进群后，如上面群公告所说是禁言的，所以去翻看了公告，果不其然，需要“转发海报到朋友圈添加班长微信领取”，想想看，大伙入群之后，肯定是着急想知道课程在哪儿？福利在哪儿？可又是禁言的，所以只能去看公告了。得知需要转发海报到朋友圈之后会怎么样呢？

我想大多数人应该会选择转发，因为前面都已经做了那么多了，这都是时间成本和精力成本，如果这时放弃那就太不划算了。所以虽然说很多人会不爽，但是免费的东西到这一步了，你要还是不要？要的！至此，一个用户就成功地进入了这个学习社群，并获得了相应福利！

截至笔者完成任务的时候，已经有 9285 人参加这个课程。大家回想一下，这个过程我们登录了小程序，进入了社群，关注了他们的公众号，有的还添加了客服人员微信。这样大大降低了用户后期的整体流失率，离开一个平台和离开四个平台是完全不一样的，也方便了之后的维护和信息精准传达。

这是现在非常流行的一种知识裂变方法，将用户进行分流，把整个运营流程承接到多个平台，实现闭环回流，将用户价值最大化。在参与过程中，我想大家都会有这种感觉：越是参与到后面越是停不下来，不忍放弃之前所做的一切。而这就是策划者对于“沉没效应”的利用。

人们在决定是否去做一件事情的时候，不仅是看这件事对自己有没有好处，还要看过去是不是已经在这件事情上有过投入。我们把这些已经发生且不可收回的投入，如时间、金钱、精力、形象等称为“沉没成本”(Sunk Cost)。我们看到，基本所有的这种粉丝裂变海报都不是直接就让用户转发海报，海报上面有的只有核心卖点、干货分享、扫码参加等，而且只需要扫码就行了，先投入一步。如果一开始就要转发海报，用户是难以接受的，而扫码得干货他们是会欣然接受的，关注一下公众号也是能接受的，一步步下来用户也沉没了。

笔者记得很多人说这种“知识付费+粉丝裂变”的模式玩不了多久，有人问笔者：这条路还能走多久呢？当时笔者的回答是：这种模式会一直存在，一直有效，因为人都会有焦虑及占便宜心理。

知识崛起的时代，人的焦虑感越来越强，而占便宜心理从未消失，这种模式本身就是从人性的弱点出发，人人都知道其中的套路，人人都了解策划者的目的，最终还是要看用户的耐心有多大、这种模式泛滥到何等程度、人的焦虑和占便宜心理什么时候能完全被满足。

14.2.2 那些朋友圈刷屏的课程海报，文案到底怎么写

在知识付费大背景下，卖课的越来越多。隔三岔五，很多做新媒体或者运营的同学，朋友圈就要被一拨卖课程的海报刷屏。现在卖课貌似也讲究声势浩大。

不过，咱们不得不承认，现在流传在朋友圈的课程海报确实非常有诱惑力，文案一看就被吸引，而且转化率非常高，让人羡慕不已。那么这些刷屏海报文案有没有什么可以学习的地方？哪些技巧可以直接复制？又有哪些套路是可以参考的呢？

我们不妨先来看看最近几个案例，如图 14-4 所示。大致看下来，我们会发现这两张海报是非常类似的，整体排列也是非常一致。这是好事啊！越是相近，就越说明这是有据可循、有条可依的。而且可以肯定地说，是经过反复验证、打磨过的。只要我们能发现其中的规律，马上就能复制。

这就是笔者下面要说的，其实不只是上面这两个案例，这一年的时间，我们看到了太多的课程海报，而仔细观察下来，我发现这些海报的元素组成很一致，大概是：朋友头像及推荐语、主标题、主题补充、主讲人、价格对比、限时限量福利、二维码。仔细回想一下我们所见过的海报，是不是这样的？

图 14-14　课程海报案例

好了，下面就来一一解说上面这些元素，看完马上就能上手用。

(1) 朋友头像及推荐语： 大家不要小看这样一个小小的用户头像以及推荐语，在之前，我们做海报可能不会考虑这一点，但在现在这个社交爆棚的年代，熟人社交显得越来越重要，这个头像以及推荐语就是很好地利用了熟人社交关系，为海报增加信任感。假设你在朋友圈看到一张陌生海报，可能你的信任感会极低，但是你发现是你的朋友推荐的之后，这种心理微妙的变化就完全不一样了。

(2) 主标题： 海报主标题可以说是整个海报最重要的一个关键点了，它要让用户看到马上就想参与进来。主标题需要洞察目标用户群体的痛点，提炼需求，才能给出相应的“解决方案”。也就是你需要找一个目标用户群体感兴趣的“吸引点”。

这个吸引点描述的是用户需求，最好能解决某个具体问题，主题明确，不要大而全、杂而多。比如可以是大咖直播、新品优惠、免费技能课程、干货资料包、新品优惠码等。而且在文案上要短平快，够紧凑，够直接，让人一目了然，一看就懂，不需要思考。还有一点很关键，就是这个主题一定要大，让人一眼就能看到。一个很简单的标准就是发到朋友圈，别人不点开图片也能看到主题文字。

(3) 主题补充： 主题补充即主题下面的那一句或一段文字，主要有两种，一种是各种大咖推荐，另一种是各种课程卖点罗列。

大咖推荐很简单，就是各种 KOL、知名平台的鼎力推荐，增加课程的信任感。而课程卖点罗列就是具体课程能带给用户的好处，千万不要频繁堆砌你的产品信息，只需罗列几个关键的卖点即可，补充主题，打动用户。

(4) 主讲人： 大多数这样的课程海报会把主讲人照片放到中间位置，而且很大。一方面真实人物是能够增加信任感的，何况是大咖。再者，这能进一步在朋友圈吸引用户目光，比干巴巴的文字要好得多。另外，对于主讲人的介绍，肯定不是就放一个名字在那里，一定是有很厉害的介绍，而且是和这个课题最相关、最牛气的介绍。

(5) 价格对比：价格对比一般都是采用原价×××，限时特价×××的方式。这是很经典的一招，一个东西值多少钱，大家根本不知道。人类脑子里没有一个“内部估值系统”，直接告诉我们某个东西的价格是多少，都是通过对比来估算价格的。而价格锚点就是很好的一种方法，我们看见一个产品，在第一眼看到它的价格时，会对我们购买这一产品的出价意愿产生长期影响，这就是“锚”！

比如原价 1999 元，现价 199 元。这个 1999 元就是一个锚定价格，它提升了用户对于这个产品的价值感知，这个产品质量不错，值 1999 元。而且这一切都发生在隐性中，潜移默化。如果没有这个锚定，只有现价 199 元，会让用户觉得这个产品很廉价，没有打折的惊喜，更不会疯抢。

所以说，这些课程海报也应该是基于这个道理进行价格设置，动不动原价现价差距好几倍，哪怕大伙儿都知道是套路，但也逃不过人性的弱点。另外，很多海报在放价格的地方，还会提醒你，“截止时间×月×日”，或者“×月×日恢复原价”，无他，就是制造紧迫感，但是确实会让你害怕失去机会。

(6) 限时限量福利：有了这些还不够，精明的营销人会发现，用户已经动心了，但是还差临门一脚。怎么办？这时候非常吸引人的限时限量短期福利就会上场，比如“前 1000 名送××××”“×月×日前购买送××××”“特价仅限前 1000 名用户”“扫码即送×××资料”等。

这些福利都是非常吸引人的，完全都是目标人群需要的，很明显，都是经过包装的，有的比主题本身还要吸引人。目的也很简单，最后再一次吸引用户购买，提高转化率。另外，突出紧迫性、稀缺性，暗示用户时间紧急，调动其惧怕损失的心理。

(7) 二维码：最后就是二维码了，这个简单。不是右下角，就是左下角，有时会加一句行为召唤的文案，比如：立即扫码。

14.3　做营销，懂消费者需求很重要

“李叫兽”提出了“消费者需求三角模型”，他的观点很简单——营销的本质就是：通过满足别人的需求来达到自己的目的。

“李叫兽”认为风口就是消费者需求的变化，所以我们要对风口进行判断，需要先识别消费者需求的变化。而缺乏感、目标物和能力，这三者就构成了“消费者需求三角模型”。

1)　缺乏感

缺乏感即消费者理想与现实之差。所有的需求都来自某种缺乏感，没有缺乏感，需求就不会形成。每一个营销人都需要不断地研究怎么让别人更需要你，他的缺乏感

在哪里，你如何更好地去满足，这就是营销。

2) 目标物

目标物即填补缺乏感的解决方案，是推动消费者决策的具体行动目标。缺乏感加上目标物，就构成了动机。当消费者的缺乏感发生了变化，消费者对目标物的选择也会随之发生变化，这就是机会的产生。

3) 能力

动机解决了，最大的问题就是消费者是否有能力去实现。这个能力不仅仅指经济上的，还包括形象成本、行动成本、学习成本、健康成本、决策成本等。

简单来说，就是金钱、面子、省时、省力、无风险、有保障。只有准确识别消费者可能要付出的成本，并予以“弥补”“打消”，清除这些消费成本的阻碍，才能更好地满足消费者的需求。

当反复思考过这些，我们会更懂目标消费者的需求，不管是显性需求还是隐性需求，能有针对性地提出需求解决方案。不过，需求虽然抓住了，而且抓准了，但问题又来了！懂得消费者的需求，其他人也可能知道，而且现在市场很透明，消费者知道你，同样也知道别人。他完全有自主选择的权利，并不是你一家垄断了消费者的注意力，你抛出解决方案他就得选择。

现实情况是消费者有某个核心需求，无数竞争对手都知道，大家都往这边扑，希望占得一席之地，绝大部分市场竞争的焦点也在这里。这个时候，营销人就得想方设法从众多对手中脱颖而出，让消费者看到并选择你。是你的产品功能非常突出？品牌强大？价格有绝对优势？有差异化特色？还是产品赋予了精神和情怀价值？

所以，在某种意义上笔者认为，营销的本质除了是满足别人的需求外，还是竞争。做营销往往就是在消费者、企业自身、竞争对手三者之间找到突破口。但现在越来越多的人热衷于消费者需求，却忽视了竞争这层属性，这是一个很大的误区，也是很大的一种焦虑。比如下述各种表现。

看到餐饮的需求了，就屁颠屁颠跑去干餐饮。

看到区块链的需求了，就火急火燎跑去干区块链。

看到私域流量火了，就带领团队马上扎进私域流量。

看到人工智能趋势好，就赶紧打出人工智能的旗号。

能高效识别市场需求当然是好事，执行力强也是好事。但也特别容易越干越累、越干越迷茫，干到一半才开始思考自身，思考对手，思考自己是否真正适合这么做。

别用战术上的勤奋，掩饰战略上的懒惰。这本来是在逃避思考，结果却是花费更多的精力和思考。有时候不用多么专业、多么精密的分析，只需提前静下来好好思考一下，就能找到更好的切入点。

在这里笔者给大家推荐一个 3C 分析法，在找创意切入点、做营销分析、品牌定位策划的时候，都可以用上。

也就是基于消费者需求的、竞争对手目前还没满足的(竞争区隔点)、企业自身能做到这三个方向综合去分析，找到更适合自己的打法和切入点。

消费者(Consumer)：顾客群是谁、顾客群细分、顾客群特点、顾客群需求、顾客群消费趋势、顾客群品牌偏好、顾客群消费习惯与行为模式等。

企业自身(Company)：在行业中的位置、自身产品特征、核心优势、现有市场与客户群、营销策略、公司目标、资源支持等。

竞争对手(Competition)：对手是谁、对手产品特征、对手品牌定位与形象、核心优势、营销策略、战术执行、运营节奏、相对弱点等。

比如当时联合利华看到中国洗发水大市场，发现去屑洗发水是洗发水最大的细分市场，虽然已有以海飞丝为首的众多去屑品牌，但调查显示消费者对现有产品的去屑效果并不满意，市场潜力仍然很大。所以联合利华瞄准消费者去屑的需求，打算推出一款去屑洗发水。

但国内经过十多年的市场培育，提到去屑，人们第一个想到的就是海飞丝，当时宝洁无论在品牌影响力、市场规模还是在市场占有率上，都处于绝对优势，特别在去屑洗发水市场，绝对是处于霸主地位。

反观联合利华，急需有一个去屑产品打入市场，而且不管是资金、技术还是市场都足以支撑，但如何找到一个合适的切入点呢？总不至于和海飞丝硬杠吧？

最终，结合消费者的需求，联合利华高调推出清扬洗发水，主要瞄准专业防治型去屑市场，并宣称清扬去屑功能是针对头皮护理，通过广告强化头屑由头皮产生这一少有对手关注的消费者固有心理认知，深化清扬对去屑的根本作用，有效地与其他去屑品牌形成品牌区隔。

清扬首次将去屑市场细分为男士用、通用和女式用，更强调对男士头发的关注和护理。虽然只是简单的性别细分策略，但最大限度地满足了消费者的需求。在之后的宣传营销中，清扬处处强调其专业去屑功能，令消费者产生去屑洗发水男女区分的心理认知，有效地将清扬与其他去屑品牌区分开来。而且当时可谓开创了男士去屑洗发水的“蓝海”领域，巩固了自己的地位。

当然，清扬现在的市场份额并没有达到当时官方高调宣称的那么多，但也算占据了一席之地。之前，笔者看到很多专家说清扬的失利是因为过度细分市场，在去屑的基础上再分男用和女用导致目标消费人群过窄，市场难以打开。

但笔者的观点不太一样，没赢过海飞丝就是市场过于细分？那要是赢过了海飞丝，是不是又反过来说是定位打得好，细分玩得妙呢？现在以海飞丝为首的众多去屑品牌不也开始打男士专用旗号了吗？

不是所有的营销问题都是定位问题，也不是所有的传播问题都是广告问题。可能是产品问题，可能是品牌问题，可能是终端系统问题，可能是内部资源问题，也可能是市场教育程度问题，谁又完全知道呢？

总之，营销从来不只是需求的问题，竞争从来都在，不可忽视！大家平时可以多去思考竞争关系，除了笔者推荐的 3C 分析法，波特五力分析模型、SWOT 分析模型、企业商业模式画布都可以用上。在竞争中找到需求切入点，往往比单纯追逐需求更靠谱！

第 15 章

新媒体人：不断成长与进步赢得好未来

学前提示

即使我们掌握了编写新媒体文案的各种方法和技巧，如果不能做到及时自省、不断创新、不断成长以及不断思考，还是会在这个快速发展的时代被淘汰。

本章主要为大家分析、归纳如何才能不断成长、进步，赢得美好未来。

要点展示

- 一份新媒体人日常自检清单
- 一份有关如何提高创意思维的清单
- 新媒体人需要成长的五个方面
- 一份新媒体人年终汇报指南
- 关于营销、文案、运营的 12 条思考

15.1 一份新媒体人日常自检清单

每一个新媒体人最不愿意见到的是：工作几年了，明明也很努力，经常加班熬夜，逢年过节还在改方案，却总是没有突破。我们不怕别人看不懂我们在做什么，也不怕遭遇失败，而是怕自己没有进步。

做新媒体运营，开始容易，坚持很难，特别是在长期找不到方向、迷茫焦虑的时候，更难！虽然现在新媒体行业发展迅速，各个领域日趋成熟，可供学习的案例也越来越多，但是这个行业，依旧没什么放之四海而皆准的通用模板，海量的知识能让我们更加丰满，但真正的成长还是得靠自己。

正因为如此，每一个新媒体人都应该有一份自己总结出的日常自检清单，作为行为准则和指导标准，不断推动自己进步。一个问题出现一次两次可能是由很多原因造成的，但如果每次都出现，而且还没有一点好转，那肯定有你的问题。

怎么办？把一次次失败中发现的问题归纳出来，把学到的知识拆解成一个个关键点，把经常会忽视的要点整理出来，总结出一条条需要关注的点，形成自检清单，学会自检！经常对照自检清单，我们能规避很多不该犯的错误，明确那些自己该重视的事，还可以将以前学到的知识真正利用起来，将运营的各个环节做得更好，那离成功自然就越来越近。

这里笔者也梳理了一份新媒体人日常工作中需要注意的问题清单，供大家参考(适合所有的新媒体平台)。

(1) 我的目标用户是谁？至少每周问自己一次，最好每天都有思考。

(2) 我的目标用户有哪些长期需求，有哪些是马上就需要满足的需求？

(3) 我的定位是否足够垂直细化？

(4) 我的公众号提供的内容/服务是不是高频、刚需、有大市场？

(5) 如果用户不来我的公众号，同类需求他们还有哪些解决方案？

(6) 如果我想成为目标用户的首选，有没有什么用户一定需要来找我才能更好地满足？

(7) 我的公众号竞争壁垒是什么？差异化是否明显？一个差不多的公众号，一篇差不多的文章，用户为什么选择关注我，而不是关注别人呢？

(8) 我的公众号是否有人格化塑造？人格化是否明显？如果用户在后台联系我，他们会叫我什么？小编？

(9) 我的公众号对于新读者是否建立了公众号认知？比如第一时间让用户了解公众号定位，突出公众号介绍、提醒关键词回复等。

(10) 我的公众号是否做好了新用户预期管理？在用户关注后，是否能通过内容推送、自动回复、菜单设置等满足新用户的预期？

(11) 我的这篇内容选题是否符合公众号定位，并能给用户带来价值？用户覆盖度是否足够大？是否能渗透到用户不同圈层？这个选题切入是否有话题性，会不会存在什么风险？

(12) 这个选题是否能带来分享动机？比如提供谈资、帮助别人、展示形象、帮助表达、促进社交比较。这个选题贴近热点吗？

(13) 我的选题和别人有什么不同吗？比别人的认知和思考更深一层吗？

(14) 我的公众号内容选题是否具有连续性，能持续给用户带来价值，让用户想持续关注？

(15) 我建立了公众号的选题库，并长期维护吗？

(16) 这个标题是否能吸引用户群点击？为什么？看到这个标题我自己愿意转发到自己朋友圈吗？是否会让用户预期过高，会不会成为标题党？

(17) 在朋友圈看到这个标题的人愿意点开看吗？对于特别重要的文章标题，有没有做小范围测试？

(18) 公众号头图确定做好了吗？是否有预览不同场景？

(19) 所有的内容是不是站在用户视角去创作或转载的？

(20) 在开始内容创作前，是否提前构思规划文章整体战略，提前做好了准备？我的文章脉络是什么？我是如何层层递进过渡的？

(21) 我整篇内容的逻辑结构是什么？是否能环环相扣？内容是否通俗易懂？会不会带来阅读阻碍？文章中知识点是否太多，是一定要一次性都抛出来，还是可以降低信息密度？

(22) 是否有鲜明的态度、丰富的情感与自己的观点？文章中传达的关键价值点、情绪、观点等是否清晰地传递出来了？

(23) 内容开始是否能吸引用户阅读，或刺激痛点，或引发好奇，或直接抛出亮点？我的每一大段的目的是什么？对于整体文章推进是否有帮助，还是可有可无？文章能否再精简一点？

(24) 如果用户会选择文章中的某一段、某一句作为转发文案，会是哪一句？我提前准备好这样的金句了吗？

(25) 看完这篇文章，用户还想看哪些内容？我有推荐吗？

(26) 我推送的广告是否对用户确实有帮助？这个广告是否靠谱？

(27) 公众号排版是否有利于阅读？我的公众号是否有统一风格？

(28) 我的图文中是否有引导新用户关注？文章结尾是否有再次提醒用户关注？是否有引导用户参与留言，给图文点个“在看”？

(29) 最近我有分析公众号数据吗？阅读量有多少是已关注用户带来的，有多少是未关注用户带来的？留言率是多少？点赞率是多少？环比有什么变化？是否有尝试与其他账号互推或向大号投稿？

(30) 写好的文章除了发到公众号外，有在其他平台发布吗？如果有，所有的新媒体平台同步的标题和内容都是一样，还是在不同的平台根据平台属性做了调整？

(31) 写完的文章在发布后，有保存一份 Word 或 PDF 文档做存档备份吗？今天有在便签随手记下选题、活动灵感和所见所感吗？

(32) 我有多久没和用户互动了？

(33) 对于新媒体运营，我多久会整体复盘一次所做及所得？一周？一个月？

(34) 这一条由自己来补充，每个人都会有自己的自检问题和方法，独家秘方才能打造更强的自己。

以上就是笔者梳理的一些新媒体人自检问题。你会发现，每一次看自检清单，都会带来新的启发和思考，而每次对照清单优化一轮后，心里就会更有底气。失败和问题带来的不是一无所有，它还给我们带来了“财富”。

另外，自检清单不是用来观赏的，它是行为准则和指导标准，你得动起来。一是所有的问题都要落实到一次次行动中，真正去思考改进；二是去完善自己的自检清单，每个人每一个平台都有自己的问题，可参考，不可照搬，也不必全用，不多不少，刚刚好。做新媒体，知易行难，多做自检！

15.2 一份有关如何提高创意思维的清单

创意总是让人捉摸不透。它既科学，又很玄妙；它既理性，又很感性；它既是思维发散，又是思维聚焦；它有很多方法论，有时又要抛开全部方法论。

笔者也有很多创意的技巧，有时能帮笔者达成创意，有时也一样一筹莫展。那创意有训练方法吗？当然有！如果你看惯了各种创意案例后，还是创意枯竭，不妨看看这 10 个有趣的方法，训练一下你的创意思维。

(1) 关键词关联法：给自己规定一个关键词，什么词都可以，然后一整天或连续几天就围绕它开展头脑风暴。

这几天里你看到任何东西(人、事、动物、风景等)，都要强行和这个关键词关联，混搭在一起。比如，你设定的关键词是“汽车”，那你在路上看到一条狗，你就要开始想：如果一条狗开车会怎么样？一群狗呢？这条狗会不会是一个外星人？这条狗会不会是一个汽车人？在狗眼里的这个汽车会是什么样的？汽车能不能长得像宠物狗一样？如果狗的四条腿变成四个汽车轮子会如何？为什么它对着汽车叫，在说什么？没有约束，没有限定，给出你的答案！

(2) 夸张假设法：生活里有太多我们觉得不可能的事，如果这些不可能成为可能呢？会发生什么？会有什么结果？不妨夸张一点，假设一个不可能是真实存在的，然后想想可能会发生的一切故事和情境，这就是夸张假设法。比如：如果动物听得懂人话，会怎么样？如果外星人一直生活在地球，会怎么样？如果你突然回到 4 岁，会怎么样？如果恐龙根本没有灭绝，会怎么样？

夸张的假设会让事物本身吸人眼球，如果这个时候能将自己的品牌和产品融入其中，本身就创意十足，而且相当有冲击力。

(3) 主题联想发散法：给自己定一个主题关键词，然后在这个主题的基础上进行相关主题的发散，围绕主题进行无限拓展。思考可以天马行空，但是始终要围绕这个主题，寻找它的不同的特点、不同的思考方向和不同的切入点。

这个创意训练方法常见的可以用九宫格思考，也可以用思维导图发散。九宫格的创意方法其实就是无限延伸想象的过程，一个九宫格再接一个九宫格，一直延伸。建议大家可以直接在白纸上画出来，重点是训练思维，没必要把时间花在工具上。

(4) 罗生门思考法：这个玩法很简单，也很神经，所以有时候我也称之为精神分裂法。罗生门大家应该比较熟悉了，就是站在不同人的立场思考。同一件事，不同人，不同角度，阿猫阿狗的叙述方式、心理感受和看法都是不一样的。

你会发现世界很奇妙，每个人的想法都会有所不同，而且非常有趣，所以这种创意思考法会滋生出无限的可能。

比如你在路上看见一条狗在电线杆下尿尿，那么又可以开始“精神错乱”了。时间静止，画面定格，你的脑海镜头不停地切换：此时，这条狗的内心是怎样的？这根电线杆的内心是怎样的？这条狗的主人的内心是怎样的？另外远处的一条母狗的内心是怎样的？旁边座位上看报纸斜着眼睛看的老大爷内心是怎样的？

这种方法你也可以叫戏精式换位思维法，你会移魂大法，可能把自己换为任何东西，甚至可以是空气。

(5) 十万个为什么法：做创意，要时刻保持好奇的心态，不只是被动地接受各种事物和信息，而是要经常问自己为什么。有一点需要我们注意，问为什么不是锻炼大家逻辑思考能力，我们要锻炼的是发散性思维的能力，所以你的思考不用局限于常识，不是要给出一个科学标准的答案，可以天马行空漫无边际，可以有各种千奇百怪的视角。

(6) 主题接力法：这个看起来有点像第(3)条的主题联想发散法，不过又不一样。前者是在一个主题关键词上发散，而这个是接力发散，一个关键词接一个关键词地联想。比如：童年→动画片→电视机→春晚→主持人→说话→辩论→奇葩说→去屑→海飞丝→洗发→水→小船→西湖→新白娘子传奇→童年。

(7) 超级连连看思维法：现在很多人喜欢没事玩玩连连看、消消乐。而这个思维法可以说是超级加强版连连看了，不用你去连，直接去找两个无关事物(人、事物、动物、风景等)的共同点。

很多广告人也称这个方法为反分析训练，或者叫作共同点训练。比如：直升机和蜻蜓有哪些共同点？80 岁老头子和 8 岁小男孩有哪些共同点？镜子和眼睛有哪些共同点？特朗普和埃菲尔铁塔有哪些共同点？鞋子和男朋友有什么共同点？避孕套和气泡有什么共同点？

(8) 功能发散思维法：这个方法也很有意思，选择一件生活中随意可见的常用物品或者流行产品，如杯子、手机、内衣、纸巾、垃圾桶、微信、抖音，然后在规定的时间内，尽可能多地说出这个东西的用途，尽管想，越多越好。

谁说杯子不能当花盆用，对吧？现在很多盆栽都是用各种杯子，非常漂亮。还有听说川藏线上骑行有三宝：红牛、避孕套和卫生巾！红牛就不用说了，高原骑行自驾游，红牛可以用来补充能量。

但为什么避孕套和卫生巾也非常多呢？千万别想歪，事实是这样的：避孕套和卫生巾在川藏线上有大用处，避孕套在经常下雨的川藏线可以用来防水，甚至你可能想不到，避孕套也可以在骑行时用来装水，不仅装得多，还便于携带。而卫生巾可以当坐垫用，骑行川藏线最难受的不是脚，而是屁股，长时间骑行，屁股受不了，如果垫上卫生巾就好多了。

(9) 远距离联想法：远距离联想法是一个经典的创意训练方法，它最早是用来研究创造力问题的一种测验方法。它和主题联想发散法正好相反，先提出几个不相关的关键词，然后联想出一个它们共同的关联词。比如“红色、圆形、弹力”，它们的关联词可以是“篮球”。

创造性思考是将联想得来的元素重新整合的过程，新结合的元素相互之间联想的距离越远，这个思维的过程或问题的解决就越有创造力。大家也可以试试，比如：坚硬、苦涩、塑料→？苍蝇、金鱼、乌龟→？竞技、怪物、英雄→？蜘蛛、狼、大猩猩→？淘宝、微信、豆瓣→？

(10) 五感观察法：所谓五感就是形、声、闻、味、触，即人的五种感觉器官：视觉、听觉、嗅觉、味觉、触觉。对于一个事物的描述，如果干巴巴的，肯定不能调动读者的兴趣。但用五感去叙述事物的细节会让描述变得更加有画面感和张力，这也是一种创意表达能力。

所以不妨给自己一个任务，在平时生活中可以把看到的东西刻意地用五感去体验和观察，发挥想象力和联想力，把你对某个事物的五感描述都记录积累下来。这样不仅训练了你的创意能力，也丰富了自己的创意素材库。

以上这 10 个训练方法，如果能坚持下来几个，相信收获是巨大的。

最后笔者再给个小建议，大家做创意训练时一定要记得随时记录，准备一个纸质或手机便签，把平时看到的有趣的事物、段子、想到的每一个点子、对话都记录下来。创意源于生活。

千万不要浪费那些你在地铁、厕所、吃饭、发呆、看电影时一闪而过的小灵感，这些都应该记录下来，时不时翻一下都会受益。

15.3 新媒体人需要成长的五个方面

笔者之前在看新闻的时候，电视节目《财经郎眼》的一则数据着实抓人眼球："因为微信，口香糖的销量下降 30%！"看到这个数据，还是挺有感慨，百感交集。

这几年，口香糖销量一直在下滑，大家可能没怎么留意，但仔细想想：你身边现在嚼口香糖的人是不是比过去少了？据中国报告网数据显示：中国口香糖市场在 2010 年后增长速度就开始变慢，销售额在 2016 年达到顶峰，约为 113 亿元；之后销售额开始下降，2017 年口香糖市场销售额为 109 亿元，2018 年预计为 101 亿元。

口香糖为什么卖不动了？是因为味道越来越差了？还是因为价格越来越高了？原因肯定有很多，比如市场环境的变化，消费需求的变化，替代品的出现等。《财经郎眼》在分析行业数据后称，中国口香糖消费市场的下滑，还有很大一个原因是智能手机普及，社交 App、移动支付的快速发展，原本用于打发时间、购物时代替零钱找零的口香糖，失宠了！

以前，大家在大小商超购物时，一定留意到了收银台旁边的货架上，口香糖绝不会缺席，这也是口香糖的主要购买场景。但这些年微信作为国民第一社交软件，肯定是首当其冲。大家在排队时会低头刷刷朋友圈，不会注意到货架上的口香糖；再加上微信支付的普及，基本就没有找零了，口香糖同样失去了代替找零的功能。这也就直接影响了口香糖销量。

所以你看，这一阶段打败口香糖的不是竞争对手木糖醇，而是移动互联网、是智能手机的普及、是微信等手机 App 的崛起。

同时，除了口香糖，方便面也面临着相同的状况，这些年销量快速下降。虽然方便面品牌没闲着，不断地提升产品质量、研发各种口味的产品，广告投入、明星代言也没少做，但危机并没有得到解除。

为什么方便面会出现如此大的危机呢？很明显不是康师傅、统一、今麦郎这些对手们的相互厮杀所致。答案是美团和饿了么的发展影响了方便面的需求。看似八竿子打不着，却是理所当然。

因为有了这些外卖 App 的爆发，在以前大多数需要吃泡面的场景，现在打开手机轻轻一点，想吃什么吃什么，价格也不是很贵，而且非常方便。就这样，方便面理所当然地被替代了。

柯达在 1888 年发明了胶卷，同时创造了世界上第一台安装胶卷的便携式照相机，从此让全人类走进了摄影时代。直到 20 世纪 90 年代为止，柯达一直都是全球五大最有价值的品牌之一。而到 2012 年，柯达申请了破产保护。直到最后一天，柯达生产的胶卷质量都是极好的，不是它对消费者做错了什么，只是世界不再需要它。

柯达的衰败已经慢慢被人遗忘；诺基亚还没完全缓过神来，就被跨界而来的苹果打败；移动、联通直到后来才发现，原来腾讯才是那个超级竞争对手。这一幕幕，是否觉得很熟悉呢？就像马云在一次演讲中谈到的："永远相信你的对手不在你边上，在你边上的人，都是你的榜样，哪怕这个人你特讨厌！你的对手可能在以色列，可能在你不知道的什么地方，他比你更用功！"

所以，永远都要知道，可能有某个其他领域潜在的对手正向你走来，你不知道他是谁，但他可能是你前所未见的威胁。能做的就是时刻保持警惕，不断变得更加强大，让自己一直被需要。不管是谁，都需要保持持续的学习状态和创新意识，保持好奇心，强化核心竞争力，学会创造更多专属价值，让自己更难被替代。

做新媒体也一样，不进步就会被替代，我们要从以下五个方面不断成长。

(1) 紧跟趋势。关注时代的发展与重大趋势，比如每次科技的突破都会带来行业的变革。

(2) 向身边对手学习。如果仅仅将同行当作对手，会忽略他们身上的优点和强项，只有不断地向每一个榜样学习，才能自我超越。

(3) 向用户取经。太多产品被取代都是因为脱离了用户，用户行为和需求的改变可能直接决定你的方向。

(4) 不断创新。无论何时都要具有敏锐的观察力、超强的想象力和创新力，不会大胆创新，那就只能坐以待毙。

(5) 跨界合作。这是一个跨界打劫你，你却无力反击的时代。人若总在一个熟悉的圈子，用不了多久就会变成一个机器人，不会产生新的想法。而多去跨界思考，机遇会离你更近。

总而言之，干掉你的，往往并非身边的对手！你永远无法想象下一个竞争对手是谁，你也很难完全看透未来的发展趋势。我们唯一能做的，可能就是心怀敬畏，拥抱趋势。

15.4　一份新媒体人年终汇报指南

如果你是新媒体人，可以根据以下 30 个要素，制作分析报告，写出一份让老板刮目相看的年终汇报。知过往而从容，想知道明年怎么更好地活下去，就要先弄明白公司今年是怎么走过来的。

年终报告是做给老板看的，而老板最关心的是：公司明年如何更好地活下去?做年终汇报最大的意义，其实就是八个字：总结过去，看清未来。

汇报前，应先明确自己的工作内容，界定工作权责和范围。作为新媒体主管或者运营者，不该只和老板谈如何写原创文章、如何转载，更应该向老板汇报新媒体团队的管理、部门核心目标以及完成情况。举个例子：新媒体部门如何服务公司整体战略；如何帮助整个公司达成目标；你如何搭建团队以及如何招人、用人、带人等。

新媒体年终总结的八个维度如下。

1) 用户增长

增长数：今年总用户数一共增长了多少？平均月净增是多少？单月最高的是多少？今年的整个增长趋势如何？

增长源：比如，原来是靠互推，现在主要靠原创；原来靠内部的，现在主要靠外部；本来是付费获取用户，现在可以免费获取用户等。

增长质量：比如，以前是低净值用户，现在更多的是高净值用户；之前的用户可能都是我们自己的员工，现在更多的是我们的客户；以前可能是三四线城市的用户居多，现在一二线城市的用户居多。

2) 用户活跃

评论数：头条推送图文的评论数。

点赞数：文章点赞数是多少？点赞/阅读比是多少？两个数据一年内的变化情况是怎么样的？

其他：后台消息、线上/线下活动参与度、菜单栏点击数等。

3) 阅读量

纯阅读量：今年总阅读量、月平均阅读量、日平均阅读量；头条平均阅读量、非头条平均阅读量；与去年同期环比阅读量。

亮点文章阅读量：今年头条过十万的篇数、头条过五万的篇数、头条过三万的篇数等；可以按照公众号自身阅读情况自定义三个维度，也可用其他的维度，如阅读量、分享人数等。

阅读量的构成：分享打开率代表的是账号用户的活跃度，此外账号朋友圈分享占比、转发好友占比这两个数据尤其重要。

老板一定更重视一整年的增量，而不是消耗存量，所以要向老板汇报增长趋势，包括年初及年末各是多少。

4) 内容规模

内容产量：今年一共推送了多少篇文章。

内容构成：转载数与原创数以及占比分别是多少，原创又分为约稿、UGC、PGC等。说明占比的变化趋势，如今年的原创占比越来越高，而以前主要靠转载等。

内容创新：内容形式上有无做出改革。如：之前一直是文字形式，今年在很多文章中尝试了纯图片、长片漫画、音频、视频或在内容操作手法及形式上尝试了 UGC 内容征集，这些都是内容的创新。

5) 内容分发

第一个层次：原创内容有多少？建了多少群推广？群里累计有多少个账号参与推广？这些推广账号是 50 万粉丝层级，还是 10 万？原创累计被转载数最好有具体的数字和说明，包括有哪些亮点文章，比如某天某篇文章被 300 个账号转载刷屏等。

第二个层次：内容在公众号上推广后，是否有全网分发？比如微博、知乎、今日头条、简书，这些渠道有没有用？

6) 账号定位

如果你专门负责公司账号的产品定位、内容定位、内容规划、账号矩阵策划，你要多讲这方面做了哪些探索。

7) 品牌塑造

比如列举出今年你在账号调性上的探索和调整。如果是在视觉风格上做了调整，那就说出今年你在视觉风格上做了哪些探索。如公众号头像、顶部底部 banner、排版的设计等，用户参与度以及媒体曝光获奖情况也可以说一下。

8) 团队情况

如果你是主管，那么你需要重点说一下今年你们团队的构成变化：组织结构是怎么样的？每个人分别做了什么？内容团队发生了怎样的变化？团队能力的构成变成了什么样的？有哪些突破？

团队培训情况：组织了几次内部/外部培训，怎么组织的？大家的能力增长情况如何？等等。

其次，汇报自己的成绩和总结失误与经验同样重要。总结经验和教训，可以规避以后类似的问题，同时也能警示他人，提高下一年的工作效率。注意不要过分低调，如果领导平时对你的业务不是特别懂的话，不说自己的成绩，很可能会给领导留下你能力不够、成绩不好、不懂思考的负面印象。

所以总结经验提醒自己不再犯错的同时，也要告诉领导你做好了什么，有什么经验值得分享，能够让公司明年变得更好。总的来说，在讲述经验与教训时，要提到以下六个要素。

(1) 你做对了什么？你得出的经验是什么？

(2) 你做错了什么？你得到教训是什么？

(3) 哪些经验是明年可以复用的？

(4) 工作成果代表过去，但是经验是面向未来的。你提炼出自己一年的经验，与公司的同事分享，让别人也能从中获益是非常重要的一个点。

(5) 汇报工作中的不足的时候，一定要诚恳。忌讳：挑不痛不痒的说，真正不足的避而不谈，老板可不是傻子；在说不足的时候，表面上说不足，其实是变着花样夸自己；汇报不足的时候，老是扯上团队和其他同事。

(6) 过分报喜和过分低调在年终汇报都不好。

接下来我们来说工作计划汇报技巧的五个维度。

1) 确立目标

制定可量化的目标。比如明年要达到 100 万用户，要把头条阅读量拉到 5 万以上，明年要在行业细分领域里排名杀入前十等，这些都是可量化的大目标。汇报完目标后，一定别忘了讲为什么要定这样的目标，这个目标对公司的价值是什么，对公司其他业务的帮助是什么，对公司整个长期发展的战略价值是什么等。

2) 列出计划

做计划最方便快捷的方法是根据目标结果做倒推。举个例子，明年目标是让用户数达到 100 万，而现在只有 50 万，那么明年靠净增能增加 20 万，把内容做得再丰富一点能增加 10 万，还剩下 20 万的空缺。这个空缺一部分通过互推，一部分通过外部渠道，一部分通过推广等就能填补上了。

定好目标后，再用结果倒推的原则去汇报实施执行计划。

3) 表明困难

汇报了目标和计划，并不意味着计划就能顺利地实施。这时候，你就需要向老板说明你的顾虑，包括实施的过程中可能会遇到的困难，如团队人数太少、原创占比无法增加、对外推广人员不足等。或是无费用预算，过去一年老板天天提要求，说公众号阅读量、用户增长的不足，但从来不提供经费支持；发一篇稿子要三次审核，审核时间还贼长，这些都是你的困难所在，需要向老板讲清楚。

4) 要求支持

首先，最重要的是要求老板和公司给予你态度上的支持，要让老板增加对新媒体部门的重视程度；其次可以要求相关部门资源支持、资金支持、人员支持等。

5) 行业观察

说完计划后，要向老板展现你对这个行业的了解，证明之前你制订的计划并非是空中楼阁，而是有理有据的，才能取得老板的信任，给予支持。

比如你给老板提到了广点通涨粉，可以说你知道行业明年广点通的规模肯定比今年还大，客单价会越来越高，价格高的同时，头部的需求会更大。你可以举例说你知道一条现在还在投广点通，年糕妈妈母婴的账号获取一个粉丝成本在 8～10 元，而且新榜那里类似的母婴类账号，广点通涨粉单价是在 10 元左右。要有数据案例，才能说服老板。

汇报前需要明确的四件事也是我们值得注意的。

1) 明确汇报方式

讲给老板听(PPT 不用太详细，你能讲明白老板能听懂就可以)，还是发给老板看(PPT 要保证老板一个人能看懂，不需要让你解释)。

2) 明确汇报时间

老板给你 5 分钟、10 分钟，还是半小时来做年终汇报？如果老板没有明说，那最好主动问清楚。

3) 明确汇报对象

老板听的同时，是否还有你的直属领导和上级领导？还是全公司员工都会听？

4) 明确展示方式与流程

必须有 PPT，还是没有也行？展示完了是否有答辩？

最后，则是汇报表达的七大技巧。

1) 切忌临阵磨枪

平时多注意积累，提前抽出时间准备你的年终汇报：如果干活有时间，总结时你却选择应付过去，最后坑的其实是自己。

2) 事无巨细就等于没有重点

老板的时间是宝贵的，他只需要知道重点是什么，不需要把细枝末节的内容全说出来。

3) 不要说谎，不要夸大是底线

平时你干了什么，你干得好不好，其实大家心中都有数。年终汇报时你谎报数字，或者共享别人的工作成果，想刻意突出自己的工作成绩，会对你的信誉和你之后的职业发展造成不好的影响。

4) 金字塔原理

表达时一定要先说目标完成情况，再说如何达成。先说大的再说小的；先说结论性的东西，再说原因性的东西；先说结果性的东西，再说过程性的东西。

5) 数据+定性结论

先说一个数据，随后给数据定性。同样的数据，定性不同，给人传达的信息就不同。比如你只说今年用户增长了 50 万，但不说去年是涨粉 80 万还是 30 万，那么今年涨粉 50 万这个数据就没有任何意义。

6) 学会用比较

没有比较就没有好坏，除了和过去自己的账号对比，也要和同行竞争对手对比。比如你公众号打开率从年初的 8%降到了 5%，先别着急否定自己，有可能你的同行已经降到了 3%；你的评论区不活跃，也千万先别沮丧，可能你平均每天有 20 个评论，而你的同行才五六个，而且你们的文章阅读量还是差不多的。

7) 没有平庸的成绩，只有平庸的表达方式

什么叫平庸的表达？今年的头条平均阅读量从年初的 3 万降到了年底的 2.5 万，这是因为我们严格规范内容，很多本来可以有高阅读量的内容我们都没法做了。

更高级的表达方式：今年我们坚守用户价值重新收紧了内容定位，主动抛弃了很多阅读量高，但没有实际价值的内容。就算在这样的情况下，我们头条的阅读量依然保持了 2.5 万。

我们在坚持高品质战略下没有让阅读量大幅度下滑。不同的表达，说来给老板的感觉完全是一个天上，一个地下。最后再次强调一下我们做年终汇报，核心的八个字：总结过去，看清未来。

15.5 关于营销、文案、运营的 12 条思考

作为一个媒体人，我们除了做好前面所说的日常自检、提高创意思维以及知道自己需要成长的地方之外，还需要思考营销、文案和运营等。下面笔者就 12 点向大家具体阐述。

15.5.1 你想感性打动还是理性说服用户？

对于任何一款产品，消费者都会同时投入理性和感性，只是程度不一样。当感性更为突出的时候，尽量利用感性诉求挖掘消费者的情感和情绪。

反之，以理说服，怎么分析客观怎么来。最常见的还是情理结合，只是比例不同。明明是一款非常感性的产品，还是春节特别上线，你别再那一个劲儿地从头到尾地说理，除非你本来策划的就是想来一次尝试和突破。

15.5.2 这是一个信息和知识正在逐渐贬值的时代

在信息爆炸，知识尤为泛滥的今天，每个人每天都在接受大量的信息，从早到晚，好像都没停过，细思极恐。

相比于现代人，古人接触到的知识量才多大，可能也就是现在一个小学生的知识储备量，却有着那么多有才华的人，出现各种盛世。而现在，你想要的信息和知识基本都可以在互联网、书籍上找到，但是每天却焦虑无比，一天不看新东西都感觉被世界遗忘。

问题出在哪里？笔者认为现在知识本身变得越来越不值钱，人人都可以获得一辈子都用不完的知识。相反，思考和实践才应该是这个时代最重要的，也是最值钱的。差别也应该在这里！

15.5.3 想办法制造消费者心理上的缺乏感

很多新品文案喜欢一上来就打出“新品震撼上线”“全场促销”“年度巨献”“独一无二”等之类的旗号。很显然，这是完完全全的自我陶醉，自己上新品了，非常激动，以为消费者也和他们一样激动。而现实是，对消费者来说，很可能是关我什么事？

要知道，大部分人是不喜欢新事物的，都懒得去改变。你想让他们关注你的新品，首先应该让他们意识到与他们自己相关的问题，才会有动机！

很简单，只要给他制造一个现实和理想之间的缺口，把现实和理想的平衡状态打

破(降低现实或提高理想)，用户就会产生缺乏感，为了消除这种缺乏感，他们就会采取行动。

15.5.4 文案的本质就是沟通

文案这件事，其实说白了就是在对的场景下用对的方式给对的人讲对的话。

笔者之前听过一句话很有道理：一切竞争可能都还是认知的竞争。那么，对的文案可能是让认知聚焦的最好方式了。

15.5.5 为什么别人要转你的文案到朋友圈

人是社会化的，都想获得别人的关注和认可，分享这种行为可以说是人的社会本能。问题来了：他为什么要分享你的文案？太多经验告诉我们，用户是喜欢干货的，但是仔细想想，喜欢干货和喜欢分享完全是两码事。

你想要传播，那就不光是要关注内容本身是不是足够优质，更重要的是还要看用户转发了这个内容后，朋友圈的其他人会对他产生什么印象，他能得到什么？

比如说能够帮助别人、能够展示自己的高品位、能提供谈资、能塑造自己的完美形象等。如果做不到，那你说，他为什么要在朋友圈转发你的内容？

15.5.6 有了不错的运营手段，请坚持落实下来

拼多多初期，为什么可以不怎么花钱只用两星期就获得 100 万微信用户？其中一个很重要的原因是他们当时用了微信的一个规则，就是如果你下单就默认为关注。

拼多多基于此做了一堆引流产品，比如说原价 1 元钱，现价 1 分钱的东西，1 分钱就能得到各种各样的小玩意，那么下单微信就默认为关注。结果，他们用很便宜的价格快速得到了第一个 100 万用户，这比当时在微信上获取用户成本要低得多。所以，当你有了最快得到用户的运营方法和策略，就赶紧去做这件事，市场不等人。

15.5.7 美国烟草公司的釜底抽薪

20 世纪 60 年代，美国烟草公司发展迅猛，不过在各种媒体、政府、公益机构等不断的报道下，差点给烟草行业带来灭顶之灾。

更让所有人没想到的是，1969 年 7 月，在美国国会的听证会上，各大烟草巨头在这个危急时刻提出了一个匪夷所思的要求：禁止电视台和电台播放香烟广告。该提议马上就获得通过，之后美国的电视电台再也没有出现香烟广告。

不过，出人意料的是随着禁止烟草广告法令的实施，烟草的销量却重新大涨，烟草行业利润大增，繁荣至今。为什么会这样呢？

其实当时烟草公司这是釜底抽薪，他们通过立法禁止香烟广告自断宣传路径，其实也同时切断了反对方的宣传路径。结果，美国政府都被摆了一道。

15.5.8 换一个思路也能实现目标

笔者之前读到过这么一个真实故事，说土耳其国王希望妇女不再戴面纱，刚开始他也是直接禁止，但遭到了强烈反对，根本落实不下去。但后来国王宣布，妓女必须佩戴面纱。这之后，土耳其妇女戴面纱的习惯就慢慢消失了。不管是做营销，还是写文案，有时候强行说服用户真的很难，但是换一个思路可能就很简单了。

15.5.9 营销运营人应该是创新者+历史学家

我们总说，营销运营人应该是创新者，要不断突破和创造新的东西，不断引领趋势，不断去想出新的玩法。同时，营销人更应该成为一个好的历史学家，懂得分析其他品牌是如何一步步打造出现在的品牌力；过去这些品牌在历史上都做了哪些重大举措从而改变品牌地位；更要知道他们在你现在这个阶段时的营销策略是怎样的。

千万不要只看别人现在的表象，这样可能会被假象欺骗。

15.5.10 营销文案最简单的三个步骤

如果你还是不会写营销文案，有一个最简单的方法。找一个人模拟销售场景对话，问你 4 个问题：我为什么要买你的这个产品？我凭什么信你？能不能等几天买？为什么现在就要买？

15.5.11 打广告就要想着打造超级符号

在整个 20 世纪，可口可乐的广告可以说是铺天盖地，当时他们的营销策略也很简单，就是各种铺广告。可口可乐当时的 CEO 郭思达说："我们的广告目标是，保证全世界每人每天都看到可口可乐的标志。"

你可能不知道，我们常看到的那个大红色棉袄的圣诞老人形象，就是可口可乐于 1931 年在自己的广告中塑造的。在此之前，其实圣诞老人的形象并不统一，各种版本的都有，而可口可乐就把圣诞老人的形象固定了，在创作上还参照自己的红色，形成超级符号，让人们看到圣诞老人就容易联想到可口可乐。

15.5.12 知识付费就是圈钱？

看到有很多人认为知识付费就是圈钱，有点搞笑，虽然说现在的知识付费确实是对知识焦虑的贩卖，但是，焦虑一直都存在，而知识付费实则是给了这些焦虑一个大福利。

你想想，现在很多知识付费的课程，老师都很牛，如果放在过去我们去上这些培训课，一个班几十人，可能得花几万元钱。但是现在呢？课程内容差不多，有一对一的服务，还能反复听课。多少钱呢？普遍只需要 99 元，可以说是远远低于这些知识本身的价格了。

不是这些知识太差，而是互联网上边际成本在不断降低，同样的课程，当有几万人听的时候，成本基本上就很低了，所以你才能以那么低的价格享受这些知识。